Ur-Matrix

Das Einmaleins der Archetypen und die Kunst der Weltdeutung

Gerhard Höberth

Über den Autor:

Gerhard Höberth, Jahrgang 1960, arbeitete zunächst als Computertechniker, Informatiker, Technischer Zeichner, Gärtner, Schafhirte, Grafiker und Kunstmaler, bevor er an der Universität Wien Philosophie und Mathematik für Informatiker studierte. Dazwischen beschäftigte er sich mit vergleichender Religionsforschung, folgte verschiedenen Einweihungswegen traditioneller, spiritueller Richtungen und absolvierte diverse systemische und therapeutische Ausbildungen. Seit 1991 arbeitet er unter anderem als Philosoph, bildender Künstler und freier Autor.

Kontakt:

Email: info@hoeberth.de

Website: www.hoeberth.de

Bisher erschienene Bücher:

- "Struktur der Ganzheit", 2000, KernVerlag
- "ITEX Kurioso", 2006 , creAstroVerlag
- "Evolutionärer Idealismus", 2010, creAstro-Verlag
- "Warum Astrologie funktioniert", 2012, creAstro-Verlag
- "Kosmische Momente", 2014, creAstro-Verlag
- "Die Welt von innen", 2016, creAstro-Verlag
- "Die ewige Suche", 2019, creAstro-Verlag
- "Ein Tropfen Raumzeit", 2020, creAstro-Verlag
- "Jenseits der Grenzen", 2023, creAstro-Verlag
- "Die Säulen von Helios", 2024, creAstro-Verlag
- "Sphären der Bedeutung", 2024, creAstro-Verlag

Gerhard Höberth

Ur-Matrix

Das Einmaleins der Archetypen und die Kunst der Weltdeutung

creAstro Verlag

Besuchen Sie auch die Website www.creAstro.de

Bibliografische Information Der Deutschen Bibliothek
Die Deutsche Bibliothek verzeichnet diese Publikation in der Deutschen Nationalbibliografie; detaillierte bibliografische Daten sind im Internet über http://dnb.ddb.de abrufbar.

Gerhard Höberth
Ur-Matrix

Wasserburg am Inn, creAstro-Verlag , 2024
ISBN: 978-3-939078-25-8

Grafik: Gerhard Höberth / www.hoeberth.de
Umschlaggestaltung: Gerhard Höberth
Gedruckt in Deutschland

Inhaltsverzeichnis

1. Ouvertüre 9

Wo stehen wir? 9

Gott? – wer hat sich das ausgedacht? 14

Warum ist überhaupt etwas? 17

Drei Sphären und eine Simulation? 21

Strukturierter Urgrund 24

Henne oder Ei? 28

Was daraus folgt 31

Die Aufgabe 32

Der Weg 38

Das Ziel 71

2. Erster Akt 75

Der materielle Geist 75

Bewusstsein? Welches Bewusstsein? 80

Alles nur Geist 83

Gott träumt die Materie für uns? 87

Der Universumsautomat 91

Wo bekomme ich ein ganzheitliches Netzwerk her? 99

Die Welt als Hologramm 101

Ist Wirklichkeit nur die Teilwahrheit eines Kristalls? 106

Das Fluid der Wirklichkeiten 107

Ist Entwicklung zufällig? 117

Komplexität des Subjekts 120

Spektrum des Bewusstseins 120

Prä-menschliches Spektrum 124

Post-menschliches Spektrum 144

3. Intermezzo 155
Rückblick und Zusammenschau *155*
Evolutionärer Idealismus *161*

4. Zweiter Akt 173
Die Essenz des Göttlichen:
Ein universeller Entwurf *173*
Platons ungeschriebene Lehre *175*
Die Ur-Matrix *177*
Ebene 0 – der unbewegte Beweger als „Einheit“ *178*
Ebene 1 – Nondualität = „unbestimmte Zweiheit“ *180*
Anwendung der Ur-Matrix *186*
Ebene 2 – Individuum und Welt *189*
Thematiken der Metaebene – Identifikation – Projektion 189
Archetypische Thematiken der neuen Ebene 191
Emergenzen und Spannungsfelder 194
Thema und Ergebnis 202
Ebene 3 – phänomenale Wirklichkeit *203*
Thematiken der Metaebene – Identifikation – Projektion 203
Archetypische Thematiken der neuen Ebene 206
Emergenzen und Spannungsfelder 207
Thema und Ergebnis 220
Die Ur-Matrix dritter Ordnung 224
Ebene 4 – Manifestation der Wirklichkeit *226*
Quadranten ... 226
Lambdoma als Kreisbild 237
Anwendung der Ur-Matrix 2 238
Thematiken der Metaebene – Identifikation – Projektion 239
Archetypische Thematiken der neuen Ebene 241
Emergenzen und Spannungsfelder 242
Thema und Ergebnis 257
Die Ur-Matrix vierter Ordnung 260
Ebene 5 – Reflexion der Wirklichkeit *261*
Thematiken der Metaebene – Identifikation – Projektion 261
Archetypische Thematiken der neuen Ebene 267

Emergenzen und Spannungsfelder 271
Thema und Ergebnis 288
Die Ur-Matrix fünfter Ordnung 294
Ebene 6 – Energie der Schöpfung *295*
Thematiken der Metaebene – Identifikation – Projektion 295
Emergenzen und Spannungsfelder 311
Thema und Ergebnis 333

5. Finale 341
Präration ale Erzählungen und transrationale Narrative *341*
Eine völlig frei erfundene Schöpfungsgeschichte *346*
Die Entstehung von Religionen 354
Das Narrativ des Tierkreises *358*
Ebenen und ihre Verschränkungen 358
Widder 361
Stier 365
Zwillinge 369
Krebs 373
Löwe 377
Jungfrau 381
Waage 386
Skorpion 390
Schütze 395
Steinbock 400
Wassermann 405
Fische 409
Epilog *413*

1. Ouvertüre

Wo stehen wir?

Die moderne Welt ist geprägt von einer Vielzahl von Weltanschauungen, die oft miteinander in Konflikt stehen. Die Kultur der Moderne ist stark von Wissenschaft, Logik und einem empirischen Verständnis der Welt geprägt. Analytisches Denken, Logik und Detailorientierung bilden die Grundlage dieses Denkens.

In einer Welt, die von technologischem Fortschritt und wissenschaftlichen Errungenschaften beherrscht wird, neigt man dazu, das gesamte Sein auf diese Bereiche zu reduzieren. Dies spiegelt sich in einem agnostischen Weltbild wider, das sich auf empirische Beweise und rationale Argumentation stützt und sich ohne Gewissheit in einem unendlichen Prozess auf eine hypothetische, aber für immer unerreichbare objektive Wahrheit zubewegt. Im Extremfall kann es aber auch zu einem militanten Atheismus kommen, der auf einem Reduktionismus beruht, der die wissenschaftliche Analyse auf alle Bereiche des Seins übertragen will. Die analytische Logik eines toten Objektivismus wird so zur allumfassenden Weltanschauung.

Auf der anderen Seite steht das religiös-fundamentalistische Denken, das oft mit einer starken Betonung von Emotion, Intuition und scheinbar ganzheitlichem Denken verbunden ist. Diese Weltanschauung legt mehr Wert auf metaphysische Überzeugungen und spirituelle Erfahrungen, die über rationale Erklärungen hinauszugehen scheinen. Der Schwerpunkt liegt eher auf überliefertem Glauben und alten Traditionen als auf empirischer

Forschung. Im Extremfall kann diese Denkweise zu Wissenschaftsfeindlichkeit und Ablehnung moderner Erkenntnisse führen. Zumindest ist es die Überzeugung der wissenschaftsgläubigen Atheisten[1], dass jede Religion nur erfunden wurde, um die Menschen mit Lügen und Macht gefügig und klein zu halten.

Diese Spannung in den Prinzipien führt zu tiefen Gräben in der Weltgesellschaft, aber auch zu einer Desintegration der nationalen Gesellschaften durch einen zunehmenden Mangel an Gemeinsinn. Wir sind uns nicht mehr einig über die Grundlagen des Weltbildes. Auf der einen Seite stehen diejenigen, die ein streng rationales, naturwissenschaftliches Weltbild vertreten, auf der anderen Seite diejenigen, die ein tief verwurzeltes, oft religiös fundiertes, intuitives Weltverständnis verteidigen. Diese Gegensätze sind nicht nur theoretischer Natur, sondern manifestieren sich in politischen, sozialen und kulturellen Konflikten. Während den Logikern jeder Anflug von Mystik suspekt ist, nehmen die Gegner den Vorteil der Wissenschaft, alles nur vorläufig wahrzunehmen und jede Erkenntnis durch neue Forschungsergebnisse wieder in Frage zu stellen, zum Anlass, Wissenschaft generell als unglaubwürdig abzulehnen. Was heute gilt, kann sich morgen als Irrtum erweisen.

Die Herausforderung unserer Zeit besteht darin, ein Gleichgewicht zwischen diesen beiden Weltbildern zu finden. Die Überbetonung einer der beiden Seiten führt zu einer Verarmung des menschlichen Erlebens und Verstehens. Es gilt, sowohl die Stärken des rationalen, analytischen Denkens als auch die Bedeutung

[1] Der Glaube beruht hier weniger auf dem Glauben an etwas, das nicht bewiesen ist, als auf dem falschen Umkehrschluss, dass etwas, was nicht bewiesen ist, auch nicht existieren kann.

von Intuition, Kreativität und ganzheitlichem Verstehen zu erkennen und zu integrieren.

Diese Spaltung der Gesellschaft ist ein Spiegelbild der Funktionen unseres Gehirns[1]: Die linke Gehirnhälfte ist für das rationale, analytische Denken im Detail zuständig, die rechte für Kreativität, Einfühlungsvermögen und das ganzheitliche Ganze. In Wirklichkeit stehen beide Gehirnhälften in ständiger Wechselwirkung und arbeiten zusammen, um ein vollständiges Bild der Welt zu erhalten. Die Verabsolutierung einer der beiden Denkweisen stellt eine künstliche Trennung dar, die die reiche Vielfalt menschlicher Erfahrungen und Perspektiven auf einen winzigen Bruchteil der Möglichkeiten reduziert.

Ian McGilchrist, ein britischer Psychiater und Autor, der vor allem durch sein Werk „The Master and His Emissary: The Divided Brain and the Making of the Western World" bekannt wurde, beschreibt die Situation unserer Kultur sehr treffend: Sein Hauptargument ist, dass die beiden Gehirnhälften unterschiedliche, aber komplementäre Weltsichten haben und dass das dynamische

---

[1] Die Vorstellung, dass die linke und die rechte Gehirnhälfte für unterschiedliche Funktionen zuständig sind, beruht auf einer langen Tradition wissenschaftlicher Forschung und populärwissenschaftlicher Darstellungen. Diese Dichotomie beruht auf der Beobachtung, dass bestimmte kognitive Funktionen und Verhaltensweisen tendenziell stärker mit einer der beiden Gehirnhälften in Verbindung gebracht werden. Die linke Hemisphäre wird häufig mit analytischen und sprachlichen Fähigkeiten in Verbindung gebracht, während die rechte Hemisphäre eher mit räumlichem Vorstellungsvermögen, Kreativität und Intuition in Verbindung gebracht wird. Obwohl diese strikte Trennung der Gehirnfunktionen in linke und rechte Hemisphäre in ihrer ursprünglichen Form überholt ist, bietet sie einen nützlichen Ausgangspunkt für das Verständnis der komplexen Funktionsweise des Gehirns.

Zusammenspiel zwischen ihnen entscheidend für die menschliche Kultur und Gesellschaft ist.

Er argumentiert, dass die linke und die rechte Gehirnhälfte jeweils eine eigene, unterschiedliche Perspektive auf die Welt haben, die nicht nur unsere Wahrnehmung, sondern auch unser Handeln und Denken beeinflusst. Die linke Hemisphäre beschäftigt sich demnach vor allem mit Sprache, Logik und Detailanalyse. Sie neigt dazu, die Welt in statischen, isolierten Kategorien zu erfassen und ist auf Kontrolle und Manipulation der Umwelt ausgerichtet. Die rechte Hemisphäre hingegen hat mehr mit Intuition, dem Verständnis von Zusammenhängen und der Fähigkeit, das Ganze zu sehen, zu tun. Sie ist empfänglich für Nuancen und implizite Bedeutungen in unserer Umwelt.

Im Laufe der Geschichte wurde das dynamische Gleichgewicht zwischen den Hemisphären gestört, wobei die westliche Kultur zunehmend von der analytischen und abstrakten Sichtweise der linken Hemisphäre dominiert wurde. Dies hat zu einer Verarmung der menschlichen Erfahrung geführt, da die integrative, relationale und lebendige Perspektive der rechten Hemisphäre an den Rand gedrängt wurde. Dieses Ungleichgewicht erklärt verschiedene Probleme der modernen Gesellschaft, darunter die Entfremdung von der Natur, die Reduktion menschlicher Beziehungen auf mechanistische Interaktionen und eine allgemeine Sinnkrise. Wir leben in einer Zeit tiefgreifender Umbrüche, in der offensichtlich etwas zu Ende geht und stirbt und etwas anderes neu entstehen will.

Was zu Ende geht und stirbt, ist eine Zivilisation, die auf diesem rationalen Denken aufgebaut ist, auf dem Prinzip „größer ist besser“ und auf interessengeleiteten Entscheidungsprozessen, die uns in einen Zustand organisierter Verantwortungslosigkeit geführt haben.

Was entsteht, ist eine Zukunft, die von uns verlangt, uns mit den tieferen Ebenen unseres Menschseins zu verbinden, um zu entdecken, wer wir wirklich sind und wer wir als Gesellschaft sein wollen. Die Rückkehr zu ideologischen und religiösen Weltbildern als Grundlage unserer Gesellschaften ist dazu natürlich kein gangbarer Weg und wäre auch nicht wünschenswert. Aber wie können wir die Fähigkeit entwickeln, eine Zukunft zu erspüren und zu verwirklichen, von der wir nur ahnen, dass sie möglich ist, die aber noch nicht da ist?

In einer Zeit zunehmender politischer und sozialer Spannungen ist es wichtig, dass wir wieder lernen, beide Seiten unseres Denkens zu schätzen und zu integrieren. Die Zukunft erfordert ein ganzheitliches Verständnis, das sowohl rationale Analyse als auch intuitive Einsicht umfasst, um eine ausgewogenere und umfassendere Perspektive auf unsere Welt und ihre Herausforderungen zu entwickeln. Um die Krisen unserer Zeit zu bewältigen, müssen wir die Art und Weise überdenken, wie wir Wissen und Erfahrung organisieren und wertschätzen. Wir brauchen eine ganzheitlichere Sicht der menschlichen Existenz, die sowohl die analytischen als auch die kontextuellen und relationalen Aspekte unseres Seins umfasst.

Aber wie kann eine Verbindung zwischen diesen beiden Bereichen aussehen? Durch die Verabsolutierung der einen und die Dämonisierung der anderen Seite haben sich die Positionen pervertiert und bieten der jeweils anderen Seite keinen Anreiz, sich mit ihnen auseinanderzusetzen. Deshalb sollten wir damit beginnen, die verhärteten Kampflinien aufzuweichen und aufzulockern.

Gott? – wer hat sich das ausgedacht?

Beginnen wir gleich mit dem schwierigsten Thema: Was können wir uns unter dem Begriff „Gott" vorstellen? In den von Abraham abstammenden Religionen (wie Christentum, Judentum und Islam) wird Gott oft als eine Art Person gesehen, die über alles Bescheid weiß - über alles, was in der Welt geschieht, und auch über sich selbst. Dieses Gottesbild erinnert jedoch fatal an einen Big Brother, der alles beobachtet und moralisch bewertet oder verurteilt.

Deshalb tut die Vorstellung vielen Menschen gut, dass dies nur eine Erfindung der menschlichen Phantasie ist. Nicht Gott hat den Menschen geschaffen, sondern der Mensch hat sich Gott geschaffen. Der Grund dafür liegt in der Suche nach einem Sinn im Leben, denn die Vorstellung, dass alles ohne Grund und Ziel geschieht, ist schwer zu akzeptieren, und in der Angst vor dem Tod. Atheisten, also Menschen, die nicht an Gott glauben, meinen, Religion sei eine Art Abwehrreaktion gegen die Sinnlosigkeit des Lebens. Karl Marx hat einmal gesagt, Religion sei wie eine Droge für die Menschen, „Opium für das Volk", aber das bedeutet nicht, dass es eine geheime Gruppe gibt, wie bei Marx die Kapitalisten, die sich das ausgedacht haben, weil sie die Menschen unterdrücken wollen. Es bedeutet vielmehr, dass viele Menschen an ihrem Leben leiden und in diesem Leiden einen tieferen Sinn suchen.

Das macht Religionen attraktiv. Aber muss etwas, das uns attraktiv erscheint, falsch sein?

Ein weiteres Argument gegen eine solche Religion, in der Gott mit Eigenschaften wie Allmacht, Allwissenheit, Allgegenwart und grenzenloser Liebe ausgestattet ist, ist das Theodizeeproblem. Das ist die unbeantwortbare Frage, wie ein guter, allwissender und allmächtiger Gott das Böse in der Welt zulassen kann. Entweder ist er gut und allmächtig, dann kann er nicht allwissend sein. Oder er ist allmächtig und allwissend, dann kann er nicht gut sein. Oder er ist gut und allwissend, dann kann er nicht allmächtig sein.

Andere spirituelle Sichtweisen sehen Gott nicht als Person, sondern als eine Kraft, die überall ist und alles erschafft, aber nicht direkt zu uns spricht. Gott wird als eine Art unbewegliches, aber treibendes Prinzip hinter allem gesehen, als Schöpfer des Universums und als etwas, das außerhalb der Zeit steht. Gott ist nicht persönlich. Er ist kein ansprechbares „Du“, sondern eine Art Naturgewalt. In anderen religiösen Traditionen ist die Welt ein Traum, den Gott träumt, und jeder von uns ist ein Avatar Gottes in diesem Traum. Der Begriff „Gott“ wird also in den verschiedenen Religionen unterschiedlich definiert:

Gott als Weltbewusstsein: In dieser Sichtweise wird Gott nicht als menschliches oder geschlechtliches Wesen gesehen. Stattdessen werden Attribute wie Allmacht, Allwissenheit, Allgegenwart und Allliebe in Betracht gezogen, die jedoch pantheistisch aufgesplittert werden.

Gott als Potential und Schöpfer: Hier wird Gott als der unbewegte Beweger, der Schöpfer der Raumzeit und als zeitloses Prinzip verstanden. Dieses Konzept sieht die Welt entweder als Gottes Traum oder als eine von Gott getrennte Schöpfung, wobei Gott sowohl ein persönliches als auch ein unpersönliches Wesen ist.

Gott als personifiziertes Wesen: Einige spirituelle Konzepte stellen sich Gott als eine unpersönliche, alles durchdringende Lebenskraft vor, die zwar alles erschafft, aber einer persönlichen Kommunikation nicht zugänglich ist. Andere Konzepte sehen Gott als ein Wesen, das in dreifacher Weise ansprechbar ist: als Schöpfer, als Ziel des Schöpfungsprozesses und als integraler Bestandteil des Universums.

Gott als Bewusstseinspotential: In dieser Perspektive wird Gott als ein unendliches Bewusstseinspotential gesehen, aus dem einzelne Bewusstseinspositionen als Teile des Ganzen hervorgehen.

Gott als menschliches Konstrukt: Es gibt auch die Meinung, dass Gott ein Produkt menschlicher Phantasie sein könnte. Um mehr über Gott zu erfahren, wird vorgeschlagen, seine Werke zu betrachten, um daraus Rückschlüsse auf sein - vielleicht auch gar nicht vorhandenes - Wesen zu ziehen.

Gott als unendliches Potential: In dieser Interpretation wird Gott als das unendliche Potential gesehen, das sich in der phänomenalen Welt manifestiert und sich in der Aufspaltung des Göttlichen in individuelle Seelen widerspiegelt.

Gott als allwissendes Wesen: Hier wird Gott als ein Wesen gesehen, das sich aller Dinge in der Welt und seiner selbst bewusst ist. Diese Vorstellung kann aber auch zu einer paranoiden Sicht führen, in der Gott als beobachtender Übervater wahrgenommen wird.

Religionen sind unterschiedliche Mischungen all dieser Gottesvorstellungen. Sieht man Gott jedoch als eine unendliche Möglichkeit, die sich in der Welt manifestiert und in den einzelnen Seelen widerspiegelt, so wird er zur Quelle, aus der die einzelnen Bewusstseinsformen als Teile eines Ganzen hervorgehen. In dieser Sichtweise könnte Gott alle diese verschiedenen Definitionen in sich vereinen.

Um mehr darüber zu erfahren, ob es Gott gibt und was er, sie oder es genau ist, können wir nur innerhalb unserer Welt suchen und versuchen, daraus Rückschlüsse auf das Wesen Gottes zu ziehen. Alles, was über unsere Welt hinausgeht, ist reine Spekulation.

Warum ist überhaupt etwas?

Die Frage „Wenn Gott die Welt erschaffen hat, wer hat dann Gott erschaffen?“, wird häufig von Atheisten als Argument benutzt, um die Logik religiöser Weltbilder in Frage zu stellen. Diese auf den ersten Blick provokante Frage übersieht jedoch einen grundlegenden Punkt in der philosophischen Betrachtung von Existenz und Ursprung.

In der philosophischen Tradition, am treffendsten formuliert in Leibniz' Frage „Warum ist überhaupt etwas und nicht vielmehr nichts?", geht es um das Grundlegende der Existenz selbst. Diese Frage ist nicht auf religiöse Überzeugungen beschränkt, sondern umfasst das gesamte Spektrum menschlichen Denkens, einschließlich naturwissenschaftlicher und metaphysischer Überlegungen. Die Herausforderung besteht darin, dass jede Betrachtung der Existenz, sei sie wissenschaftlich oder religiös, an einen Punkt gelangt, an dem die Erklärungen an ihre Grenzen stoßen. In der Wissenschaft stoßen wir an diese Grenze, wenn wir über den Urknall hinausgehen wollen - was war vor dem Urknall? Und auch wenn wir uns fragen, welche Ursache der Urknall gehabt haben könnte, wird diese Grenze nur verschoben, aber nicht aufgelöst. In der Religion begegnet sie uns in der Frage nach dem Ursprung Gottes. Beide Fragen führen in einen unendlichen Regress, an einen Punkt, an dem weitere Fragen nicht mehr sinnvoll beantwortet werden können.

In der religiösen Tradition wird Gott oft als ungeschaffener Schöpfer angesehen, als ein Wesen, das jenseits der Grenzen von Zeit und Raum existiert und daher keinen Ursprung im herkömmlichen Sinne hat. Dies ist eine Art metaphysisches Axiom, das weniger eine logische Erklärung als vielmehr eine Grundannahme darstellt und zugleich eine Aufforderung enthält: „Stop! Denk nicht weiter darüber nach".

Aus philosophischer Sicht offenbart die Frage nach dem Ursprung Gottes ein grundlegendes Missverständnis darüber, wie Fragen der Existenz und des Ursprungs zu behandeln sind. Sie setzt voraus, dass jede Existenz einen Ursprung innerhalb desselben Existenzsystems haben muss, was genau zu diesem unendlichen Regress führt.

Die eigentliche Frage, die sich die Menschheit stellen sollte, ist nicht, was den Ursprung von etwas verursacht hat, sondern wie wir mit dem Unbekannten, dem Unerklärlichen umgehen. In diesem Sinne ist die Frage nach dem Schöpfer nicht nur für Atheisten, sondern für alle Denkrichtungen sinnlos, weil sie eine Antwort auf eine Frage sucht, die jenseits unserer begrifflichen und existentiellen Grenzen liegt. Es ist die Akzeptanz dieser Grenzen, die es uns ermöglicht, in Ehrfurcht und Staunen vor dem Geheimnis des Seins zu stehen, sei es in einem religiösen, wissenschaftlichen oder philosophischen Kontext. Der erste Grund, warum die Welt existiert, muss notwendigerweise außerhalb dessen liegen, worüber wir nachdenken können.

Die Vorstellung eines Schöpfergottes ist grundsätzlich ein funktionierendes rhetorisches Mittel, um das Denken auf das Denkbare zu beschränken. Jede Übertragung dieses Prinzips auf die Ursachen von Einzelheiten in der Welt ist jedoch eine unzulässige Verkürzung des Denkens über die Welt und führt zu Fehlschlüssen.

Das Denkbare schließt das Seiende ein. Die Diskussion über die Existenz eines Schöpfergottes und die Entstehung der Welt führt zu einer tiefgreifenden Reflexion über die Grenzen des menschlichen Verstehens. Diese Grenzen finden sich nicht nur in der Religion, sondern auch in der Wissenschaft. Die Wissenschaft arbeitet mit Hypothesen und Theorien, die immer der Revision und dem Zweifel unterworfen sind. In diesem Sinne kann die Wissenschaft niemals absolute Gewissheit über den Ursprung des Universums oder die Existenz eines Schöpfergottes geben. Sie kann nur Theorien aufstellen, die auf Beobachtungen und Experimenten beruhen, aber diese Theorien bleiben immer vorläufig, unvollständig und vor allem auf den Bereich innerhalb des Seins beschränkt.

In der religiösen Tradition hingegen wird der Glaube an einen Schöpfergott oft als eine Frage des Glaubens und nicht des empirischen Nachweises behandelt. Dieser Glaube bietet vielen Menschen Trost und Sinn, kann aber mit wissenschaftlichen Methoden weder verifiziert noch widerlegt werden. Er liegt daher außerhalb des Rahmens wissenschaftlicher Forschung.

Das Konzept eines Schöpfergottes und die Frage nach dem Ursprung des Universums führen uns zu einer wichtigen Erkenntnis: Es gibt Bereiche des menschlichen Denkens und Erlebens, die jenseits des Verständnisses von Wissenschaft oder Religion liegen. Diese Bereiche, seien sie metaphysisch oder transzendent, erinnern uns an die Grenzen des menschlichen Wissens und sollten zu Demut und Offenheit gegenüber dem Unbekannten führen.

Eine Pseudo-Antwort auf die Frage nach dem Ursprung unserer Welt ist die Theorie, sie sei nur eine Simulation in einem Computer höherer Intelligenzen. Auch dies impliziert einen unendlichen Regress: Denn was ist dann der Ursprung der Realität dieser Intelligenzen? Gehen wir dennoch kurz darauf ein:

Drei Sphären und eine Simulation?

Die Idee, dass unsere Welt eine Simulation sein könnte, hat in den letzten Jahren in philosophischen und wissenschaftlichen Kreisen an Popularität gewonnen. Doch wie kommt man auf diese Idee?

Roger Penrose, der berühmte Mathematiker und Physiker aus Oxford, vertrat noch die These, dass die Beobachtung der Welt darauf hindeute, dass sie aus drei Sphären bestehe:

Erstens: Unser subjektives Erleben, in dem wir Dinge bewerten, lieben oder hassen, in dem wir wahrnehmen, wie gutes Essen riecht und alter Wein schmeckt, in dem wir unsere Kinder lieben und Gedichte emotional und poetisch empfinden. In dieser Sphäre ist das gesamte Spektrum unserer subjektiven Wirklichkeit angesiedelt. Es ist die Welt des Geistes und der Geisteswissenschaften.

Zweitens: die Realität der physischen Wirklichkeit. Hier haben Objekte Ausdehnung und Gewicht. Sie beeinflussen sich gegenseitig und formen in einem kausalen Netz von Ursache-Wirkungs-Beziehungen die Geschichte der materiellen Welt. Dies ist der Bereich der Naturwissenschaften.

Und schließlich drittens: die Welt der Mathematik, in der es Primzahlen, die natürliche Ordnung der Zahlen und unveränderliche Beziehungsmuster gibt.

Aus diesem Konzept der drei Sphären ergibt sich ein dreifaches Rätsel, wie sie sich gegenseitig beeinflussen.

Erstens die Verbindung zwischen Geist und Materie, das alte philosophische Rätsel der Leib-Seele-Dualität.

Zweitens das Verhältnis zwischen Materie und Mathematik. Die Frage, warum und wie die physikalische Welt den Gesetzen der Mathematik folgt.

Und drittens die Verbindung zwischen Mathematik und Geist, die die Fähigkeit des Geistes betrifft, mathematische Gesetze zu erkennen.

Natürlich war Penrose als wissenschaftlicher Monist nicht davon überzeugt, dass es tatsächlich drei Welten gibt. Aber er benutzte das Bild der drei unabhängigen Sphären als Metapher. Solange wir nicht erklären können, wie diese drei Erfahrungssphären in dieser einen Welt zusammenwirken, so meinte er, wissen wir nichts über die wahre Beschaffenheit dieser Welt.

Inzwischen hat sich in der Welt der Naturwissenschaften einiges geändert. Es gibt die Vorstellung einer Einheit dieser drei Sphären in der Form, dass Geist nur eine Randerscheinung komplexer Materie und Materie nur eine Informationsmatrix ist. Die zugrundeliegende Prämisse der Simulationshypothese ist also, dass alles, was wir wahrnehmen, auf Zahlen und ihre Beziehungen zueinander reduziert werden kann.

Dies impliziert, dass die physische Welt nichts anderes ist als ein Netzwerk von Beziehungen, ein Informationsraum, den man metaphorisch als eine Art Cyberspace beschreiben könnte, und dass der Beobachter dieser Welt selbst nur ein Teil dieses Konstrukts ist. Diese computable world hat eine verblüffende Ähnlichkeit mit den Nachbildungen physikalischer Prozesse im Computer und verleitet dazu, die Frage nach dem Ursprung der Welt damit zu beantworten, dass sie nicht wirklich existiert, sondern nur eine Simulation ist.

Die Idee der Simulation kann in zwei Varianten gedacht werden: 1. Bewusstsein kann aus diesen Berechnungen hervorgehen und es gibt eine übergeordnete Welt, in der diese Simulation berechnet wird, d.h. Außerirdische haben sich einen Computer gebaut, in dessen Speicherbänken und Recheneinheiten unser Universum existiert, planmäßig abläuft und unser individuelles Bewusstsein ebenfalls nur eine Simulation ist. 2. dass diese Welt zwar eine Simulation ist, unser Bewusstsein aber außerhalb existiert und wir nur Spieler sind, die vergessen haben, dass sie als Avatare diese Simulation spielen.

Beide Varianten verlagern aber die Erklärung für die Ursache dieser Welt nur in die Welt der Aliens. Ist die Welt der Außerirdischen selbst eine Simulation? Und wenn nicht, wie ist dann die Existenz ihrer Welt zu erklären? Auch diese Sichtweise führt in einen unendlichen Regress - wenn unsere Welt eine Simulation ist, dann muss auch die Welt, in der diese Simulation existiert, eine Simulation sein, und so weiter. Dies ähnelt dem metaphorischen Bild von der Welt, die auf einer Schildkröte ruht, die wiederum auf einer anderen Schildkröte ruht - eine endlose Abfolge von Schildkröten ohne wirkliches Fundament, auf dem sie schließlich stehen: „Schildkröten bis ganz nach unten!“

Meiner Meinung nach ist die mathematische Natur der Realität eher ein Hinweis darauf, dass die Materie aus einem zugrundeliegenden Informationsraum stammt, der selbst primär ist. Es scheint mir kein Hinweis darauf zu sein, dass unsere Welt nur auf einem Computer in einer anderen Welt simuliert wird.

Strukturierter Urgrund

Eine alternative Interpretation, die ebenfalls die drei Penrose-Sphären vereint, sieht den Urgrund der Welt als ein strukturiertes Gefüge von (mathematischen) Beziehungen. In dieser philosophischen Sicht des Universums und der Existenz ist die Idee eines Urgrundes allen Seins eine grundlegende Überlegung. Dieser Urgrund, der oft als die primäre Quelle oder das Fundament der Wirklichkeit verstanden wird, birgt ein tiefes Geheimnis in sich. Die Annahme, dass dieser Urgrund existiert, führt zu der logischen Schlussfolgerung, dass er einen Inhalt haben muss. Ein Urgrund ohne Inhalt wäre paradoxerweise gleichbedeutend mit „Nichts". Wenn wir aber über die Welt nachdenken, ist eines von vornherein klar: Es gibt „Etwas" und nicht „Nichts". Diese zwingende Feststellung veranlasst uns, über die Natur dieses Inhalts nachzudenken.

Der „Inhalt" des Urgrundes kann als die „Struktur der Beziehungen" selbst verstanden werden. Diese Struktur ist nicht materieller Natur, sondern eine Konfiguration von Beziehungen und Verbindungen, die die Grundlage der Wirklichkeit bilden. Sie ist das, was die Elemente des Universums nicht nur hervorbringt und zusammenhält, sondern ihnen auch Sinn und Zusammenhang verleiht. In diesem Sinne ist der Urgrund nicht einfach eine passive Leere, sondern eine dynamische Matrix von Beziehungen, die die Wirklichkeit ausmachen.

Ein zentraler Aspekt dieser Betrachtung ist das Phänomen des Bewusstseins. Die subjektive Erfahrung jedes Lebewesens liefert den empirischen Beweis dafür, dass Bewusstsein ein integraler Bestandteil des Seins ist. Diese Sichtweise unterstreicht die Idee, dass Bewusstsein nicht nur ein zufälliges Nebenprodukt oder eine abstrakte Eigenschaft bestimmter physikalischer Systeme ist, sondern eine grundlegende Qualität der Realität selbst.

Das *weiche Problem des Bewusstseins* befasst sich mit dem Inhalt des Bewusstseins, d.h. mit den Erfahrungen, Gedanken und Gefühlen, die wir erleben. Dieser Aspekt des Bewusstseins kann durch rekursive Informationsverarbeitung erklärt werden, d.h. durch die Art und Weise, wie unser Gehirn und unser Geist

Informationen aufnehmen, verarbeiten und darauf reagieren. Die Komplexität des menschlichen Geistes, seine Fähigkeit zur Reflexion und zum abstrakten Denken kann als Ergebnis einer hoch entwickelten und fortgeschrittenen Form der Informationsverarbeitung betrachtet werden.

Das *harte Problem des Bewusstseins* hingegen beschäftigt sich mit der grundlegenden Frage, warum und wie physikalische Prozesse subjektive Erfahrungen hervorbringen. Dieses Problem setzt die Existenz von Bewusstsein als gegeben voraus und versucht, seine tiefere Natur zu verstehen. Es geht um die Frage, wie aus der physischen Interaktion von Neuronen etwas so Immaterielles und Persönliches wie subjektives Erleben entstehen kann. Dieses Rätsel ist in der Welt der Wissenschaft besonders schwierig, weil die traditionellen Methoden der Naturwissenschaften hier an ihre Grenzen stoßen. Selbst fortgeschrittene Theorien über den physischen Aufbau des Gehirns können nicht erklären, wie und warum Bewusstsein entsteht.

Es gibt aber auch das „harte Problem der Materie“, das von den Philosophen Gottfried Leibniz und Immanuel Kant erforscht wurde und sich auf die Frage konzentriert, was Materie jenseits ihrer mathematisch beschreibbaren Struktur im Grunde ist. Diese Frage weist auf eine mögliche tiefe Verbindung zwischen der Natur des Bewusstseins und der Materie selbst hin. Beide Probleme könnten zwei Seiten ein und derselben fundamentalen Realität darstellen.

Die moderne Physik und einige philosophische Auffassungen legen nahe, dass Bewusstsein und Materie keine völlig getrennten Kategorien sind, sondern ineinander übergehen können. Dies führt zur Idee des Zwei-Aspekt-Monismus, der besagt, dass die physische Realität und das Bewusstsein verschiedene Manifestationen desselben fundamentalen Substrats sind. In dieser Sichtweise wäre alles Materielle zugleich in irgendeiner Form bewusst, und die traditionelle Trennung zwischen Geist und Materie würde verschwinden.

Dieser radikale Ansatz stellt viele traditionelle wissenschaftliche und philosophische Überzeugungen in Frage. Aber eine eingehendere Untersuchung des Bewusstseins und seiner Beziehung zur Materie könnte uns zu einem umfassenderen Verständnis der Natur führen. Wir brauchen einen Paradigmenwechsel, um diese Fragen zu beantworten. In der Philosophie des evolutionären Idealismus möchte ich dieses neue Paradigma vorstellen. Es besagt, dass Bewusstsein nicht nur in hochentwickelten Lebewesen wie dem Menschen vorhanden ist, sondern als rudimentäres Prinzip überall im Universum existiert. Es ist eine Eigenschaft, die in der Struktur der Wirklichkeit selbst angelegt ist. Die aber erst in komplexen informationsverarbeitenden Systemen zu einem Ich- und Selbstbewusstsein wird. Erst dort können wir Bewusstsein erkennen, weil wir unsere eigenen Erfahrungen damit auf andere projizieren, die sich so verhalten wie wir und uns deshalb suggerieren, dass auch sie ein Innenleben haben. Das heißt aber nicht, dass es vorher kein Bewusstsein gibt.

Zusammenfassend lässt sich sagen, dass der Urgrund des Seins nicht nur die materielle Basis des Universums hervorbringt, sondern auch eine tiefere, relational strukturierte Realität, in der Bewusstsein eine fundamentale Rolle spielt. Diese Perspektive eröffnet eine neue Dimension des Verständnisses der Natur des Seins und fordert uns heraus, die Beziehung zwischen Geist, Materie und Mathematik, zwischen Bewusstsein, der physischen Welt und der zugrunde liegenden Matrix neu zu bewerten und zu erforschen.

Henne oder Ei?

Die traditionelle Auffassung von Materie und Geist als getrennte Entitäten stößt in der modernen Philosophie und Wissenschaft zunehmend an ihre Grenzen. Eine alternative Konzeption, die Geist und Materie als gleichberechtigte Erscheinungsformen der Wirklichkeit begreift, bietet einen fruchtbaren Ansatz für ein umfassenderes Verständnis der Welt. Diese Perspektive vermeidet einerseits die Reduktion des Geistes auf ein bloßes Randphänomen materieller Prozesse, wie sie im Physikalismus geschieht, und ebenso die Reduktion der materiellen Außenwelt auf bloß phänomenologische Bewusstseinsinhalte, wie sie im Idealismus praktiziert wird. Und sie öffnet den Blick für eine tiefere Einsicht in das Wesen der Wirklichkeit. Das Henne-Ei-Problem, ob Geist aus Materie oder Materie aus Geist entsteht, wird überwunden.

In der traditionellen Sichtweise wird Materie oft als die grundlegende Basis des Universums angesehen, aus der Geist als eine Art emergentes Phänomen hervorgeht. Geist ist nach diesem Verständnis lediglich eine temporäre und zufällige Folge komplexer materieller Systemprozesse. Diese Sichtweise führt jedoch in eine Sackgasse, da sie die inhärente Qualität des Geistes und seine Rolle bei der Konstitution der Realität nicht angemessen berücksichtigt. Ebenso fehlerbehaftet ist die derzeit wenig populäre Gegenvorstellung, Materie sei eine reine Fiktion des Geistes.

Die alternative Sichtweise des „Evolutionären Idealismus" erkennt an, dass die Daten, Zahlen und Beziehungen, die ein materielles Objekt definieren, nicht die ganze Geschichte erzählen. Wenn man ein Objekt von außen betrachtet, erscheint es in seiner materiellen Form - eine Ansammlung von Atomen und Molekülen, die durch physikalische Gesetze auf bestimmte Weise miteinander interagieren. Aber diese Sicht ist nur eine von zwei gleichberechtigten Seiten.

Aus der Sicht des Objektes - oder philosophisch ausgedrückt: aus der Innenperspektive des Objektes - werden dieselben Gegebenheiten und Zusammenhänge ganz anders wahrgenommen. Hier manifestieren sie sich nicht als materielle Eigenschaften, sondern als innere Befindlichkeiten, als Bedeutungszusammenhänge. Diese Perspektive legt die Vermutung nahe, dass das, was wir als subjektives Bewusstsein erfahren, in Wirklichkeit die Innensicht der materiellen Welt ist.

Diese Sichtweise legt nahe, dass das subjektive Bewusstsein nicht nur ein Epiphänomen materieller Prozesse ist, sondern eine eigene, gleichberechtigte Realitätsebene darstellt. Das bedeutet, dass jedes materielle Objekt - vorausgesetzt, es ist ein integriertes Ganzes, ein Holon (Mensch, Hund, Baum, ...) und nicht nur eine Ansammlung von Atomen, denen wir einen Namen gegeben haben (Auto, Tisch, Berg, Stein, See, ...) - bis zu einem gewissen Grad eine innere Erfahrung oder eine Form von Bewusstsein besitzt.

Diese Auffassung von Geist und Materie als zwei Aspekte desselben Grundstoffs der Wirklichkeit bietet nicht nur eine Lösung für das harte Problem des Bewusstseins und das harte Problem der Materie, sondern eröffnet auch neue Wege, die Beziehung zwischen Geist und Materie zu betrachten. Sie ermutigt dazu, die Welt nicht nur durch die Linse der Physik zu betrachten, sondern auch durch die Linse der Innenperspektive - der subjektiven Erfahrung.

Insgesamt bietet diese ganzheitliche Sicht von Geist und Materie eine reichere und tiefere Perspektive auf die Natur der Realität. Sie lädt uns ein, über die traditionellen Grenzen der Wissenschaft und Philosophie hinauszugehen und die Welt in ihrer ganzen Komplexität zu erfassen - als eine Struktur, in der Materie und Geist einen Zwei-Aspekt-Monismus und einen Perspektiven-Dualismus bilden, die die zugrunde liegende mathematische Matrix unterschiedlich interpretieren, gleichzeitig aber untrennbar miteinander verbunden sind und gemeinsam das Gewebe unserer Realität weben.

Was daraus folgt

Die Sichtweise des „Evolutionären Idealismus“ vom Ursprung der Welt als einem strukturierten Netzwerk von Beziehungen, das sowohl Geist als auch Materie integriert, ist eine transformative Perspektive. Sie ermöglicht eine revolutionäre Sicht auf den Ursprung von Raum, Zeit, Materie und Geist. Dieser Ansatz vermeidet den unendlichen Regress, der oft mit dem materialistischen Paradigma verbunden ist, und bietet stattdessen eine umfassendere Sicht der grundlegenden Natur der Realität.

In dieser Sichtweise sind Raum und Zeit nicht bloße Bühnen, auf denen sich materielle Ereignisse abspielen, sondern aktive Teilnehmer im Netzwerk der Existenz, die mit Materie und Geist interagieren. Materie wird nicht als isolierte Entität betrachtet, sondern als ein Aspekt eines größeren Ganzen, das auch den Geist einschließt. Der Geist wiederum wird nicht als bloßes Produkt materieller Prozesse betrachtet, sondern als grundlegendes Element, das die materielle Welt erst sinnvoll und erfahrbar macht.

Diese ganzheitliche Perspektive eröffnet neue Wege, um die tiefgreifenden Fragen des Bewusstseins, der Existenz und des Ursprungs unserer Welt zu erforschen. Sie erlaubt uns, die Beziehung zwischen Geist und Materie, zwischen subjektiver Erfahrung und objektiver Realität in einem neuen Licht zu sehen. Anstatt in einer Welt zu leben, in der Geist und Materie getrennt und unvereinbar erscheinen, eröffnet diese Sichtweise die Möglichkeit einer tieferen Harmonie und Verbindung zwischen beiden.

Darüber hinaus bietet dieser Ansatz einen Rahmen, um die komplexen Wechselwirkungen zwischen allen Aspekten der Realität zu verstehen. Er fordert uns heraus, über lineare Kausalitäten hinaus zu denken und die Welt als ein dynamisches, vernetztes System zu betrachten, in dem alle Komponenten - Geist, Materie, Raum und Zeit - in einem ständigen Dialog miteinander stehen.

Letztlich ermöglicht diese Perspektive auf den Ursprung der Welt ein tieferes Verständnis des Geheimnisses der Existenz selbst. Sie lädt uns ein, die Welt nicht nur als eine Ansammlung von Objekten zu sehen, sondern als ein lebendiges Beziehungsgeflecht, in dem jedes Element beeinflusst und beeinflusst wird. In dieser ganzheitlichen Sichtweise wird die Suche nach dem Ursprung und dem Sinn unserer Welt zu einer faszinierenden Reise, die Geist und Materie umfasst und vereint.

Wenden wir uns nun den konkreten Inhalten dieses Buches zu.

Die Aufgabe

> *„Das meiste der Kritik an der westlichen Kultur*
> *betrifft den grobstofflichen Bereich des*
> *Wachzustands der Manifestation, ...*
> *...*
> *Wie kann die hauptsächlich auf dem (...) Ego*
> *basierende westliche Kultur sich zu einer*
> *Seelenkultur entwickeln?*
> *Im Sinne einer Verschiebung hin zum subtilen*

Bereich, wo Innerlichkeit eine zentrale Rolle spielt, wo Kreativität erstrahlt und wo Weisheit und Tugenden in einem fortwährenden Lernprozess sich weiter entwickeln, hin zu einer höheren Dimension von Bewusstheit und Kultur jenseits eines materialistischen Egos, welches sich im Flachland der eigenen Selbst-Zentriertheit und äußerlichen Orientiertheit bewegt?"

Ken Wilber in „The Religion of tomorrow"

In der heutigen globalen Gesellschaft zeichnet sich eine tiefe Spaltung ab, die nicht nur die politischen und sozialen Strukturen betrifft, sondern auch die grundlegende Art und Weise, wie wir die Welt und unsere Existenz in ihr verstehen. Diese Spaltung manifestiert sich vor allem in der Dichotomie zwischen faktenbasierter Wissenschaft und sinnstiftenden, im Glauben verwurzelten Erzählungen. Beide Perspektiven bieten uns unterschiedliche Wege, die Realität zu interpretieren und zu erfahren, aber ihre scheinbare Unvereinbarkeit führt zu Konflikten, Missverständnissen und einer Fragmentierung des sozialen Zusammenhalts.

War diese Spaltung bisher vor allem zwischen den Kulturen zu beobachten, so zeigt sie sich in den letzten Jahren zunehmend auch innerhalb kultureller Grenzen. Wissenschaftsleugnung auf der einen und militanter Atheismus auf der anderen Seite sind keine guten Zeichen, und dieses Phänomen betrifft fast alle Staaten der Welt. Wir verlieren den Common Sense, den verbindenden Glauben, die weltanschauliche Basis, auf die man sich ohne Worte einigen kann und die jede Kultur für ihren Zusammenhalt braucht.

Die analytische Herangehensweise der Wissenschaft

Die Wissenschaft versucht, die Welt durch die Linse der Rationalität und Objektivität zu betrachten. Sie bedient sich analytischer Methoden, um Kausalketten zu entwirren und die Mechanismen zu verstehen, die der materiellen Realität zugrunde liegen. Dieser Ansatz hat zu bemerkenswerten Fortschritten in der Technologie, der Medizin und unserem Verständnis des Universums geführt. Die Konzentration auf das Detail und die Materie birgt jedoch auch die Gefahr, das große Ganze aus den Augen zu verlieren. In ihrem Bestreben, die Welt in ihre Bestandteile zu zerlegen, kann die Wissenschaft dazu neigen, das Ganze als bloße Summe seiner Teile zu betrachten, ohne die emergenten Qualitäten und Zusammenhänge, die in komplexen Systemen entstehen, gebührend zu berücksichtigen. Die Reduktion auf mentale Abstraktionen führt oft zu einem Weltbild, das von der Materie dominiert wird, während der Geist als irreal oder als Nebenprodukt materieller Prozesse angesehen wird. Diese Sichtweise kann zu einem Mangel an Sinnhaftigkeit führen, da teleologische und ganzheitliche Betrachtungen natürlicher Prozesse oft als unwissenschaftlich abgelehnt werden. In diesem Sinne ist auch die Suche nach der alles erklärenden Weltformel nur eine Suche nach einer physikalischen Realität. Die gesuchte Ganzheit ist eine Reduktion der Wirklichkeit auf reduktionistische Kausalzusammenhänge.

Die narrative Orientierung des Glaubens

Auf der anderen Seite des Spektrums steht der Glaube, der sich durch die Suche nach Bedeutung und Sinn in überlieferten Erzählstrukturen auszeichnet. Religionen und spirituelle Traditionen bieten uns große Erzählungen über das Universum, unsere Rolle darin und unsere Beziehung zum Göttlichen. Diese Perspektive konzentriert sich auf die Gestaltung materieller Lebensbedingungen in Übereinstimmung mit göttlichen Gesetzen und kämpft mit den Paradoxien, die sich aus theoretischen theologischen Konzepten ergeben. Dieser Ansatz kann dazu führen, dass der Kontakt zu den realen Details gesellschaftlicher Veränderungsprozesse verloren geht. Die Dominanz des Geistigen in der Weltsicht kann dazu führen, dass die Bedeutung materieller Zwänge und individueller Bedürfnisse unterschätzt wird und diese realen Aspekte des Seins als sündhaft-pathologisch abweichend oder gar teuflisch abgetan werden.

Die Notwendigkeit einer Synthese

Das Grundproblem dieser Spaltung liegt nicht in der Unzulänglichkeit der einzelnen Perspektiven an sich, sondern in der Unfähigkeit, sie in ein kohärentes und umfassendes Verständnis der Welt zu integrieren. Die Wissenschaft bietet uns ein Bottom-up-Werkzeug, um die materielle Welt zu verstehen und zu manipulieren, aber sie kann keine Antworten auf die tieferen Fragen nach Sinn, Zweck und Wert geben.

Der Glaube hingegen spricht diese Bedürfnisse an, indem er uns von oben herab in eine größere Geschichte einbettet, läuft aber Gefahr, die Bedeutung der empirischen Evidenz, die Notwendigkeit praktischer Anwendungen und kulturelle Veränderungsprozesse zu vernachlässigen, weil er Strukturen verabsolutiert, die im ursprünglichen kulturellen Kontext einmal etabliert und sinnvoll waren.

Eine echte Synthese dieser Ansätze würde bedeuten, ein Weltbild zu entwickeln, das sowohl die analytische Präzision der Wissenschaft als auch die tiefe Sinnhaftigkeit des Glaubens umfasst. Sie erfordert eine Erweiterung unseres Wirklichkeitsverständnisses, das anerkennt, dass materielle und geistige Aspekte der Existenz nicht voneinander getrennt, sondern in einem dynamischen, interaktiven Prozess miteinander verwoben sind. Ein solches Verständnis könnte es uns ermöglichen, die Welt nicht als eine Ansammlung isolierter Fakten oder als ein narratives Konstrukt zu sehen, sondern als ein integriertes Ganzes, in dem jede Perspektive ihre eigene wichtige Rolle spielt.

Auf dem Weg zu einem gemeinsamen Verständnis

Um eine globale Gesellschaft zu entwickeln, die sowohl Fakten anerkennt als auch eine sinnvolle soziale Struktur ermöglicht, müssen wir über die Grenzen von Wissenschaft und Glauben hinausdenken. Wir brauchen einen neuen Ansatz, der die Stärken beider Perspektiven integriert und es uns ermöglicht, die komplexen Herausforderungen unserer Zeit zu bewältigen. Dies erfordert Dialog, Offenheit und die Bereitschaft, voneinander zu lernen. Indem wir die Erkenntnisse der Wissenschaft mit den tiefen Werten und dem Sinn des Glaubens verbinden, können wir eine Grundlage für ein gemeinsames Verständnis und einen gemeinsamen Sinn schaffen, die es uns ermöglichen, als globale Gemeinschaft zusammenzuarbeiten und zu wachsen. Die Überwindung der Kluft zwischen Wissenschaft und Glauben ist nicht nur eine intellektuelle Herausforderung, sondern auch eine moralische Notwendigkeit, um eine gerechtere, verständnisvollere und ganzheitlichere Welt zu schaffen.

Das Wesen der Polarität

Die Wissenschaft untersucht analytisch Details nach Kausalketten und verliert dabei den Gesamtzusammenhang aus den Augen, weil sie das Ganze als aus Teilen zusammengesetzt betrachtet. Man konzentriert sich auf die geistige Abstraktion und kämpft mit den „Schmutzeffekten“ der realen Situationen. Das Weltbild wird so sehr von der Materie dominiert, dass die eigene Perspektive - die Identifikation mit den universellen, geistigen, mathematischen Abstraktionen, den Ideen - völlig übersehen wird / „das Auge sieht sich nicht selbst“. Der Geist erscheint als irreal und als emergente Nebenwirkung komplexer materieller Strukturen. Der Nebeneffekt ist der Mangel an Sinn. Jeder Versuch, einen teleologischen oder holistischen Sinn in den Naturvorgängen zu finden, wird als unwissenschaftlich abgelehnt.

Der Glaube untersucht die großen narrativen Strukturen überlieferter Gottesbilder und verliert zunehmend den Kontakt zu den realen Details gesellschaftlicher Veränderungsprozesse. Man konzentriert sich auf die materielle Umsetzung traditionell vorgegebener Zusammenhänge und kämpft mit den Paradoxien theoretischer Konzepte. Das Weltbild wird dabei so sehr vom Geistigen dominiert, dass die eigene Perspektive - die Identifikation mit den individuellen Bedürfnissen und ihren materiellen Manifestationen im Hinblick auf die göttlichen Gesetze und die daraus resultierenden konkreten gesellschaftlichen Prozesse - völlig übersehen wird / „das Auge sieht sich nicht selbst“. Materielle Zwänge und individuelle Bedürfnisse spielen keine Rolle und werden als sündhafte Abweichungen von den ewig gültigen göttlichen Gesetzen bekämpft.

Nicht nur dieses Paradoxon, dass wir das verlieren, worauf wir uns konzentrieren, wird in der Struktur des pythagoreischen Lambdomas deutlich. Dieses Symbol zeigt auch einen Weg zur Analyse der Urmatrix, aus der Geist und Materie entstehen. Das Lambdoma ist somit der Weg, den wir zur Synthese der Gegensätze beschreiten werden.

Der Weg

Wenn die Welt aus allen Perspektiven betrachtet wird und keine auf eine andere reduziert wird, entsteht eine Weltsicht, die rational und mythisch zugleich ist. Sie geht über die Rationalität hinaus, ohne sie zu verleugnen, und integriert die mythische Sicht in eine umfassendere Transrationalität. Sowohl die Fakten der Wissenschaft als auch die Archetypen des Mythos werden respektiert und als real anerkannt. Dies ermöglicht uns schließlich auch, die Weltsicht der Völker, in denen die Mythen entstanden sind, und die Zeit, in der sie lebten, besser zu verstehen. Dies befreit uns schließlich von der Notwendigkeit, diese Mythen in ihrer traditionellen Interpretation zu verteidigen oder abzulehnen.

Das Instrument der Zahl

Schon für Galileo Galilei war das Buch der Natur in der Sprache der Mathematik geschrieben.

Praktisch alle Naturphänomene lassen sich in der Sprache der Mathematik beschreiben. Wie tief die Forscher auch in die Geheimnisse der Natur eindringen, überall stoßen sie auf mathematische Gesetzmäßigkeiten. Wenn die Physiker die letzten Geheimnisse gelüftet haben, wird die Natur vollständig mathematisch beschreibbar sein. Mit anderen Worten: Das Universum ist nichts anderes als reine Mathematik.

In der Schule lernen wir jedoch nur eine bestimmte Sichtweise dieser Wissenschaft kennen. Dort wird die Reihe der natürlichen Zahlen (1, 2, 3, ...) als eine schrittweise Erhöhung der Anzahl erlebt. Wir haben also einen Apfel (Einheit) oder zwei oder drei Äpfel. Wenn wir Einheiten teilen wollen, benutzen wir den Bruch. „Eins geteilt durch zwei“ bedeutet, dass der Apfel für zwei Personen reichen muss. Dann hat jeder einen halben Apfel. Die Hälfte ist also die neue Einheit, mit der wir rechnen. Die mathematische Wirklichkeit besteht aus vielen kleinen Einheiten, die zueinander in Beziehung gesetzt werden. Mit dieser Bottom-up-Philosophie berechnen wir die Wirklichkeit. Und es funktioniert wunderbar.

In den Anfängen der Mathematik wurde die Zahl jedoch ganz anders gesehen als heute. Neben der quantitativen gab es auch eine qualitative Bedeutung der Zahl. In der populären Mathematik, wie sie der Normalbürger kennt, hat man die Qualität der Zahl aus den Augen verloren und rechnet nur noch mit der objektiven Quantität. Das ist die Technik der Rationalität. Aber hat die Qualität der Zahl überhaupt eine Berechtigung? Oder sind diese philosophischen Einsichten längst überholt? Wird auch die Qualität der Zahl rehabilitiert, wenn wir vom rationalen zum transrationalen Weltbild übergehen?

Im Mathematikunterricht unserer Schulen lernen wir die Zahlen so kennen, dass z.B. der Unterschied zwischen 3 und 4 genauso groß ist wie zwischen 4 und 5, nämlich 1. Jede ganze Zahl ist um 1 größer als die vorhergehende. Das bedeutet, dass der Unterschied zwischen zwei benachbarten Zahlen immer gleich groß ist. Dies ist das Wesen des natürlichen Zahlenstrahls und entspricht dem rationalen Weltbild.

Es gibt aber noch eine andere Auffassung des Zahlbegriffs, die ebenfalls Anspruch auf Richtigkeit erheben kann. Hier werden die Zahlen nicht als Ansammlung von Einsen, sondern jeweils als Ganzes betrachtet. Der Unterschied zwischen 3 und 4 ist nun nicht mehr derselbe wie der zwischen 4 und 5: Die Ganzheit der Zahl 3 muss um 1/3 erhöht werden, um die Zahl 4 zu erhalten, die der Zahl 4 aber nur um 1/4, um die Zahl 5 zu erhalten. Aber 1/3 und 1/4 sind nicht dasselbe. Zahlen sind also nicht einfach Quantitäten, sondern vor allem Qualitäten. Die Zahl als Ganzes hat einen eigenen Charakter, den keine andere Zahl mit ihr teilt. Dieser Charakter zeigt sich zum Beispiel auch in der Mathematik der Musik.

Für Naturwissenschaftler ist die quantitative Bedeutung der Zahl jedoch völlig ausreichend, denn die wissenschaftliche Methode untersucht nur die eine Hälfte, eine bestimmte Perspektive auf die Welt: die objektive Perspektive. Die andere, die subjektive Perspektive, sei ein bloßes Epiphänomen, das durch die Neurobiologie völlig ausreichend erforscht werden könne. Aber es gibt eine Lücke in der objektiven Welterklärung, die sich der Analyse hartnäckig widersetzt. Diese Lücke ist der Zeuge, die subjektive Perspektive des eigenen Bewusstseins, die sich weder aus der Wirklichkeit ausschließen noch aus einer objektiven Weltbetrachtung ableiten lässt. Was bleibt, ist ein armseliges Epiphänomen materieller Prozesse, das als Erklärung unzureichend bleibt.

Pythagoras

Der Satz vom rechtwinkligen Dreieck, den jeder kennt, wird eigentlich nur Pythagoras zugeschrieben. Er war den Ägyptern schon lange vorher bekannt. Das eigentliche Verdienst des Pythagoras liegt vielmehr in seiner Lehre vom Zusammenhang zwischen Mathematik und Musik.

Er lebte im 6. Jahrhundert v. Chr. und stammte von der Insel Samos. In seiner Jugend soll er sich zu Studienzwecken in Ägypten und Babylonien aufgehalten und sich dort mit religiösen Vorstellungen und wissenschaftlichen Erkenntnissen vertraut gemacht haben. Historisch taucht er erst um die Jahrhundertmitte im griechisch besiedelten Unteritalien auf, als er dort seine Schule gründete. Von ihm selbst sind jedoch kaum Schriften überliefert. Was wir wissen, stammt hauptsächlich von Philosophen, die über ihn geschrieben haben.

Interessant sind vor allem drei Symbole, die den Pythagoräern zugeschrieben werden: Die Tetraktys, das Pentagramm und das Lambdoma.

Tetraktys

Tetraktys“ bedeutet „Vierzahl“. Sie besteht aus zehn Punkten, die in Form eines Dreiecks angeordnet sind, das dem griechischen Buchstaben Delta entspricht. Dieses Delta steht auch für ‚DEKA‘, das griechische Wort für ‚Zehn‘.

Das Eine an der Spitze steht für das All-Eine, aus dem alle Emanationen des Kosmos hervorgehen. Als dieses EINE die Schöpfung plante, war die Zweiheit, die Polarität, die Dualität bereits geboren. Denn allein die ‚Vor-Stellung‘ machte aus dem EINEN eine ZWEI. Die ZWEI war das Urpaar Uranos und Gaia, Himmel und Erde, oben und unten, innen und außen. Aus der

Vereinigung dieser polaren Spannung entsteht die DREI als Symbol des Werdens, der Bewegung, der Dynamik der Schöpfung. In der VIER wird diese Dynamik schließlich zum manifesten Kosmos mit seinen VIER Himmelsrichtungen.

Pentagramm

Das Pentagramm gilt als ‚Heilszeichen' der Pythagoräer. Die älteste Überlieferung ist ein mesopotamischer Krug aus der Zeit um 3000 v. Chr., in dem es als Symbol der Göttin Inanna eingeritzt ist. Damals galt es als Symbol der Venus. In der Esoterik hat es eine unglaubliche Karriere gemacht. Im Laufe der Zeit wurde es auch Drudenfuß, Alpfuß, Pentalpha, Fünfstern, Elfenfuß, Alpkreuz und Drudenkreuz genannt. Er wurde vor allem für Amulette und Hauszeichen verwendet, da er als Bann- und Abwehrzauber gegen Dämonen und Druden, also das Böse schlechthin, galt. Zeigt die Spitze nach unten, spricht man von einem ‚umgekehrten Pentagramm', das ebenfalls den Teufel symbolisiert, da dann der Zwiespalt, der Zweifel, die Zwietracht, die Hörner des Teufels nach oben zeigen.

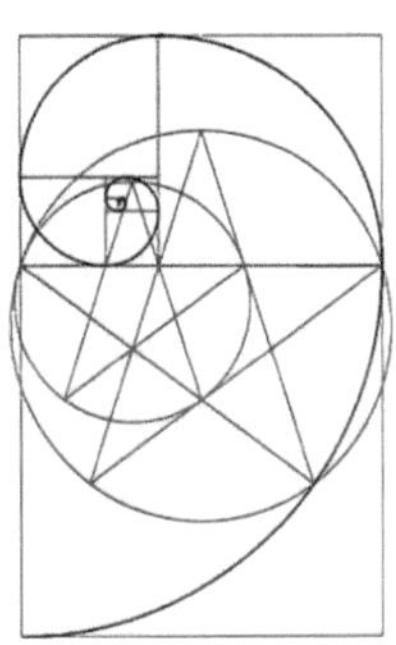

Die wichtigste Funktion des Pentagramms war jedoch, dass es auf einfache Weise die Konstruktion des Goldenen Schnitts ermöglichte, der für die harmonische Architektur des Klassizismus von großer Bedeutung war. Aus diesem Grund wurde das Pentagramm auch zum Zeichen der Freimaurer.

Lambdoma

Das Lambdoma (ursprünglich Abakus genannt) ist das wichtigste Symbol des Pythagoreismus. Es stellt den Zugang zur subjektiven Mathematik dar. In diesem Symbol wird die Verbindung zwischen der Qualität der Musik und der Quantität der Mathematik dargestellt.

Nehmen wir zunächst eine Saite und spannen sie zwischen zwei Stege. Wenn wir diese Saite anschlagen, beginnt sie zu schwingen. Die Schwingung wird durch die beiden Stege, an denen die Saite befestigt ist, auf eine bestimmte Wellenlänge begrenzt. Der Ton, der dabei entsteht, ist abhängig von der Länge der Saite, also dem Abstand der beiden Stege, der Dicke der Saite und der Spannung, mit der die Saite aufgezogen wird. Theoretisch kann jeder beliebige Ton erzeugt werden. Nennen wir ihn der Einfachheit halber ‚C'.

Dämpft man die Schwingung der Saite mit dem Finger genau in der Mitte, so hört man, dass sie noch schwingt, und zwar mit einem höheren Ton.

Es ist der Oktavton ‚c'. Die Wellenlänge ist nun halb so groß wie vorher. Das Verhältnis der Wellenlänge des Grundtones zu diesem Oktavton ist also 1:2. Es ist nun leicht einzusehen, dass die Saite immer nur mit einem ganzzahligen Vielfachen des Grundtones schwingen kann, denn die beiden Endpunkte der Saite, an denen sie an den Stegen befestigt ist, bleiben immer unbeweglich. Dort müssen sich also immer Schwingungsknoten der entsprechenden Wellenlänge befinden. Der nächsthöhere Ton, der auf diese Weise erzeugt werden kann, ist der Ton mit einem Drittel der Wellenlänge des Grundtones - Verhältnis 1:3 - das ist der Ton ‚g'.

So könnte man endlos fortfahren und würde mit der Zeit die ganze Tonleiter erhalten, natürlich in verschiedenen Oktavlagen. Tatsächlich ergibt sich aus diesen Obertönen die Durtonreihe:

1/1 C - 1/2 c - 1/3 g - 1/4 c` - 1/5 e` - 1/6 g` - 1/7 b` - 1/8 c`` ...

Diese Töne schwingen aber nicht nur einzeln, sondern die Saite schwingt in allen ihren Teilungen gleichzeitig. Die Lautstärke, mit der die einzelnen Obertöne schwingen, hängt von der Resonanzstruktur des Klangkörpers des Instruments ab. Und genau diese Zusammensetzung der Obertöne ist es, die uns z.B. eine Gitarre von einem Banjo klanglich unterscheiden lässt.

Nun gibt es (mathematisch) noch die Möglichkeit der Umkehrung. Wir können also die Teilung in eine Verdoppelung, Verdreifachung usw. der ursprünglichen Saitenlänge umkehren. So erhalten wir die sogenannte Untertonreihe. Und wieder entsteht etwas aus der Musik Bekanntes. Diese Untertonreihe ergibt die Molltonreihe:

1/1 c` - 2/1 c - 3/1 F - 4/1 C - 5/1 As, - 6/1 F, - 7/1 D, - 8/1 C,,.

Nun wissen wir aber, dass Moll und Dur sich zueinander verhalten wie traurig und fröhlich, wie passiv und aktiv, wie Yin und Yang. Zeichnen wir nun, ausgehend von der ganzen Saite (1/1), die Molltonreihe waagerecht und die Durtonreihe senkrecht ein:

1/1	2/1	3/1	4/1	5/1	6/1	7/1	8/1	9/1
1/2								
1/3								
1/4								
1/5								
1/6								
1/7								
1/8								
1/9								

Nun kann für jeden Oberton eine Reihe von Untertönen und für jeden Unterton eine Reihe von Obertönen gebildet werden, die den Raum zwischen den beiden Schenkeln ausfüllen. Dies ergibt das Gewebe des Lambdomas.

1/1	2/1	3/1	4/1	5/1	6/1	7/1	8/1	9/1
1/2	2/2	3/2	4/2	5/2	6/2	7/2	8/2	9/2
1/3	2/3	3/3	4/3	5/3	6/3	7/3	8/3	9/3
1/4	2/4	3/4	4/4	5/4	6/4	7/4	8/4	9/4
1/5	2/5	3/5	4/5	5/5	6/5	7/5	8/5	9/5
1/6	2/6	3/6	4/6	5/6	6/6	7/6	8/6	9/6
1/7	2/7	3/7	4/7	5/7	6/7	7/7	8/7	9/7
1/8	2/8	3/8	4/8	5/8	6/8	7/8	8/8	9/8
1/9	2/9	3/9	4/9	5/9	6/9	7/9	8/9	9/9

Es wäre gut, wenn wir uns dieses Gewebe hörend erschließen könnten. Denn erst dann würde sich der Sinn dieses Symbols wirklich deutlich werden. Jeder Punkt in diesem Bild hat einen Ton, und erst wenn man ein Gefühl dafür entwickelt hat, wo welcher Ton liegt und in welcher Harmonie die benachbarten Punkte zueinander stehen, kann man die Tragweite dieses mathematischen Rasters wirklich ermessen.

Das Bild muss um 45° nach rechts gekippt werden, um die namensgebende Form zu erhalten, die dann dem griechischen Buchstaben Lambda ähnelt.

So sieht das Lambdoma in seiner ,richtigen' Position aus:

1/1
1/2 2/1
1/3 2/2 3/1
1/4 2/3 3/2 4/1
1/5 2/4 3/3 4/2 5/1
1/6 2/5 3/4 4/3 5/2 6/1
1/7 2/6 3/5 4/4 5/3 6/2 7/1
1/8 2/7 3/6 4/5 5/4 6/3 7/2 8/1
1/9 2/8 3/7 4/6 5/5 6/4 7/3 8/2 9/1

Es ergibt sich jedoch eine Schwierigkeit, die wir vor der weiteren Untersuchung des Lambdoma klären müssen: Wir haben dieses Symbol mathematisch aus Obertonreihen und Untertonreihen konstruiert. Die Obertonreihe ist eine natürliche physikalische Erscheinung. Die Untertonreihe wurde jedoch auch nach intensiver Suche in der realen Welt bis heute nicht gefunden. Ist es also überhaupt legitim, das Lambdoma als Symbol für etwas Reales zu bezeichnen? Was ist der Unterschied zwischen Moll und Dur? Warum findet man in der Natur die Obertonreihe, nicht aber die Untertonreihe? Sehen wir uns zunächst an, wie die Obertonreihe überhaupt entsteht. Welche physikalischen Gesetze sind daran beteiligt?

Die Obertonreihe entsteht durch das Phänomen der Resonanz. Das heißt, irgendwo schwingt eine Saite mit dem Ton ,C' und eine andere Saite, die ebenfalls auf den Ton ,C' gestimmt ist, schwingt mit, obwohl sie niemand angeschlagen hat. Um zu zeigen, wie das funktioniert, möchte ich ein kleines Gedankenexperiment machen:

Stellen wir uns eine Schaukel für Kinder vor: Oben sind zwei Seile befestigt, unten ist ein Sitzbrett dazwischen. Wenn wir nun der Schaukel einen kleinen Schubs geben, beginnt sie leicht hin und her zu schwingen. Geben wir ihr im richtigen Moment - also wenn sie sich beim Vorwärtsschwingen wieder genau in der Ausgangsposition befindet - einen weiteren kleinen Stoß, so wird die Schwingungsamplitude größer, d.h. die Schaukel schwingt höher. Die Schwingungsdauer bleibt trotz des größeren zurückgelegten Weges gleich, da dieser durch eine höhere Geschwindigkeit ausgeglichen wird. Die Schwingungsdauer hängt nur von der Länge der Seile ab. Das erinnert an die Tonhöhe, die durch die Länge der Saite bestimmt wird. Wenn wir diesen Impuls regelmäßig wiederholen, wird die Schaukel in große Schwingungen versetzt. Der Impuls selbst muss dazu nicht stark sein. Theoretisch reicht ein kleiner Lufthauch.

Genauso funktioniert es mit der Saitenresonanz. Schallwellen sind winzige Luftschwingungen, und diese Schwingungen geben der Saite, die ohne Anschlag mitschwingt, Impulse. Um diese Schwingungsimpulse durch einen Lufthauch zu simulieren, können wir folgendes Gerät verwenden:

Die Konstruktion besteht aus einem Fön und einer drehbaren Scheibe mit einer Öffnung für den Luftstrom des Föhns. Dreht man nun die Scheibe, so löst der erste Luftstrom eine Bewegung der Schaukel aus. Dreht sich die Scheibe genau so schnell, dass die Öffnung wieder vor dem Föhn ist, wenn die Schaukel bei der nächsten Vorwärtsbewegung wieder am Ausgangspunkt angekommen ist, bewirkt der neue Impuls eine größere Schaukelbewegung. Wir haben ein Resonanzsystem geschaffen, indem wir die Frequenz der Lochscheibe (Drehgeschwindigkeit) auf die Schaukelfrequenz abgestimmt haben. Der Luftstrom durch die Lochscheibe simuliert die Schallwellen der angeschlagenen Saite und die Schaukel simuliert die mitschwingende Saite. Das Verhältnis der Geschwindigkeiten von Lochscheibe und Schaukel ist 1:1. Wir können die Schaukel aber auch erfolgreich in Schwingung versetzen, wenn wir nur jedes zweite Mal einen entsprechenden Impuls geben. Wenn wir die Lochscheibe verlangsamen, so dass die Öffnung nur jedes zweite Mal einen Impuls gibt, entsteht ebenfalls eine Resonanz, die die Schaukel zum Schwingen bringt. Sie schwingt vielleicht nicht ganz so hoch, aber sie schwingt. Das Verhältnis der Geschwindigkeiten von Scheibe und Schaukel ist nun 1:2. In Töne umgerechnet ist die Schwingung der Schaukel (Resonanz- oder Oberton) die höhere Oktave der Lochscheibe (Grund- oder Erzeugerton). Das zeigt uns, dass auch eine Saite, die eine Oktave höher gestimmt ist, mit dem Grundton mitschwingt; 1:2. Dasselbe gilt für die Verhältnisse 1:3, 1:4, 1:5 usw.

Wir haben hier also die physikalische Ursache der Resonanz und damit der Obertonreihe gefunden. Versuchen wir es nun mit der Untertonreihe: Dazu müssen wir die Lochscheibe nicht langsamer, sondern schneller drehen. Denn bei der Untertonreihe ist der Grundton (Lochscheibe) höher als der Ton, der mit ihm in Resonanz treten soll (Schaukel). Die Schaukel muss also langsamer schwingen, als sich die Lochscheibe dreht. Aber was passiert dann wirklich?

Zuerst erhält die Schaukel einen Impuls und beginnt zu schwingen. Sie schwingt nach vorne, bleibt am höchsten Punkt stehen und schwingt zurück. Doch kaum ist sie beim Rückschwingen wieder am Ausgangspunkt angekommen, erhält sie den nächsten Impuls und bleibt stehen. Die Energie des zweiten Impulses hat die Energie des ersten aufgehoben. Wie man sieht, kann das System nicht nach oben schwingen, weil sich die Impulse immer wieder gegenseitig aufheben.

Die Untertonreihe ist eigentlich eine physikalische Unmöglichkeit. Wissenschaftlich begründbar scheint daher nur die Richtung der Durtonreihe im Lambdoma zu sein.

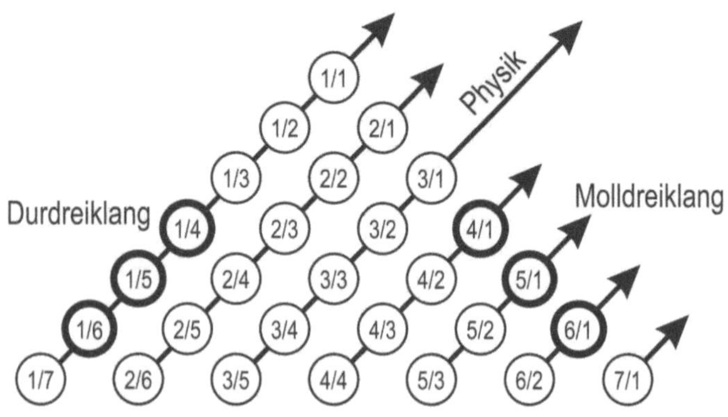

Die Realität der Untertonreihe

Für das menschliche Empfinden klingt die Molltonreihe (Molldreiklang) anders, aber genauso harmonisch wie die Durtonreihe (Durdreiklang). Mathematisch klingt das logisch. Und wenn wir das Symbol des Lambdomas betrachten, scheint die Symmetrie von Moll und Dur ebenfalls dafür zu sprechen. Aber wie wir gesehen haben, gibt es die Molltonreihe als Resonanzphänomen nicht. Der Materialist könnte nun sagen, dass dies der Beweis dafür ist, dass das menschliche Gefühl zu unzulänglich ist, um die Welt realistisch zu erfahren. Ich meine jedoch, dass wir dem musikalischen Empfinden des Menschen mehr vertrauen sollten als den scheinbar so eindeutigen Beweisen der Physik. Nicht zufällig habe ich das Gedankenexperiment mit der Schaukel und der Föhn-Lochscheiben-Konstruktion gewählt. Auffällig an diesem Versuchsaufbau ist, dass die Schaukel immer die gleiche Frequenz hat, obwohl wir den Grundton verändert haben. Wir sind immer von der Geschwindigkeit der Lochscheibe ausgegangen und haben das Verhältnis zur Schaukelbewegung betrachtet. Das mussten wir tun, weil die Lochscheibe der aktive Teil war. Sie stellte den vorhandenen Ton dar und die Schaukel den Oberton, der in Resonanz tritt und schließlich mitschwingt. Wir können aber leicht dazu übergehen, die Frequenz der Schaukel als Grundton zu betrachten. Wir müssen uns also nicht mit der aktiven, sondern mit der passiven Seite der Versuchsanordnung identifizieren. Und schon werden die jeweils aktiven Frequenzen - also die verschiedenen Geschwindigkeiten der Lochscheibe - zur Grundtonreihe. So könnte man es formulieren:

Die Untertonreihe ist die Menge aller Töne,
von denen der Grundton ein Oberton ist.

Die Untertonreihe gibt es also auch in der Physik, denn wir finden sie durch eine einfache Umkehrung unserer Identifikation innerhalb der physikalischen Resonanzgesetze: Nicht die aktive, impulsgebende Kraft wird als Zentrum und Ausgangspunkt betrachtet, sondern die passive, impulsempfangende Seite wird zum Zentrum gemacht. Die Molltonreihe - also die Untertonreihe - ist das Potential möglicher Aktivitäten im Außen, auf die diese passive Seite eingestimmt ist. Die Untertonreihe finden wir also ganz einfach, wenn wir bereit sind, in unserem Denken etwas zu verändern.

Interessant ist nun, dass der Mensch die Molltonreihe als ebenso harmonisch empfindet wie die Durtonreihe, obwohl sie nur potentiell vorhanden ist und nicht sofort erklingt, wenn wir eine Saite anschlagen. Dennoch erkennen wir die Untertonreihe als zusammengehörig. Zur Identität des Menschen gehört also auch das Gefühl der Zugehörigkeit zu etwas Größerem. Nicht nur die logische Analyse von Details, wie sie die wissenschaftliche Forschung vornimmt, führt uns in das Wesen der Welt ein, sondern auch die passive Hingabe, das Sichberührenlassen von der Welt, gehört dazu, wenn wir die Welt als Ganzes begreifen wollen. Das Gewebe der Welt wird erst durch das analytische Denken als Spiegel der Kausalität und das intuitiv-empathische Einfühlen als Spiegel der Analogien vollständig. Ein Holon[1] besteht immer aus vielen Subholons und ist Teil eines Superholons.

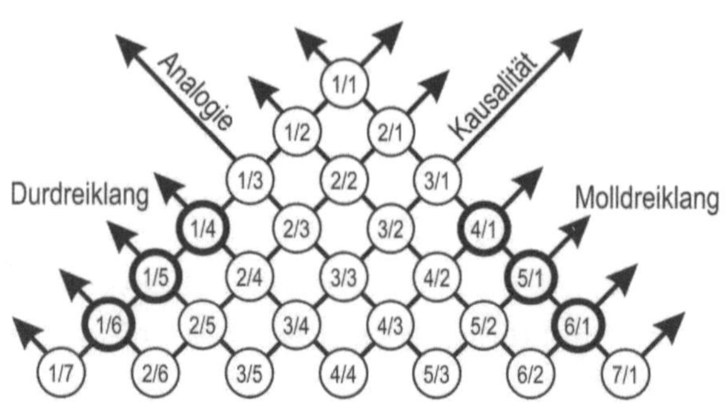

[1] Ein Holon ist in der integralen Theorie eine Teilganzheit in Abgrenzung zu Haufen und Artefakte. In meinen anderen Büchern habe ich das detailliert beschrieben, weshalb ich es hier so stehen lasse.

Am Lambdoma wird deutlich: Der logische Verstand, der die Details analysiert, erzeugt als Weltbild nur lose Fäden, denen jeder Zusammenhalt fehlt. Erst wenn wir das intuitive ‚Einfühlen' in die Weltbetrachtung mit einbeziehen, entsteht ein vollständiges und tragfähiges Gewebe. Hier wird sehr deutlich, warum die rein naturwissenschaftliche Weltbetrachtung, die das Detail über das Ganze stellt, indem sie jedes Ganze nur als ‚aus Details zusammengesetzt' versteht (Reduktionismus) und das fühlende Subjekt aus der Weltbetrachtung ausschließt (Objektivismus), ein Weltbild erzeugt, das ständig zu zerfallen droht, weil das Einfühlen in Zusammenhänge nicht mehr möglich ist. Gleiches gilt, wenn wissenschaftliches Denken zugunsten religiöser Überlieferungen und/oder intuitiver Intuition ausgeklammert wird. Nur objektive Analyse und subjektive Intuition zusammen können die Welt in ihrem Zusammenhang erfassen.

Nachdem sich diese anfängliche Schwierigkeit nur als eine Beschränkung der rationalen Perspektive erwiesen hat, die sich auflöst, wenn wir das empfindende Subjekt, den Zeugen, wieder in die Weltbetrachtung einbeziehen, können wir uns auch den anderen Metaphern des Lambdoma zuwenden.

Gleichtonlinien

Durch die Betrachtung beider Richtungen ergibt sich eine neue Qualität im Lambdoma:

Der Grundton wandert mit zunehmender Differenzierung immer weiter nach unten entlang einer Linie, die weder Moll noch Dur repräsentiert. Betrachtet man ausgehend vom ursprünglichen Grundton (1:1) den ersten Unterton (2:1), so hat sich dieser Grundton in eine andere Position verschoben (2:2). Es ist aber immer noch derselbe Ton. Wir haben bereits gesagt, dass die Molltonreihe die Menge aller Töne ist, deren Grundton ein Oberton ist. Obertöne finden wir aber nur auf der Durtonleiter. Wenn wir nun einen Schritt auf der Untertonlinie machen, befinden wir uns auf einer parallelen Obertonlinie. Nun müssen wir also - um der obigen Aussage gerecht zu werden - auf dieser neuen Obertonlinie den Grundton wiederfinden. Tatsächlich ist 2:2 auf der neuen Linie als Oberton des Tones 2:1 identisch mit dem ursprünglichen Grundton 1:1. Für den ersten Unterton ist die Aussage also richtig. Auch für den nächsten Unterton (3:1) finden wir einen identischen Ton auf der Durlinie (3:3). Es ist offensichtlich, dass dies unendlich fortgesetzt werden kann. Dabei wandert der Grundton entlang einer Linie, die man als Zeugertonlinie bezeichnet (1:1, 2:2, 3:3, 4:4 usw.).

Wenn wir jetzt eine andere Untertonlinie nehmen und nicht die des Tones 1:1, sehen wir die gleichen Wiederholungen. Betrachten wir die parallele Untertonlinie mit dem Anfang (Grundton) 1:2. Der erste Unterton davon ist 2:2. Finden wir nun auf der entsprechenden Durtonlinie einen identischen Ton zum Grundton? Ja, wir finden ihn als 2:4. Der Grundton auf der nächsten Zeile (Unterton 3:2) ist dann 3:6, dann 4:8, 5:10 usw. Es gibt also auch für diesen Grundton (1:2) eine Linie, entlang der er durch das Lambdoma wandert. Um es kurz zu machen: Jeder Ton liegt auf einer solchen Linie, die man Gleichtonlinien nennt.

Neben den Dur-Linien, die wir dem rationalen Denken zugeordnet haben, und den Moll-Linien, die dem analogen Fühlen entsprechen, gibt es also noch eine dritte Gruppe von Linien, die Gleichtonlinien. Sie können dem Willen zugeordnet werden. Im Gegensatz zu den Linien des Denkens und Fühlens verlaufen die Linien des Wollens nicht parallel zueinander. Wenn wir sie verlängern, sehen wir, dass sie sich außerhalb des Lambdomas in einem Punkt treffen. Konsequent mathematisch gedacht, müssen wir diesem Punkt die Bezeichnung ‚0/0' geben. Musikalisch ist dies der Punkt, an dem alle möglichen Töne zu einem einzigen Ton verschmelzen. Es muss also ein unhörbarer Ton sein, der alle anderen enthält. Philosophisch ist es der Punkt, an dem alle Willensimpulse dieser Welt eine einheitliche, widerspruchsfreie Identität haben. Das wäre z.B. Schopenhauers Weltwille.

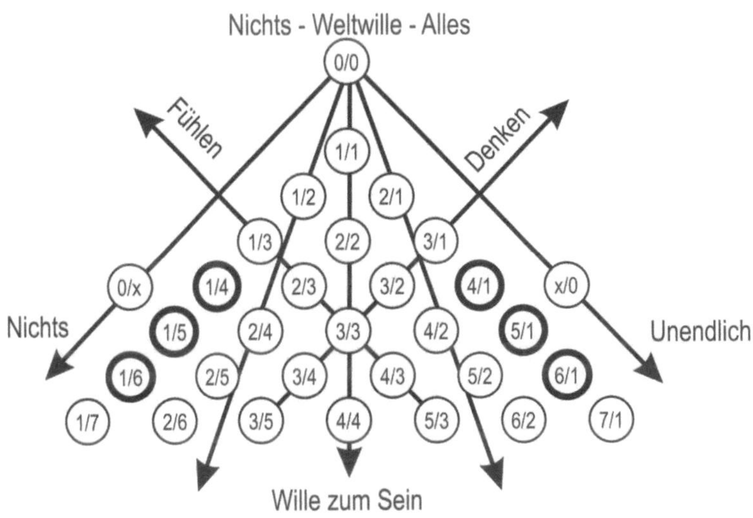

Das mystische Symbol ‚0/0'

Mathematisch wird die Division durch Null als ‚undefiniert' betrachtet, aber logisch könnte man folgendes sagen:

$$0/x = 0$$

$$x/x = 1$$

$$x/0 = \infty$$

Das Symbol ‚0/0' ist also ein Symbol für NICHTS (0), für EINHEIT (1) und für ALLES (∞). In diesem Punkt treffen sich jedoch alle Gleichgewichtslinien, nicht nur die mit den Ergebnissen ‚0', ‚1' und ‚∞'. Da man sich das Lambdoma als unendlich nach unten verlängert vorstellen kann, gibt es für jede rationale Zahl eine Gleichtonlinie. Der Punkt ‚0/0' enthält also nicht nur ‚0', ‚1' und ‚∞', sondern auch alles, was dazwischen liegt. Auch rein mathematisch ist dieses Symbol ‚transzendent' und steht für das, was in der westlichen Mystik ‚Gott' und in der östlichen Mystik ‚Leere', ‚Tao' oder ‚Neti Neti' genannt wird.

Individuum und Welt

Im Lambdoma gibt es die Bereiche links und rechts der Zeugertonlinie. Links liegen alle rationalen Zahlen zwischen ‚0' und ‚1', rechts alle zwischen ‚1' und ‚∞'. Definiert man ‚1' als Einheit einer Identität oder Individualität, dann stellt die Zeugertonlinie die Grenze zwischen Individuum und Welt dar. Jeder Punkt im Inneren hat also seine Entsprechung im Äußeren und umgekehrt (1/2 ←→ 2/1).

Allerdings stoßen wir hier wieder auf eine Schwierigkeit in unserer Vorstellung: Das Lambdoma zeigt uns, dass der Raum zwischen ‚0' und ‚1' genauso groß ist wie der Raum zwischen ‚1' und ‚∞'. Beide Räume enthalten gleich viele rationale Zahlen. In der realen Welt erscheint uns die Welt jedoch viel größer als das Individuum. Das liegt allein schon daran, dass die Welt viele Individuen enthält und somit nicht jedes Individuum gleich groß wie die Welt sein kann. Was wir hier vorfinden, sind wieder die Paradigmen des Materialismus. Wir müssen also zunächst dieses Weltbild in Frage stellen. Wir sehen die Welt als Materie und identifizieren uns mit dem Geist, der die Welt beobachtet. Das ist der klassische Dualismus, den es seit Anaxagoras gibt und der sich seit Rene Descartes im öffentlichen Denken so verfestigt hat. Durch die Identifikation mit dem Geistigen wird das Materielle unendlich und das Individuum zu einem winzigen Teil des gesamten Kosmos. Diese Sichtweise wird euphemistisch als „Aufklärung" bezeichnet.

Um dies zu zeigen, müssen wir das Lambdoma noch einmal in die Position drehen, in der wir es am Anfang gezeichnet haben. Dabei können wir uns vorstellen, dass es einen Zirkel darstellt, der sich um seine Spitze dreht. Dieser Zirkel zeichnet unser Weltbild: Das Denken hebt uns aus unserer Individualität heraus und macht uns ‚objektiv'. Er dreht sich um sich selbst (1. Durtonlinie) und erzeugt ein Weltbild, indem er einen winzigen Kreis (Zeugertonlinie), der das Individuum (0-1) repräsentiert, auf eine unendliche Ebene (unendlicher Kreisbogen der Molltonlinie) legt. Die Welt enthält also den Beobachter, der ein kleiner Teil der Welt ist.

In einer unendlichen materiellen Welt wird das Bewusstsein zu einem emergenten Randphänomen, zu einem Epiphänomen komplexer Materie.

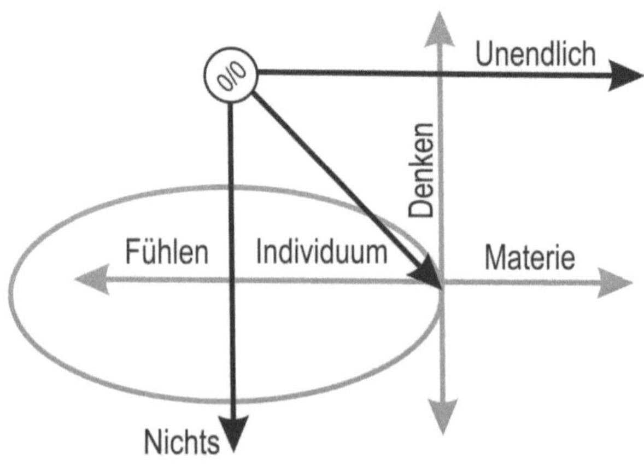

Würden wir uns dagegen mit unserem individuellen Körper identifizieren und den Geist betrachten, wäre der Mensch (subjektiver Geist) unendlich und die Welt (Materie) nur ein kleiner Teil davon. Dies wäre Idealismus in seiner reinsten Form, der Solipsismus, in dem es nur den individuellen Geist gibt, während alles andere nur eine Vorstellung in diesem Geist ist.

DER WEG

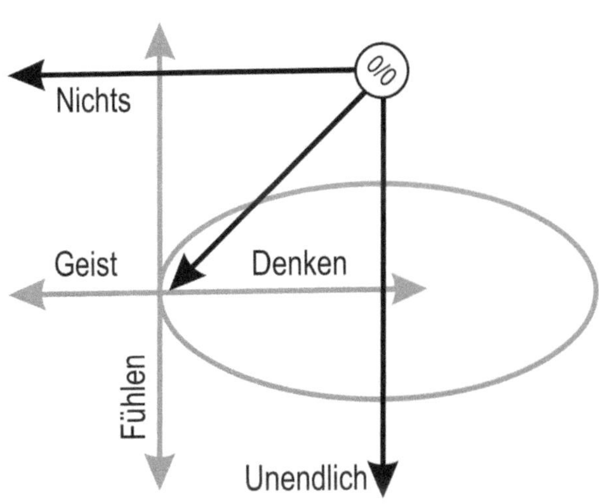

Wenn wir aber die Augen schließen und uns eine Person vorstellen, die gerade nicht da ist, dann ist im Geiste etwas da, was materiell nicht da ist. Natürlich könnten wir sagen, dass diese Person schon da ist, nur ist sie im Moment nicht da. Aber woher wissen wir, dass diese Person existiert, auch wenn wir sie gerade nicht sinnlich wahrnehmen? Nur aus der Erinnerung, die ja auch geistig ist. Dies nach außen zu projizieren, ist eine Form des ‚naiven Realismus'. Vielleicht existieren die sinnlich wahrnehmbaren Dinge, die scheinbar aus fester Materie bestehen, nur, weil unser Geist sie erschafft? Der Geist ist grenzenlos, während die materielle Welt immer irgendwo endet. Wir können niemals ins Unendliche schauen. Auch ohne Mauern reicht die Welt nur bis zum Horizont. Aber sie ist nicht unendlich. Unsere Wahrnehmung der materiellen Welt stößt immer wieder an ihre Grenzen. Dass es dahinter noch etwas gibt, ist vielleicht nur ein blinder, naiver Glaube. Es ist nichts als ‚Maya', Illusion.

Zugegeben, dies ist eine extreme Form des Idealismus. Aber sie entsteht, wenn wir das Lambdoma umdrehen und auf die Molltonlinie stellen. Wir identifizieren uns nicht mehr mit unserem analytischen Denken, sondern mit unserem intuitiven Fühlen und unseren individuellen Sinneswahrnehmungen. Nicht mehr das Denken kreist um sich selbst, sondern das Fühlen, und das erzeugt eine Welt, die nur aus dem individuellen Geist (0-1) besteht, in dessen Mitte ein winziges Stück Welt existiert (1-∞) Wir sehen also, dass der Idealismus, der unserem rational denkenden Geist so absurd erscheint, keineswegs extremer ist als der Materialismus, der uns ganz normal erscheint. Die eine Seite behauptet, die Materie existiere nur als Produkt des Geistes (Idealismus), die andere, der Geist existiere nur als Produkt der Materie (neurokybernetischer Naturalismus). In beiden Fällen haben wir das Lambdoma nur um 45° aus der harmonisch-symmetrischen Position gedreht, die unserem musikalischen Empfinden entspricht.

Wie sieht es aber aus, wenn wir annehmen, dass die Sichtweise der theoretischen Physik richtig ist, wonach der gesamte Kosmos eine einheitliche Quantenfunktion ist? Nehmen wir an, ein Astronaut sieht zum ersten Mal einen Stein auf der Rückseite des Mondes. Der Idealismus besagt, dass der Stein vorher nicht existierte, also von dem Astronauten in dem Moment erschaffen wurde, in dem er ihn sah. Ebenso wird der Stein wieder verschwinden, wenn der Astronaut nicht mehr hinsieht. Der Materialismus sagt, dass der Stein schon da war, bevor der Mensch ihn gesehen hat, ja sogar bevor es einen Menschen gab, der ihn hätte sehen können. Zwei Ansichten, die sich so sehr widersprechen, dass nur eine von ihnen wahr sein kann. Doch nach der Quantentheorie sind beide richtig!

David Bohm sagt: „Das Universum ist eine einheitliche Quantenfunktion, die in einigen Teilen den Anschein erweckt, ein Teil zu sein“. Aber wie kann ein Ganzes ‚den Anschein erwecken‘, ein Teil zu sein? Es muss jemanden geben, in dessen Bewusstsein es diesen Anschein erwecken kann. Dieses beobachtende Subjekt ist aber selbst schon Teil des Ganzen und zugleich dieser Anschein des Teils. Materie und Geist sind also identisch und werden erst durch die (virtuelle) Teilung des Ganzen in Subjekt und Objekt getrennt. Der Stein auf der Rückseite des Mondes existiert also schon, bevor ihn jemand gesehen hat, aber er ist untrennbar mit der Einheit des Seins verbunden (universelle Quantenfunktion). Erst wenn ein Subjekt, d.h. der ‚bewusste Schein, ein Teil zu sein‘, den Stein sieht, wird er - im Geiste des Subjekts - als Teil aus dem Zusammenhang der universellen Quantenfunktion herausgelöst und als isolierter Stein wahrgenommen[1].

[1] Um einer naiven Quantenmystik vorzubeugen, sei erwähnt, dass im evolutionären Idealismus jede integrierte Ganzheit so ein Subjekt sein kann, also auch kosmische Teilchen, welche das Mondgestein treffen. Es bedarf keines menschlichen Bewusstseins, um diesen Stein Realität werden zu lassen. Aber in der Phänomenologie des Astronauten erscheint der Stein erst, wenn er ihn erblickt.

Durch die Trennung des Subjekts vom Ganzen werden die Teile von der Einheit getrennt. Das menschliche Bewusstsein erschafft die Teile des Universums (in seiner phänomenalen Realität), indem es sie sieht. Der Kosmos in seiner Erscheinung - nicht in seinem Sein - ist ein Produkt unseres Bewusstseins. Um dies zu verstehen, müssen wir uns daran erinnern, dass die Welt, die wir wahrnehmen, keine ‚Welt da draußen' ist, sondern ein Konstrukt aus Sinneswahrnehmungen einerseits und subjektiven Interpretationen andererseits. Wir müssen uns hier an Kant erinnern, der zeigt, dass im Bewusstsein des Menschen die Sinneseindrücke mit den Gesetzen des Verstandes zusammentreffen. Die Ursache der Sinneseindrücke liegt dabei ebenso außerhalb unserer Wahrnehmungsmöglichkeit wie die Ursache des Verstandes - beide sind das ‚Ding an sich'.

Wenn wir nun den Gesetzen der Deutung, also dem Geist, der der sinnlichen Wahrnehmung der materiellen Wirklichkeit von ‚innen' gegenübersteht, alle Priorität einräumen, dann wird im Gegenzug in unserer Welt das sinnlich Wahrnehmbare unendlich und der Geist schrumpft auf ein Minimum. Dies entspricht dem Materialismus und dem Bild des Lambdoma, in dem der Geist um sich selbst kreist.

Wenn wir dagegen der sinnlichen Wahrnehmung der materiellen Wirklichkeit die ganze Priorität der Weltbetrachtung einräumen und den Geist gering schätzen, dann wird in unserer Welt die Materie zum Nichts und der Geist zur Unendlichkeit. Dies entspricht dem Idealismus und dem Bild des Lambdoma, in dem das Fühlen (die Sinnlichkeit) um sich selbst kreist.

Wir sehen, dass uns die Welt mit der Zeit das Gegenteil in pervertierter Form aufzwingt, wenn wir das Paradigma der einen oder anderen Seite konsequent anwenden. Der Materialismus ist also eine logische Folge der Überbetonung des Geistigen in unserer christlichen Tradition.

Mit der Aufhebung der Dualität von Geist und Materie entsteht ein völlig neues Bild der Evolution, insbesondere der Evolution des Geistes. Das herausragende Verdienst der Evolution ist nicht mehr, dass wir uns unserer selbst durch die neuronalen Funktionen unseres Gehirns bewusst geworden sind, wie es der Materialismus darstellt. Das Verdienst der Evolution ist, dass wir uns durch die neuronalen Funktionen unseres Gehirns als Teil des Kosmos fühlen können, obwohl wir doch das Ganze sind. Es geht also nicht um das Erwachen der Materie, sondern um die Beschränkung der Identifikation auf das Individuum. Wir sind wieder bei einem neurokybernetischen Naturalismus angelangt, aber diesmal von der anderen Seite, und er erscheint uns nun in einem ganz anderen, postmaterialistischen, panpsychistischen Licht.

- Wir dürfen also unser Weltbild nicht auf einer Überbetonung des Geistigen aufbauen, die in ihrer Perversion zum Materialismus führt. Dies könnte nur durch die Auflösung des Verstandes, wie sie im ZEN praktiziert wird, korrigiert werden.

(Nur die Dur-Tonlinie mit dem Ergebnis ‚0' führt zu Gott [0/0]).

- Sie darf aber auch nicht auf einer Überbetonung des Materiellen, der sinnlichen Wahrnehmung (Bewusstheit des Hier und Jetzt) beruhen, die zu einem pathologischen Idealismus führt. Heilung findet dieses Weltbild nur in der Auflösung des ‚Ich' und in der Identifikation mit der Einheit des Seins (nur die Molltonlinie mit dem Ergebnis ‚unendlich' führt zu Gott [0/0]).

Das sind die Positionen der westlichen und östlichen Religionen. Im Westen wurde der Geist betont und daraus entstand der Materialismus. Im Osten wurde die Sinnlichkeit betont und es entstand der Idealismus.

- Vielmehr ist die Betonung des Individuellen anzustreben, in dem durch die Hinwendung zu der Tatsache, dass uns nur unser Weltbild als Zusammenspiel von Wahrnehmung und Verstand zugänglich ist, eben beides relativiert wird. (Jede Gleichtonlinie führt zu Gott [0/0]).

Wir müssen also das Lambdoma auf die Zeugertonlinie. Damit aber wird das Individuum (0-1) gleich groß wie der Rest der Welt (1-∞), und jeder Mensch - mehr noch: jedes bewusste Wesen - wird selbst zum subjektiven Mittelpunkt der Welt, ohne in eine Extremposition nach der einen oder anderen Seite zu verfallen.

Wertebenen im Lambdoma

Wir haben die Dur-Tonlinien diskutiert, die sich aus der physischen Resonanz ergeben. Dann haben wir die Molltonlinien analysiert, die sich durch einen Perspektivenwechsel vom rational-objektiven Denken zum analogisch-mythischen Einfühlen erklären lassen. Und wir diskutierten die Gleichtonlinien, die einerseits die gleiche Intention in den verschiedenen Bereichen der Dur- und Molltonlinien sichtbar machen und andererseits zu jenem transzendenten Punkt des 0/0 führen, in dem alle Intentionen dieser Welt ihren Ursprung haben.

Eine vierte Gruppe von Linien im Lambdoma haben wir noch nicht besprochen. Es handelt sich um die Linien, die durch gleiche Ergebnisse der Summe von Zähler und Nenner der Proportionen entstehen. Stellt man das Lambdoma auf die Zeugertonlinie, so erhält man parallele Ebenen, die nach unten immer differenzierter werden. Es sind Emanationsebenen der transzendenten Einheit.

Zuerst ‚0/0' als Stufe der Zahl 0, dann ‚0/1 - 1/0' als Stufe der Zahl 1, dann ‚0/2 - 1/1 - 2/0' als Stufe der Zahl 2 usw. Diese Ebenen zeigen uns, wie differenziert der intuitive Wille jeweils ist.

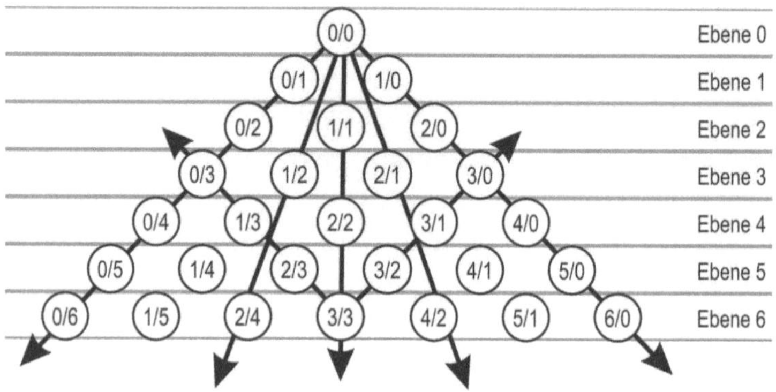

0/0

Die Ebene 0 ist völlig transzendent, weil sie reines Potential ist. Aber ein Potential, das bereits alles in sich enthält. Die gesamte Struktur, die als Emanation von hier aus nach unten fließt, ist in diesem Punkt konzentriert und vollständig enthalten. Hier treffen sich alle Gleichtoninien

0/1 - 1/0

Die Ebene 1 öffnet zunächst den Tonraum. Alle Frequenzen und Wellenlängen liegen zwischen Null und Unendlich. In dieser Ebene entsteht etwas, das aber noch nicht konkret ausdifferenziert ist. Die Frequenzen sind da, haben aber noch keinen Grundton gebildet und können sich daher noch nicht zueinander in Beziehung setzen. Es ist der unhörbare Tonraum einer transzendenten Nondualität.

0/2 - 1/1 - 2/0

Auf Ebene 2 gibt es zwei Abschnitte: einen zwischen Null und Eins und einen zwischen Eins und Unendlich. In diesem Schritt wird der Grund- oder Ausgangston festgelegt. Dies kann eine beliebige Frequenz sein. Von nun an orientieren sich die Harmonien an diesem individuellen Fixpunkt, dem Priem. Verschiebt man diesen Fixpunkt, so verschieben sich alle Harmonien der folgenden Ebenen mit. Philosophisch gesprochen wird die Trennung zwischen Subjekt und Objekt vollzogen. Die Zeugertonlinie, d.h. die Gleichtonlinie des Grundtons, ist das Symbol für die Individualität des Subjekts in einer vielfältigen Welt.

0/3 - 1/2 - 2/1 - 3/0

Auf der Ebene 3 werden die beiden an die Priem angrenzenden Oktaven erzeugt. Es bildet sich der Raum des analog-subjektiven Innen und des rational-objektiven Außen. Das Sein wird reflexiv. In diesen beiden Oktaven vermischen sich Innen und Außen durch Wahrnehmung und Handlung.

0/4 - 1/3 - 2/2 - 3/1 - 4/0

Auf Stufe 4 sind Individuum und Welt wieder voneinander isoliert, aber in sich differenziert. Hier entstehen nach Priem und Oktave nun Quinte und Quarte in den Bereichen oberhalb und unterhalb der Oktave (1/3 und 3/1). Die Synthese der Ebene 3 führt hier zu einer neuen Qualität innerhalb der Dualität von Individuum und Welt. Diese prinzipielle Vierteilung bildet auch die Quadranten des Holons, wie wir es aus der integralen Theorie kennen. Die Emanationsebene vier beinhaltet das Potential der

Selbstwahrnehmung und damit der Aktion und Reaktion. Dies verleiht den Holons eine systemische Autonomie und ein rudimentäres Selbstbewusstsein (einfache Selbstreferenz) und bildet die Grundlage für die Phänomenologie von Raum (Innenraum vs. Außenraum) und Zeit (Erinnerung vs. Erwartung).

0/5 - 1/4 - 2/3 - 3/2 - 4/1 - 5/0

Stufe 5 zeigt neben der Selbstwahrnehmung wieder einen kleinen Bereich, in dem sich Welt und Individuum wieder überschneiden. Quinte und Quarte werden in die Oktaven der bewussten Wahrnehmung gehoben bzw. gesenkt (2/3 und 3/2). Damit tritt neben das Reiz-Reaktionspotential die Selbstreflexion im Austausch mit der Umwelt. Als Spiegelung der Weltwahrnehmung entstehen Gedanken und Gefühle und damit individuelle Geschichte und Vorlieben, Abneigungen, Begabungen und Fähigkeiten (die komplexere Selbstreferenz bis zum Erwachen des Ich-Bewusstseins).

0/6 - 1/5 - 2/4 - 3/3 - 4/2 - 5/1 - 6/0

Die sechste Ebene schließlich vereint These, Antithese und Synthese einerseits im Individuum und andererseits in der Welt. Musikalische Ergebnisse dieser Ebene sind die kleine und die große Terz in den Bereichen über und unter den bewussten Oktaven. Dadurch steigert sich die Selbstreflexion zur bewussten Ich-Wahrnehmung, der Grundlage kultureller Entwicklung. Das Bewusstsein weitet sich in bisher unbewusste Bereiche aus. Schließlich erscheint der Zeuge - als leere Mitte des Ichs - in der bewussten Wahrnehmung und verweist auf die Quelle des Kosmos: das Sein als Urgrund des Seins.

Soweit die erste Annäherung an eine komplexe Ur-Matrix, die im Lambdoma sichtbar wird.

Das Ziel

Die Synthese von mathematisch-analytischer Wissenschaft und einfühlsamer Intuition der Religionen, wie sie im Lambdoma sichtbar wird, zielt auf die Schaffung eines „Common Sense“ oder einer gemeinsamen Weltsicht. Dieser integrierte Ansatz versucht, objektives Wissen über die physischen Aspekte der Realität mit den subjektiven, emotionalen und sozialen Dimensionen menschlicher Erfahrung zu verbinden. Die Idee ist, dass eine solche Verschmelzung zu einem tieferen und umfassenderen Verständnis der Welt führen kann, das sowohl die äußeren Gesetzmäßigkeiten des Universums als auch die inneren Werte und Bedeutungen berücksichtigt, die unser menschliches Zusammenleben prägen.

Der Kern dieser Synthese liegt in der Überwindung der traditionellen Dichotomie zwischen Wissenschaft und Religion bzw. zwischen Rationalität und Intuition. Während sich die Wissenschaft mit der Entschlüsselung objektiver Wahrheiten durch empirische Beobachtung und logische Analyse beschäftigt, konzentriert sich die Religion auf die Vermittlung von Werten, ethischen Prinzipien und Gemeinschaftssinn, die oft durch tiefere, intuitive Erkenntniswege erschlossen werden.

Das ultimative Ziel ist die Schaffung einer globalen Kultur, die auf einem tiefen Verständnis und Respekt für die Vielfalt menschlicher Erfahrungen beruht. Ein solcher „Common Sense“ würde nicht nur wissenschaftliche Fakten und logische Schlussfolgerungen umfassen, sondern auch die reichen Traditionen, spirituellen Einsichten und kulturellen Weisheiten, die sich im Laufe der Jahrhunderte in verschiedenen Gesellschaften entwickelt haben. Durch die Anerkennung der Komplementarität von analytischem Denken und empathischer Intuition könnte eine solche integrative Weltsicht dazu beitragen, die globalen Herausforderungen auf eine Weise anzugehen, die sowohl effizient als auch zutiefst menschlich ist.

Diese Vision erfordert eine kritische Reflexion der bestehenden Grenzen des Wissens und eine Offenheit für neue Formen des Verstehens. Es geht darum, Brücken zwischen scheinbar unvereinbaren Bereichen unseres Wissens und unserer Erfahrung zu bauen, um ein reicheres und vielschichtigeres Bild der menschlichen Existenz zu zeichnen. Indem wir lernen, die Präzision der Wissenschaft mit der Tiefe spiritueller Einsicht zu verbinden, können wir vielleicht einen Weg finden, der zu einer nachhaltigeren, gerechteren und friedlicheren Welt führt. Der Knackpunkt zwischen der rationalen Weltsicht der objektiven Wissenschaften und der mythischen Weltsicht der Religionen liegt im Bewusstsein selbst. Was Bewusstsein im Kern ist, lässt sich mit objektiver Weltbetrachtung allein nicht herausfinden, denn Bewusstsein setzt immer ein inneres Erleben voraus, das nicht von objektiven

Tatsachen, sondern von subjektiven Bedeutungen dominiert wird.

Im folgenden zweiten Abschnitt, dem **ersten Akt** dieses Buches nach der Ouvertüre, werde ich Ansätze vorstellen, wie von Seiten der Rationalität versucht wird, die Grenzen aufzuweichen und die Bereiche des Subjektiven zu kolonisieren, oder das Materielle zu negieren, indem man dem Bewusstsein durch eine idealistische Sichtweise gerecht zu werden versucht. Gleichzeitig werden wir uns mit dem Scheitern dieser Versuche auseinandersetzen.

Danach folgt als dritter Teil des Buches ein **Intermezzo**, in dem ich meinen „evolutionären Idealismus" näher erläutere, der als umfassende Weltanschauung eine Brücke zwischen den Sphären des Geistes, der Materie und der Mathematik schlägt. Hier zeige ich einen Weg auf, die materielle Realität und die subjektiven Bedeutungen in einer Matrix zu vereinen, die beide erklären kann.

Im vierten Abschnitt, dem **zweiten Akt**, nähern wir uns der subjektiven Seite mit Hilfe des Lambdoma und untersuchen die Urmatrix als Essenz des Göttlichen, das unsere phänomenale Wirklichkeit webt.

Im fünften Abschnitt schließlich, dem **Finale**, werden wir exemplarisch eine neue Religion erfinden, die von A bis Z fiktiv und erfunden ist, aber dennoch die ewigen Wahrheiten dieser Ur-

Matrix enthält. Zudem werden wir uns die Weisheit der Prämoderne ansehen, einerseits anhand eines kleinen Ausschnitts der „Göttlichen Komödie“ von Dante und andererseits durch eine Analyse der Bedeutungen des astrologischen Tierkreises.

2. Erster Akt

Der materielle Geist

Ein Fenster zum Bewusstsein

Wie muss eine Informationsmatrix strukturiert sein, damit eine Selbstreferenz als individueller Kern einer Persönlichkeit entstehen kann?

Das menschliche Bewusstsein bleibt eines der größten Rätsel der Wissenschaft. Es ist die Essenz dessen, was es bedeutet, lebendig und wahrnehmend zu sein. Die **Integrierte Informationstheorie** (IIT) von **Giulio Tononi** bietet einen revolutionären Ansatz, um dieses Rätsel zu entschlüsseln. Sie geht über traditionelle Theorien hinaus, indem sie Bewusstsein nicht nur als eine Reihe von Funktionen oder als Ergebnis neuronaler Aktivität betrachtet, sondern als etwas, das tiefer in der Art und Weise verwurzelt ist, wie Information verarbeitet und integriert wird.

Die Erforschung des Bewusstseins hat eine lange und facettenreiche Geschichte. Sie beginnt in den philosophischen Diskursen der Antike, wo Denker wie Platon und Aristoteles die ersten Theorien über den Geist und das Selbst formulierten. Im Laufe der Jahrhunderte entwickelte sich das Verständnis des Bewusstseins weiter, beeinflusst durch philosophische, religiöse und später wissenschaftliche Perspektiven.

Mit dem Aufkommen der Neurowissenschaften im 20. Jahrhundert begann eine Ära der empirischen Untersuchung des Bewusstseins. Forscher wie Wilder Penfield und Roger Sperry führten bahnbrechende Studien durch, die aufzeigten, wie verschiedene Hirnregionen spezifische Aspekte der menschlichen Erfahrung beeinflussen. Subjektives Erleben konnte so ihren biologischen Korrelaten zugeordnet werden. Der introspektiv erfahrene Geist war nicht mehr länger unabhängig vom objektiv untersuchbaren Gehirn. Diese Forschung legte den Grundstein für moderne Theorien, einschließlich der IIT.

Der Pionier hinter der Theorie

Giulio Tononi, ein italienischer Neurowissenschaftler, hat mit der Entwicklung der Integrierten Informationstheorie (IIT) einen signifikanten Beitrag zum Verständnis des Bewusstseins geleistet. Tononis Interesse am Bewusstsein begann in seinen frühen akademischen Jahren und führte ihn auf einen Weg, der die Grenzen traditioneller Neurowissenschaften überschritt.

Die IIT entstand aus Tononis Bestreben, eine quantitative Theorie des Bewusstseins zu entwickeln. Sie basiert auf der Prämisse, dass Bewusstsein aus der Art und Weise entsteht, wie Informationen in einem Netzwerk integriert werden. Im Gegensatz zu anderen Theorien, die Bewusstsein aus der Aktivität spezifischer Gehirnregionen ableiten, betrachtet die IIT das Bewusstsein als ein Phänomen, das sich aus dem gesamten Informationsfluss ergibt.

Das Herzstück der Integrierten Informationstheorie (IIT) ist das Konzept, dass Bewusstsein nicht nur eine Nebenerscheinung neuronaler Aktivität ist, sondern aus der Art und Weise entsteht, wie Informationen in einem System integriert werden. Die Theorie stellt die Hypothese auf, dass ein System, um bewusst zu sein, in der Lage sein muss, Information in einer Weise zu generieren und zu integrieren, die über die Summe seiner Teile hinausgeht.

Im neuronalen Netzwerk des Gehirns werden alle Wahrnehmungen als Erregungsmuster gespeichert, die mit ähnlichen Eindrücken in Resonanz treten. Erinnern und Wiedererkennen sind also Muster-Resonanz-Phänomene. Das Ergebnis ist eine von oben nach unten organisierte Welt der Analogien und Metaphern. Wenn jemand Erdbeeren riecht, erkennt er den Geruch durch die Kombination aller Erinnerungen, die er mit diesem Geruch verbindet. Würde man einen Computer mit einer elektronischen Nase verbinden und ihn darauf programmieren, den Duft von Erdbeeren zu erkennen, würde das völlig anders funktionieren. Digitale Computer funktionieren nicht wie Gehirne, deshalb wird ein moderner Computer niemals ein Bewusstsein haben. Bewusstsein lässt sich nicht simulieren. Wenn, dann müsste man Computer mit einer völlig neuen Technologie bauen, die ihr Gehirn als ganzheitlichen Musterresonanzkörper gestaltet. Das würde aber bedeuten, dass in diesen Computern Software und Hardware nicht mehr getrennt sind. Ganz so, wie man es sich in einer panpsychischen Realität vorstellen würde. Das Riechen von Erdbeeren und das Erkennen dieses Geruchs wären dann integrierte Funktionen des gesamten Geistes, die nicht mehr von den individuellen Erfahrungen des Computers zu trennen wären. Man könnte also die Fähigkeit, Erdbeeren zu erkennen, nicht einfach als Softwarefragment auf einen anderen Computer übertragen.

Aber man kann diesem ganzheitlichen Integrationsprozess mathematische Eigenschaften zuordnen. Die Integration aller Eindrücke eines Augenblicks in das bereits vorhandene Bewusstsein wäre dann mit der Mathematik einer Informationsverdichtung beschreibbar. Wir kennen diese Prozesse aus der IT-Branche, wo Kompressionen immer häufiger eingesetzt werden, um Speicherplatz zu sparen oder Cyber-Sicherheit zu gewährleisten. Beispiele sind die Kompression von Bitmaps zu JPG, von Wav-Dateien zu MP3s oder die Blockchain-Technologie, die den Kryptowährungen zugrunde liegt, bei denen Einzelinformationen nicht mehr vom Gesamtkontext der gespeicherten Informationen zu trennen sind. Ähnliche Informationsverdichtungen kennen wir auch aus der Physik. Zum Beispiel in der Holographie.

Eine solche Informationsverdichtung erlaubt es, aus der holistischen Speicherung die ursprünglichen Details zu rekonstruieren und die aktuelle Information mittels Resonanz mit der gespeicherten Information zu vergleichen, allerdings sind die Daten nicht mehr zu 100 Prozent abrufbar. Lediglich die Stärke der Musterresonanz kann bestimmt werden. Dies impliziert auch, dass die Berechnungen des Bewusstseins bei der Integration neuer Erfahrungen so komplex sind, dass sie irreversibel sind. Sie können nicht mehr in Einzelerinnerungen zerlegt werden, weil jede individuelle, neue Erfahrung als Vergleich mit früheren Erinnerungen gespeichert wird, und um sie wiederzuerkennen, muss immer der ganze Rest berücksichtigt werden. Deshalb kann auch die Fähigkeit, Erdbeeren zu erkennen, nicht extrahiert werden. Die Prozesse des Gehirns sind also nicht wirklich berechenbar, weil sie nicht von der Gesamtheit der materiellen Grundlagen der Rechen- und Speicherprozesse getrennt werden können.

Für manche Wissenschaftler klingt das natürlich nach Magie, nach Hokuspokus, nach dem Geist in der Maschine. Die Realität des materiellen Kosmos ist im Prinzip berechenbar. Alles folgt den Gesetzen der Physik, und die sind bekannt. Man kann alles vor- und zurückrechnen. Aber es gibt eben Dinge, für die es keine Abkürzungen und Vereinfachungen gibt. Wenn wir eine neue Primzahl suchen, gibt es keinen Algorithmus, der uns automatisch zur nächsten Primzahl führt. Wenn wir das Verhalten komplexer Systeme berechnen wollen, müssen wir sie laufen lassen. Wenn wir nicht jedes Detail eines Systems kennen, klaffen Berechnung und Realität irgendwann auseinander. Aber selbst wenn alle Details bis auf unendlich viele Nachkommastellen bekannt wären, ließen sich manche Berechnungen nicht simulieren. Alan Turing hat dies mathematisch mit der Turing-Maschine beschrieben – eine Art mathematisches Modell eines universellen Computers: Man kann nicht simulieren, wie lange eine Turingmaschine für eine Berechnung braucht, weil man dazu die Berechnung selbst wiederholen müsste. Die Berechnung der Dauer würde mehr Zeit in Anspruch nehmen als die Berechnung selbst.

Eines der Schlüsselkonzepte der IIT ist der sogenannte Φ-Wert (Phi-Wert). Dieser Wert ist ein Maß dafür, wie gut Informationen innerhalb eines Netzwerks integriert sind. Ein höherer Φ-Wert bedeutet eine höhere Stufe des Bewusstseins, Menschen mit ihren komplexen Gehirnen haben einen hohen Grad an Informationsintegration, also viel «Φ» und damit viel Bewusstsein. Mäuse haben weniger «Φ», also weniger Bewusstsein. Käfer und Würmer noch weniger, Mikroben und Moleküle noch weniger und so weiter.

Die IIT behauptet, dass Bewusstsein dann entsteht, wenn ein System in der Lage ist, Informationen auf eine Weise zu verarbeiten, die sowohl differenziert als auch integriert ist.

Bewusstsein? Welches Bewusstsein?

Die Integrierte Informationstheorie bietet einen fortgeschrittenen Rahmen zur Erklärung des Bewusstseinsinhalts, indem sie die Quantität und Qualität von Informationen, die in einem Netzwerk integriert sind, untersucht. Die Theorie postuliert, dass ein System ein gewisses Maß an Bewusstsein besitzt, basierend auf dem Grad seiner Informationsintegration.

IIT erklärt damit effektiv den *Bewusstseinsinhalt*, also das, was wir erleben – zum Beispiel die Farbe Rot, das Gefühl von Traurigkeit oder das Konzept des Selbst. Sie bietet ein mathematisches Modell zur Quantifizierung des Bewusstseins und zeigt auf, wie unterschiedliche Verbindungen in einem Netzwerk zu unterschiedlichen Bewusstseinserfahrungen führen können.

Wo IIT an ihre Grenzen stößt, ist bei der Erklärung des Bewusstseins selbst – der subjektiven, inneren Erfahrung. Die Theorie kann zwar möglicherweise die Struktur und Dynamik der Gehirnaktivitäten, die Bewusstseinserfahrungen begleiten, modellieren und vorhersagen, aber sie kann nicht erklären, warum diese Aktivitäten subjektive Erfahrungen hervorrufen.

Dies ist die Unterscheidung des *weichen Problems des Bewusstseins* von dem *harten Problem des Bewusstseins.*

Das *harte Problem des Bewusstseins*, ein Begriff, der von dem Philosophen David Chalmers geprägt wurde, bezieht sich auf die Frage, warum und wie physische Prozesse im Gehirn subjektive Erfahrungen oder Qualia hervorrufen können. Während Wissenschaft und Philosophie Fortschritte im Verständnis der Mechanismen des Gehirns (dem *weichen Problem*) gemacht haben, bleibt das harte Problem weitgehend ungelöst. Es geht um die essentielle Frage: Wie entsteht aus materiellen Prozessen Bewusstsein, das subjektive, persönliche Erleben?

IIT behandelt die quantitativen Aspekte von Informationen, doch das harte Problem bezieht sich auf die subjektive Qualität dieser Erfahrungen. Es bleibt unklar, wie und warum bestimmte Gehirnprozesse subjektives Erleben hervorrufen.

Während IIT die Korrelationen zwischen Gehirnaktivität und Bewusstseinszuständen aufzeigt, bleibt die Frage nach dem Ursprung des Bewusstseins unbeantwortet. Wie entsteht Bewusstsein aus nicht-bewussten Materie?

Es besteht eine fundamentale Erklärungslücke zwischen den physischen Prozessen und der Entstehung von subjektiven Erlebnissen. IIT liefert ein beeindruckendes Rahmenwerk zur Beschreibung und möglichen Messung von Bewusstseinszuständen, doch der Übergang von physikalischen Prozessen zu subjektiven Erfahrungen bleibt ein Mysterium.

Die Integrierte Informationstheorie stellt damit zwar einen bedeutenden Fortschritt im Verständnis des Bewusstseins dar und bietet wertvolle Einblicke in die Komplexität und Struktur von Bewusstseinszuständen und Bewusstseinsinhalten. Jedoch stößt sie an ihre Grenzen, wenn es darum geht, das *harte Problem des Bewusstseins* zu lösen – die Frage, warum und wie neuronale Aktivitäten subjektive Erfahrungen hervorrufen können.

In diesem Kontext eröffnet die Debatte um das weiche und harte Problem des Bewusstseins ein Feld, das nicht nur für die kognitive Wissenschaft und Philosophie, sondern auch für die Grundlagen der Physik und Metaphysik von Bedeutung ist. Sie wirft grundlegende Fragen auf über die Natur der Realität, die Beziehung zwischen Geist und Materie und die tiefsten Ursprünge der subjektiven Erfahrung, die weiterhin eine Herausforderung für unser Verständnis des Universums und unserer Stellung darin darstellen.

Alles nur Geist

Einen ganz anderen Weg, das Bewusstsein und die Welt zu erklären, beschreitet **Bernardo Kastrup** mit seinem **analytischen Idealismus**.

Bernardo Kastrup ist ein zeitgenössischer Philosoph und Wissenschaftler, der für seine Beiträge zur idealistischen Philosophie bekannt ist. Seine Arbeit konzentriert sich auf die Natur des Bewusstseins und seine Beziehung zur Realität, wobei er die These vertritt, dass die physische Welt und das Universum Manifestationen eines einzigen universellen Bewusstseins sind. Kastrups Idealismus stellt eine Herausforderung für die vorherrschenden materialistischen und dualistischen Ansichten in der Philosophie des Geistes und der Quantenphysik dar. Er argumentiert gegen die Annahme, dass die materielle Welt die einzige Realität und Bewusstsein lediglich ein Produkt komplexer neurobiologischer Prozesse im Gehirn sei. Stattdessen postuliert Kastrup, dass Bewusstsein die Grundlage aller Existenz ist und die materielle Welt aus der Innenperspektive dieses universalen Bewusstseins entsteht.

In seinem Werk verwendet Kastrup verschiedene Argumente und theoretische Modelle, um seine idealistische Sichtweise zu untermauern. Eines seiner Hauptargumente ist das „Argument der analytischen Idealität", das besagt, dass die physikalische Realität, wie wir sie wahrnehmen, eine Konstruktion des Bewusstseins ist.

Der Physikalismus, der behauptet, dass alles, was existiert, letztlich auf physikalische Entitäten und Prozesse zurückgeführt werden kann, stößt bei dem Versuch, Bewusstsein zu erklären, auf das sogenannte „harte Problem des Bewusstseins“. Kastrup argumentiert, dass die Unfähigkeit des Physikalismus, subjektive Erfahrungen zu erklären, auf seine Grundannahme zurückzuführen ist, dass die physikalische Welt unabhängig vom Bewusstsein existiert. Indem er diese Annahme umkehrt und Bewusstsein als Grundlage aller Existenz postuliert, umgeht Kastrup elegant das harte Problem.

Er bezieht sich dabei auf Erkenntnisse der Quantenphysik, die nahelegen, dass Beobachtungen auf subatomarer Ebene die physikalischen Eigenschaften von Teilchen beeinflussen. Kastrup argumentiert, dass diese Beobachtungsabhängigkeit ein Hinweis darauf ist, dass die so genannte materielle Welt nicht unabhängig von der Erfahrung existiert, sondern vielmehr eine Manifestation des Bewusstseins ist. Damit grenzt er sich von der Idee eines Panpsychismus ab.

Während der Panpsychismus versucht, Bewusstsein als fundamentale Eigenschaft der Welt zu etablieren, indem er annimmt, dass selbst die kleinsten Teilchen über eine Form von Erfahrung verfügen, sieht Kastrup auch hier ein ungelöstes Problem: das Kombinationsproblem. Wie genau bilden die getrennten Erfahrungen von Milliarden von Teilchen ein einheitliches Bewusstsein, wie es ein Mensch erlebt?

Giulio Tononis IIT, die dies erklären könnte, lehnte er erst einmal ab. Kastrup kritisierte die IIT in seinem Buch „Why Materialism Is Baloney“ zunächst mit dem Argument, sie könne nicht erklären, wie Bewusstsein aus einem ansonsten unbewussten System entsteht, insbesondere unter physikalistischen Prämissen. Nachdem er die Theorie seit 2017 genauer unter die Lupe genommen hat, hat er seine Meinung jedoch geändert.

Kastrup erkennt nun, dass viele seiner früheren Kritikpunkte auf einem Missverständnis beruhten: *Die IIT selbst ist tatsächlich metaphysisch neutral und versucht nicht, Bewusstsein aus physikalistischen Prämissen zu erklären.* Er betont, dass das IIT einen wissenschaftlich klaren, ehrlichen und rigorosen Zugang zum Studium des Bewusstseins bietet, frei von unüberprüften physikalistischen Vorurteilen. Kastrup entschuldigt sich sogar bei den Entwicklern des IIT für seine früheren Missverständnisse und unfairen Kritiken.

Diese Erkenntnis führte jedoch nicht unmittelbar zu einer Neubewertung des Panpsychismus in seinen Schriften oder öffentlichen Äußerungen. Kastrups Kritik am Panpsychismus, insbesondere hinsichtlich des Kombinationsproblems - wie einzelne Bewusstseinserfahrungen zu einem einheitlichen Bewusstsein zusammengefügt werden können - bleibt in seinen Arbeiten bestehen. Kastrups Ansatz des analytischen Idealismus löst das Problem der Pluralität des Bewusstseins und seiner individuellen Manifestationen durch den Mechanismus der Dissoziation innerhalb eines universellen Bewusstseins, anstatt auf die Annahme zurückzugreifen, dass physische Entitäten an sich bewusste Erfahrungen haben, wie es der Panpsychismus vorschlägt. Dies ist ein zentraler Punkt in Kastrups Philosophie: die Idee der „mentalen Monade“, die sich auf Leibniz‘ Konzept der Monaden bezieht, jedoch mit einem stärkeren Fokus auf das Bewusstsein. Kastrup schlägt vor, dass das Universum aus einer Vielzahl solcher mentaler Monaden besteht, von denen jede ihre eigenen Perspektiven und Erfahrungen hat, die aber alle Manifestationen des einen universellen Bewusstseins sind. Diese Sichtweise eröffnet eine neue Interpretation der Beziehung zwischen individuellen Bewusstseinszuständen und der kollektiven Realität.

Kastrups Idealismus wirft auch ein Licht auf das Verständnis des freien Willens und der Naturgesetze. Indem er davon ausgeht, dass ein universelles Bewusstsein die Quelle aller physikalischen Phänomene ist, legt er nahe, dass die Naturgesetze Ausdruck der inhärenten Strukturen dieses universellen Bewusstseins sind. Diese Perspektive bietet einen neuen Rahmen für das Verständnis der Ordnung und Regelmäßigkeit der Natur, ohne auf einen externen „Gesetzgeber“ zurückgreifen zu müssen.

Bernardo Kastrup ist somit ein einflussreicher Denker der modernen idealistischen Philosophie, der eine radikale Sicht auf die Beziehung zwischen Bewusstsein und materieller Welt bietet. Sein Werk fordert die vorherrschenden materialistischen Weltbilder heraus und eröffnet neue Wege, über die grundlegenden Fragen der Existenz und des Bewusstseins nachzudenken. Durch die Betonung des Bewusstseins als Ursprung der Wirklichkeit bietet Kastrup eine faszinierende Alternative zu traditionellen philosophischen Positionen und trägt zu einem tieferen Verständnis der Natur des Seins bei.

Gott träumt die Materie für uns?

Seine Kritik am Panpsychismus scheint mir jedoch auf einer Fehlinterpretation der Quantenphysik zu beruhen, was zu einem grundlegenderen Problem des kosmischen Idealismus führt:

Das Problem der Simulation des Unbelebten. Kastrup muss immer höhere Wesen voraussetzen, um erklären zu können, wie weniger komplexe Strukturen in der Materie entstehen. Daraus folgt, dass ein Gott die materielle Welt als Bühne für die bewussten Wesen erst schaffen muss, damit diese bewussten Wesen in einer Art kollektivem Traum auf dieser vorbereiteten Bühne ihr Welttheater aufführen können.

Missverständnis der Quantenphysik. Kastrup unterliegt einem Missverständnis, das unter Quantenmystikern weit verbreitet ist, nämlich dass der Kollaps der Wellenfunktion in der Quantenmechanik durch das Bewusstsein des Beobachters verursacht wird. Diese Vorstellung vernachlässigt das Konzept der Quantendekohärenz, das erklärt, wie „Realität" aus den Wahrscheinlichkeitswellen der Quantenphysik durch jede Art von Interaktion und nicht durch bewusste Beobachtung entsteht. Dekohärenz zeigt, dass der Zusammenbruch der Wellenfunktion ein natürlicher Prozess ist, der auch ohne Beobachtung hervorgerufen wird. Beobachtung ist aber auch eine solche Wechselwirkung.

Die Notwendigkeit eines beobachtenden Bewusstseins
Aus dem oben genannten Missverständnis ergibt sich in Kastrups Ansatz die Annahme, dass immer ein externes beobachtendes Bewusstsein vorhanden sein muss, damit sich Teile der Welt manifestieren. Es bedarf eines komplexen Beobachters, um eine einfache Manifestation von Wahrscheinlichkeiten zu bewirken. Diese Sichtweise impliziert, dass die unbelebte Materie und die gesamte physikalische Welt von einem übergeordneten bewussten Wesen (am Ende der Kausalkette muss es dann ein „Gott" sein) „erträumt" oder erschaffen worden sein muss.

Einschränkung des Bewusstseins auf organische Wesen.

Kastrups Ablehnung des Panpsychismus führt dazu, dass Bewusstsein ausschließlich höher entwickelten organischen Wesen zugeschrieben wird. Atome, Moleküle oder einfachere Strukturen werden von dieser Zuschreibung ausgeschlossen. Diese Sichtweise steht im Gegensatz zum Panpsychismus, der davon ausgeht, dass alle Materie - auch auf der Ebene von Atomen und Molekülen - in irgendeiner Form Bewusstsein oder bewusstseinsähnliche Eigenschaften besitzt. Wenn man aber jeder Materie Bewusstsein zuschreibt, dann wird das Quantenteilchen selbst zu einem beobachtenden Bewusstsein, das sich in der Wechselwirkung mit einem anderen Teilchen des anderen Teilchens „bewusst" wird und sich so in einer Art Selbstorganisation gegenseitig erzeugt und ins Dasein bringt. Kastrop reduziert den Panpsychismus auf eine Variante des Materialismus, in der das harte Problem des Bewusstseins so umgangen wird, dass der Materie eine zusätzliche Eigenschaft, nämlich Bewusstsein, zugeschrieben wird und danach die Bottom-up-Struktur des Weltbildes des Materialismus beibehalten werden kann. Der Panpsychismus lässt aber durchaus die Möglichkeit offen, dass ein Bewusstseins-Ganzes den einzelnen Teilen seines Traumes die Eigenschaft des Bewusstseins leiht, wie er es selbst auch in seinem kosmischen Idealismus postuliert, und durch diese Dissoziation der Teile die materielle Wirklichkeit von Grund auf erzeugt, und nicht erst, wie er betont, auf der Stufe komplexer organischer Wesen.

Die Problematik der Selbstorganisation.

Kastrups Ansatz zieht die Möglichkeit einer Selbstorganisation oder Emergenz des Bewusstseins aus dem Weltgeschehen selbst nicht in Betracht. Stattdessen wird ein bereits existierendes, übergeordnetes Bewusstsein vorausgesetzt, das für die Erschaffung der Welt verantwortlich ist. Dies schränkt das Verständnis der möglichen Dynamiken und Prozesse, durch die Bewusstsein in einem nicht-dualistischen, emergenten Kontext entstehen könnte, unnötig ein. In Kastrups Vorstellung gibt es Integrationsebenen des Universums, die zu einfach sind, um ein eigenes Innenleben zu haben. Diese Ebenen bilden jedoch die Grundlage unserer Welt. Sie sind die Basis, auf der alles aufbaut. Subatomare Teilchen verbinden sich zu Atomen, diese zu Molekülverbänden, diese zu Makromolekülen und schließlich zu biologischen Zellen. All dies muss also erst erdacht werden, bevor die

Gebilde komplex genug sind, um autonome Dissoziationen des großen Geistes zu beherbergen. Diese Bereiche sind, wie der Idealismus sagt, nur in der Vorstellung anderer Subjekte vorhanden und haben selbst keine Innenperspektive. Paradoxerweise bedeutet dies, dass sie nur *objektiv* existieren, weil sie kein Innenleben haben. Sie sind nur für andere Wesen objektiv existent. Deshalb muss Gott diese Bereiche erst erschaffen, bevor das erste Subjekt in dieser Welt erscheinen kann.

Damit übernimmt er ein ungelöstes Rätsel aus der Quantenmystik. Denn auch dort muss man davon ausgehen, dass der Kosmos erst rückwirkend aus der Quantenwahrscheinlichkeit entstanden ist, als das erste Subjekt die Materie durch Beobachtung ins Leben rief und die gesamte Geschichte vom Urknall bis zum Moment des Erwachens des Subjekts mit einem Schlag in die Existenz fiel. Und das bedeutet, dass sowohl das Subjekt, als auch der Kontext, der die Entstehung des Subjekts kausal ermöglichte, von einem transzendenten Gott erschaffen werden muss.

Sehen wir uns die Ideen von Stephen Wolfram an, der uns zeigt, dass es auch anders geht. Sein Modell ist radikal objektiv und Bottom-Up.

Der Universumsautomat

Stephen Wolfram begann seine wissenschaftliche Karriere in der Teilchenphysik, wo er sich mit der elementaren Struktur der Materie und den Grundkräften des Universums beschäftigte. Sein frühes Interesse an den fundamentalen Gesetzen der Natur führte ihn zu einem breiteren und tieferen Nachdenken über die Vielschichtigkeit und das Verhalten komplexer Systeme.

Seine Arbeit ist daher stark von der Komplexitätstheorie und dem Konzept der emergenten Phänomene beeinflusst. Wolfram war schon immer von der Idee fasziniert, dass sich komplexe Systeme und Phänomene durch einfache Regeln und Algorithmen beschreiben lassen - ein Gedanke, der den Grundstein für seine späteren Arbeiten legte. Er war davon überzeugt, dass das Universum im Wesentlichen durch solche Regeln beschrieben werden kann.

Eine seiner wichtigsten Errungenschaften ist die Entwicklung der *Wolfram Language*, einer Programmiersprache, die es ermöglicht, komplexe Berechnungen, Datenanalysen und -visualisierungen mit unübertroffener Einfachheit und Flexibilität durchzuführen. Diese Sprache bildet das Herzstück von *Mathematica*, einer von ihm entwickelten Software, die in vielen Bereichen der Wissenschaft, des Ingenieurwesens, der Mathematik und der Informatik zur Standardausrüstung gehört.

Darüber hinaus hat Wolfram die Suchmaschine Wolfram Alpha entwickelt, eine „computational knowledge engine“, die auf der Fähigkeit beruht, Antworten und Lösungen zu faktischen Fragen und Problemen direkt zu generieren, indem sie nicht nur auf eine riesige Datenbank von Informationen zugreift, sondern diese Informationen auch dynamisch verarbeitet und interpretiert.

Für unser Thema am interessantesten ist jedoch sein wohl ehrgeizigstes Projekt, das er in seinem Buch „A New Kind of Science“ (NKS) vorstellt: ein Konzept, in dem er die Welt der zellulären Automaten erforscht. Wolfram postuliert darin, dass das Universum mit all seiner Komplexität durch einfache, regelbasierte Systeme verstanden und erklärt werden kann.

Sein revolutionäres Raum-Zeit-Modell bietet eine grundlegend neue Sicht auf das Universum und die ihm zugrunde liegenden Prinzipien. Es besagt, dass selbst komplexe Phänomene und Strukturen im Universum aus einfachen, diskreten Regeln entstehen können, die auf ein Netzwerk von Raumteilchen angewendet werden. Jedes Raumteilchen ist dabei eine Zelle, die mit ihren Nachbarzellen Informationen austauscht und dabei ihren Zustand ändert. Dieses Prinzip ist von zellulären Automaten bekannt. Diese sind ein faszinierendes und leistungsfähiges Werkzeug der theoretischen Informatik und der mathematischen Modellierung, das tiefe Einblicke in die Dynamik komplexer Systeme erlaubt. Es handelt sich um einfache Modelle, die aus einem Gitter von „Zellen“ bestehen, wobei jede Zelle einen von mehreren möglichen Zuständen einnehmen kann. Die zeitliche Entwicklung dieser Zellen folgt bestimmten Regeln, die festlegen, wie sich der Zustand einer Zelle in Abhängigkeit von den Zuständen ihrer Nachbarzellen ändert. Der Zustand jeder Zelle wird in diskreten Zeitabständen aktualisiert.

Obwohl die Regeln, nach denen sich zelluläre Automaten entwickeln, oft verblüffend einfach sind, können die resultierenden Muster sehr komplex und vielfältig sein.

Stephen Wolframs Interesse an zellulären Automaten wurde durch die Entdeckung geweckt, dass diese einfachen Modelle eine unglaubliche Vielfalt an Verhaltensmustern erzeugen können, von stabilen und periodischen Strukturen bis hin zu chaotischen und scheinbar zufälligen Mustern.

Ein herausragendes Beispiel für die Bedeutung zellulärer Automaten in der Theorie von Stephen Wolfram ist seine Entdeckung und Erforschung der sogenannten „Regel 30“. Regel 30 ist ein eindimensionaler zellulärer Automat, der für seine einfachen Regeln, aber extrem komplexen und scheinbar zufälligen Muster bekannt ist. Dieser zelluläre Automat wird durch eine binäre Welt beschrieben, in der jede Zelle einen von zwei Zuständen annehmen kann: 0 oder 1, oft als schwarz oder weiß dargestellt. Die Zustandsänderung einer Zelle in jedem Zeitschritt basiert auf dem Zustand der Zelle selbst und den Zuständen ihrer unmittelbaren Nachbarn links und rechts.

Wolframs Faszination und intensive Auseinandersetzung mit Regel 30 offenbarte ein tiefes und überraschendes Maß an Komplexität, das aus einer verblüffend einfachen Regel entstehen kann. Die von Regel 30 erzeugten Muster zeigen keine offensichtliche periodische Wiederholung und scheinen auf den ersten Blick keinem einfachen Ordnungsprinzip zu folgen. Dieses Verhalten stellt eine Herausforderung für traditionelle mathematische und physikalische Ansätze zur Vorhersage von Systemdynamik dar und bietet einen anschaulichen Einblick in die Fähigkeit einfacher Regeln, hochkomplexe Phänomene zu erzeugen.

Komplexität aus Einfachheit: Regel 30 ist ein eindrucksvolles Beispiel dafür, wie einfache algorithmische Prozesse komplexe und scheinbar zufällige Muster erzeugen können. Dies wirft ein Licht auf die mögliche Natur grundlegender physikalischer und kosmologischer Prozesse, indem es nahelegt, dass auch sie durch einfache, grundlegende Regeln gesteuert werden können.

Unvorhersehbarkeit: Die von Regel 30 erzeugten Muster zeigen, wie schwierig es sein kann, das langfristige Verhalten selbst relativ einfacher Systemregeln vorherzusagen. Dies hat tiefgreifende Auswirkungen auf unser Verständnis von Determinismus und Vorhersagbarkeit in der Natur.

Musterbildung in der Natur: Die Entdeckung legt nahe, dass ähnlich einfache, regelbasierte Prozesse hinter der komplexen Musterbildung stecken könnten, die in der Natur beobachtet wird - von der Entstehung von Schneeflocken bis hin zur Verteilung von Galaxien im Universum.

Für Wolfram sind zelluläre Automaten nicht nur ein Thema mathematischer Neugier, sondern ein zentrales Element seiner Vision einer neuen Art von Wissenschaft. Er postuliert, dass die in zellulären Automaten beobachteten Mechanismen nicht nur Analogien in der Natur haben, sondern tatsächlich die grundlegenden Operationen widerspiegeln, die den Gesetzen des Universums zugrunde liegen. Aus dieser Sicht könnte das gesamte Universum als ein gigantischer zellulärer Automat betrachtet werden, dessen Regeln die Entwicklung von Raum und Zeit bestimmen.

Das Konzept der diskreten Raumteilchen bildet die Grundlage von Stephen Wolframs revolutionärem Ansatz zur Beschreibung des Universums und seiner grundlegenden Strukturen. Im Gegensatz zu den traditionellen physikalischen Theorien, die Raum und Zeit als kontinuierlich betrachten, schlägt Wolfram vor, dass die Raumzeit auf einer tieferen Ebene aus einer Ansammlung diskreter Einheiten besteht. Diese Einheiten oder „Raumteilchen" fungieren als Grundbausteine der Raumzeit, ähnlich den Atomen der Materie, mit dem Unterschied, dass sie den geometrischen und zeitlichen Rahmen des Universums selbst definieren.

Diskrete Raumteilchen sind nicht materiell im herkömmlichen Sinne. Sie stellen vielmehr Quanten von Raum und Zeit dar, die in einem bestimmten Beziehungsgeflecht zueinander stehen. Diese Beziehungen bestimmen die Struktur des Raumes und den Fluss der Zeit. Die Raumteilchen sind durch Regeln miteinander verbunden, die bestimmen, wie sie interagieren und sich im Laufe der Zeit neu anordnen, was wiederum die Dynamik des gesamten Universums auf makroskopischer Ebene beeinflusst.

In Wolframs Modell wird die Raumzeit als ein riesiges Netzwerk oder Gitter dieser diskreten Einheiten betrachtet. Die Struktur dieses Netzes ist nicht statisch, sondern verändert sich dynamisch nach bestimmten mathematischen Regeln, ähnlich denen für zelluläre Automaten. Diese Regeln bestimmen, wie sich die Konfiguration der Raumteilchen von einem Moment zum nächsten ändert, und bilden die Grundlage für alle physikalischen Prozesse und Phänomene, die wir im Universum beobachten.

Die zentrale Säule von Stephen Wolframs Theorie und seinem visionären Ansatz zur Erklärung des Universums ist die Bedeutung von Regeln und ihrer Anwendung. In seinem Modell spielen einfache, universelle Regeln eine fundamentale Rolle, indem sie die Dynamik und Struktur des gesamten Kosmos bestimmen. Diese Regeln, angewandt auf das Netzwerk diskreter Raumteilchen, bilden die Grundlage für die Entstehung von Raum, Zeit und letztlich aller Materie und Energie im Universum. Das bedeutet, dass die Komplexität des Universums, von den kleinsten subatomaren Teilchen bis hin zu den gigantischen Galaxienhaufen, das Ergebnis der Anwendung einfacher mathematischer Regeln auf eine grundlegende Struktur von Raumteilchen ist.

Diese Regeln sind nicht zufällig oder willkürlich, sondern spiegeln die dem Universum innewohnende Logik wider. Sie sind universell in dem Sinne, dass dieselben Grundregeln überall und zu jeder Zeit im Universum gelten. Dies impliziert, dass die Komplexität des Kosmos – von der grundlegenden Struktur der Materie bis hin zu den großräumigen kosmischen Strukturen – direkt aus diesen Grundregeln resultiert.

Die Entwicklung des Universums kann mit Hilfe des Wolfram-Modells als ein kontinuierlicher Prozess verstanden werden, in dem die Wechselwirkungen zwischen den Teilchen des Weltalls nach universellen Regeln schrittweise immer komplexere Strukturen hervorbringen. Diese Sichtweise bietet potenziell neue Einblicke in verschiedene Phasen der kosmischen Geschichte, einschließlich der Bildung der ersten subatomaren Teilchen, Atome, Sterne und Galaxien.

Die Realität wird nicht als ein Kontinuum von Raum und Zeit betrachtet, sondern als ein diskretes Netzwerk, in dem jede Komponente durch einen Satz einfacher Regeln definiert ist. Diese Sichtweise impliziert, dass die Komplexität, die wir in der Natur beobachten, einschließlich der Vielfalt des Lebens und der Struktur des Kosmos, das Ergebnis der iterativen Anwendung relativ einfacher Regeln auf eine grundlegende diskrete Struktur der Realität ist.

Sie betont auch die zentrale Rolle der Information in der Struktur des Universums. In einem Universum, das als Netzwerk von

Raumteilchen aufgefasst wird, wird „Realität" zu einer Frage der Informationsverarbeitung. Jede Interaktion, jedes Ereignis und jede Veränderung kann als Informationsaustausch zwischen den Teilchen verstanden werden. Diese Perspektive bietet eine neue Sicht auf die Quantenmechanik und die Informationstheorie, indem sie nahelegt, dass die Grundbausteine der Realität nicht Materie oder Energie, sondern Information sind.

Im Gegensatz zu den traditionellen physikalischen Theorien, in denen Materie und Energie diese Rolle spielen, geht Wolfram davon aus, dass die fundamentalen Einheiten des Universums *Informationsträger* sind. Die Art und Weise, wie diese *Informationsträger* miteinander interagieren – nach bestimmten Regeln – bestimmt die Struktur und die Entwicklung des gesamten Kosmos. Diese Sichtweise verändert unser Verständnis von der Materialität des Universums hin zu einem Modell, bei dem die Information im Mittelpunkt steht.

Die Erforschung der Komplexität in Wolframs Theorie wirft auch Licht auf grundlegende Fragen über die Natur des Lebens, des Bewusstseins und der Evolution. Wenn das Universum im Wesentlichen aus Informationsprozessen besteht, die durch einfache Regeln gesteuert werden, könnte dies einen neuen Ansatz zur Erklärung des Ursprungs des Lebens und der Entwicklung des Bewusstseins bieten. Die Fähigkeit einfacher Regeln, komplexe Phänomene zu erzeugen, könnte bedeuten, dass es keinen prinzipiellen Unterschied zwischen toter und lebendiger Materie gibt, sondern dieser – nun gradueller – Unterschied lediglich in der Komplexität der integrierten Information liegt, wie es die „Integrierte Informationstheorie“ von Guilo Toloni aussagt.

Wo bekomme ich ein ganzheitliches Netzwerk her?

In der Wolfram-Hypothese wird die Raumzeit als ein Netzwerk diskreter Raumteilchen betrachtet. Diese Teilchen sind Informationsträger und ihre getakteten Wechselwirkungen bilden die Grundlage der Raumzeitstruktur.

Während Wolframs Theorie tief in die Dynamik und die Konsequenzen der regelbasierten Wechselwirkungen von Raumteilchen eintaucht und damit die hohe Komplexität der Wirklichkeit aus einfachen Regeln ableitet, bleibt die Frage nach dem Ursprung der Raumteilchen selbst und dem Ursprung der Regeln, die ihre Wechselwirkungen bestimmen, weitgehend offen.

Was die Entstehungsgeschichte des Netzes betrifft, so geht Wolframs Konzept davon aus, dass die Raumteilchen und die Regeln ihrer Wechselwirkung von Anfang an existieren und dass das Universum durch die fortwährende Anwendung dieser Regeln entsteht und sich entwickelt. Dies impliziert, dass das Netzwerk selbst keine separate „Entstehungsgeschichte“ hat, sondern vielmehr das grundlegende Substrat darstellt, aus dem sich das Universum bildet.

Das zweite Problem mit diesem Konzept ist die Vereinzelung der Teile des großen Ganzen. Denn nun beschränkt sich die Information der informationstragenden Raumteilchen auf die lokalen Zustände der unmittelbaren Nachbarn. Die großen Strukturen entstehen aus Emergenzen der Veränderungsregeln, werden aber in den einzelnen Raumteilchen nicht gespiegelt.

Was wäre jedoch, wenn das Netzwerk an Raumteilchen gar nicht existiert, sondern selbst nur eine Projektion ist? Die Lösung für das Vereinzelungsproblem könnte in einem holographischen Kosmos liegen.

Die Welt als Hologramm

Ein Hologramm ist eine fotografische Aufnahme, die das Licht so speichert und wiedergibt, dass ein dreidimensionales Bild eines Objekts erzeugt wird. Anders als bei herkömmlichen Fotografien, die nur zweidimensionale Bilder liefern, ermöglicht ein Hologramm die Betrachtung eines Objekts aus verschiedenen Blickwinkeln, als würde man ein tatsächliches dreidimensionales Objekt betrachten.

Die Erstellung eines Hologramms erfolgt durch die Aufzeichnung der Interferenzmuster, die entstehen, wenn sich kohärentes Licht, wie das eines Lasers, mit seinem eigenen, von einem Objekt reflektierten Licht überlagert. Dieses Verfahren erfasst nicht nur die Intensität des Lichts (wie bei herkömmlichen Fotografien) sondern auch seine Phase, das heißt, die spezifische Wellenfrontstruktur des Lichts. Dadurch kann bei der Wiedergabe des Hologramms das Licht so gebeugt werden, dass es das ursprüngliche Lichtfeld des Objekts rekonstruiert und somit ein räumliches Bild erzeugt.

Das Prinzip dahinter besagt, dass jeder Teil eines Hologramms die vollständigen Informationen über das abgebildete dreidimensionale Objekt enthält. Dies unterscheidet Hologramme grundlegend von herkömmlichen fotografischen Techniken. Man kann sich den Unterschied deutlich machen, wenn man sich ein Panoramafenster mit Aussicht auf eine Stadt vorstellt und im Vergleich dazu eine Fototapete von diesem Panorama. Wenn man das Fenster bzw. die Tapete in kleine Quadrate einteilt und alle bis auf einen Bereich abklebt, dann sieht man von der Tapete nur einen farbigen Punkt, ohne Erkennen zu können, was er darstellt. Wenn man aber durch das kleine Loch blickt, das am Fenster freigelassen wurde, kann man immer noch das ganze Panorama sehen. Nur unsere Möglichkeit, die Perspektive zu wechseln, ist eingeschränkt. In gleicher Weise enthält jeder Punkt eines Hologramms Informationen über das ganze Bild. Es ist, als wäre jeder Punkt ein kleines Foto des ganzen Panoramas, nur mit weniger Details. Nahe Objekte sind dabei sehr unterschiedlich. Wenn zum Beispiel auf der Terrasse vor dem Fenster ein Stuhl steht, dann sieht ihn der eine Punkt von der linken Seite und ein anderer von der rechten Seite. Objekte, die weit entfernt sind, wie die Skyline der Stadt, ähneln sich dagegen bis zur vollkommenen Identität. Dazu kommen eventuelle kleine Fehler einzelner Gucklöcher. So könnte ein Staubkorn oder ein Fliegenschiss aus einzelnen Perspektiven Objekte verdecken. Und natürlich kann die Wolke am Himmel immer noch als Hase interpretiert werden, während sie ein anderer für einen Drachen hält. Aber abgesehen von diesen Unterschieden ergibt die Summe der Perspektiven aller Gucklöcher die dreidimensionale Welt vor dem Fenster.

Dieses holografische Prinzip hat nicht nur in der optischen Holografie Bedeutung, sondern auch in der theoretischen Physik, insbesondere in der Stringtheorie und der Quantengravitation. Die Beschreibung eines voluminösen Raums könnte so auf einem Rand dieses Raums möglich sein – ähnlich wie ein dreidimensionales Bild durch ein zweidimensionales Hologramm dargestellt wird, die Welt vor dem Fenster als holografische Fototapete.

Wenn wir dieses Prinzip jedoch auf den Kosmos als Ganzes anwenden, dann führt das dazu, dass das, was abgebildet wird, nichts anderes ist, als das, was abbildet. Die Pixel des Hologramms sind selbst die Objekte, die durch das Hologramm gespeichert werden. Das erinnert an *Indras Netz*:

Man stelle sich ein schimmerndes Netz vor, ohne Anfang und ohne Ende. Ähnlich den zellulären Automaten von Stephen Wolfram. Die Zellen selbst sind glitzernde Diamanten oder spiegelnde Kugeln aus Chrom, und diese Myraden vielschichtiger Juwelen reflektieren und spiegeln einander in allen Farben. Die Ganzheit des Netzes manifestiert sich in unzähligen Spiegelpunkten, durch die seine permanente Entwicklung kontinuierlich vorangetrieben wird. Vor circa 3.000 Jahren wurde dieses altertümliche Numinose Bild des Universums erstmals in den heiligen indischen Texten des Atharvaveda erwähnt und als *Indras Netz* bezeichnet. Mit diesem Instrument erschuf die vedische Gottheit Indra, der Gott des Himmels, die Erscheinung der gesamten Welt. Heute erkennt man in dieser Beschreibung eindeutig das holographische Prinzip.

Aber wie kommt man überhaupt auf die Idee, dieses Prinzip auf den Kosmos als Ganzes anwenden zu wollen? Es begann mit der Entdeckung, dass Entropie und Information viel gemeinsam haben.

Die formale Informationstheorie, die 1948 entstand, definierte ein Maß für den Informationsgehalt einer Nachricht als die Anzahl der benötigten binären Ziffern oder Bits. Diese Definition von Claude E. Shannon ist als objektives Maß für die Menge an Information in Wissenschaft und Technik nützlich und spielt eine wichtige Rolle in der Entwicklung moderner Kommunikationsgeräte. Überraschenderweise stellte sich heraus, dass die Formeln für diese Informationsberechnung mit denen der thermodynamischen Entropie identisch sind.

Thermodynamische- und Shannon-Entropie sind demnach eng verwandte Begriffe. Die thermodynamische Entropie bezieht sich auf die Unordnung in einem physikalischen System, während die Shannon-Entropie das Maß für den Informationsgehalt einer Nachricht darstellt. Beide Entropien werden in unterschiedlichen Einheiten ausgedrückt und weichen in ihren Größenordnungen erheblich voneinander ab. Dies aber hauptsächlich deshalb, weil sie auf unterschiedlichen Größenordnungen angewendet werden.

Shannon-Entropie bezieht sich auf die Menge an Information, die benötigt wird, um eine spezielle Anordnung zu erreichen, während thermodynamische Entropie die Anzahl möglicher Anordnungen beschreibt. Die thermodynamische Entropie bezeichnet also die Informationsmenge, die nötig ist, den chaotischen Zustand des Gesamtsystems zu beschreiben. Die Shannon-Entropie eines Mikrochips ist gering im Vergleich zur thermodynamischen Entropie desselben Chips, da die Shannon-Entropie nur den Zustand des Transistors und die thermodynamische Entropie den Zustand aller Atome im Chip betrachtet.

Dann entdeckte man, dass die thermodynamische Entropie eines Schwarzen Lochs proportional zur Fläche seines Ereignishorizonts ist und nicht, wie man intuitiv annehmen würde, zu seinem Volumen.

Diese Erkenntnis führte zu der verblüffenden Schlussfolgerung, dass die grundlegendsten Informationen über die physikalischen Vorgänge innerhalb eines Schwarzen Lochs auf dessen Oberfläche codiert und gespeichert werden können.

Das holografische Prinzip zeigt, dass auf ähnliche Weise die vollständige physikalische Beschreibung eines jeden Volumens im Raum tatsächlich auf der zweidimensionalen Grenzfläche dieses Raumes abgebildet werden kann. Dies könnte auch für den Kosmos als Ganzes gelten. Es legt nahe, dass unsere wahrgenommene dreidimensionale Realität möglicherweise nur die „Oberfläche“ einer tieferen, zweidimensionalen Ebene ist.

Dies impliziert, dass die scheinbar solide und dreidimensionale Welt um uns herum in gewisser Weise eine Illusion sein könnte, eine Projektion einer tiefer liegenden zweidimensionalen Realität. Es legt nahe, dass Raum und Materie selbst aus der Verarbeitung und Interaktion von Informationen hervorgehen könnten, was zu einer Verschmelzung von Materie, Energie und Information führt. Der Kosmos wäre demnach nur eine Informationsmatrix.

Wir selbst wären Teile dieser Matrix, die mit anderen Teilen dieser Matrix interagieren und uns dadurch als materielle Individuen in einer dreidimensionalen Welt empfinden würden. Wir interpretieren unsere Welt nur als vierdimensionale Raumzeit.

Ist die Welt eine holographische Ausgabe von Sephen Wolframs zellulären Automaten? Vielleicht innerhalb eines göttlichen Bewusstseins wie im analytischen Idealismus von Bernardo Kastrup? Einem Bewusstsein, dass sich selbst dissoziiert um diese Welt zu erschaffen und in dem sich über komplexe Informationsverarbeitung durch Unterscheidung und Integration Individuen bilden, die lernen, sich selbst zu erkennen? So weit ist diese Vorstellung auf jeden Fall mit den neuesten Erkenntnissen aus den Naturwissenschaften kompatibel: Wir befinden uns als Avatare einer Gottheit im Traum dieser Gottheit.

Ist Wirklichkeit nur die Teilwahrheit eines Kristalls?

Aber ein Hologramm ist etwas Starres, Festgefügtes und Fertiges. Auch wenn dieses Hologramm einen Zeitablauf hätte, wäre es absolut determiniert. Kann das sein, dass Gott ein holographischer Informations-Kristall ist? Intuitiv ist uns diese Vorstellung zuwider. An dem Bild fehlt offenbar noch etwas Entscheidendes.

Das Fluid der Wirklichkeiten

Die moderne Physik ruht auf zwei Säulen: der Allgemeinen Relativitätstheorie, die die Gravitation und die großräumige Struktur des Universums beschreibt, und der Quantenmechanik, die in der Welt der subatomaren Partikel regiert. Beide Theorien sind extrem erfolgreich in ihren jeweiligen Domänen, doch sie basieren auf grundlegend unterschiedlichen Prinzipien und sind miteinander nicht kompatibel.

Die Allgemeine Relativitätstheorie von Albert Einstein revolutionierte unser Verständnis von Raum und Zeit, indem sie zeigte, dass die Gravitation eine Manifestation der Krümmung der Raumzeit durch Masse und Energie ist. Auf der anderen Seite enthüllte die Quantenmechanik eine Welt, in der Wahrscheinlichkeiten und Quantenzustände das Verhalten von Partikeln bestimmen, mit Phänomenen wie der Quantenverschränkung und der Unschärferelation.

Die Diskrepanz zwischen diesen beiden Theorien wird besonders offensichtlich, wenn man versucht, Phänomene zu beschreiben, die sowohl gravitative als auch quantenmechanische Effekte beinhalten, wie zum Beispiel schwarze Löcher oder den Urknall. In solchen Extremsituationen versagen die herkömmlichen Theorien, und Vorhersagen werden unbestimmt oder widersprüchlich. Dies deutet darauf hin, dass ein fundamentalerer Rahmen benötigt wird, um die Gesetze des Universums vollständig zu erfassen.

Die Loopquantengravitation (LQG) stellt einen innovativen Ansatz in der modernen Physik dar, der darauf abzielt, die Prinzipien der Quantenmechanik mit denen der Allgemeinen Relativitätstheorie zu vereinen, indem es diesen fundamentaleren Rahmen zur Verfügung stellt.

Ihre Wurzeln hat die LQG in den 1980er Jahren, als Physiker wie Abhay Ashtekar, Carlo Rovelli und Lee Smolin begannen, neue Wege zu erforschen, um die Gravitation im Rahmen der Quantenmechanik zu beschreiben. Ashtekars Reformulierung der Allgemeinen Relativitätstheorie in die Sprache der Ashtekar-Variablen lieferte den theoretischen Unterbau, der die Entwicklung der LQG ermöglichte. Diese neue Formalismus bot eine frische Perspektive auf die Raumzeit und ermöglichte es, die Techniken der Quantenfeldtheorie auf das Gravitationsfeld anzuwenden.

Im Kern der LQG steht die Idee, dass Raum und Zeit nicht kontinuierlich sind, sondern aus kleinsten, unteilbaren Einheiten bestehen. Diese Quantisierung der Raumzeit ist eine direkte Analogie zur Quantisierung der Energie in der Quantenmechanik und stellt einen radikalen Bruch mit der Vorstellung eines glatten, ununterbrochenen Raumzeit-Gewebes dar. Sie ist aber absolut kompatibel mit Stephen Wolframs zellulären Automaten.

Die fundamentale Struktur der Raumzeit wird in der LQG durch Schleifen (Loops) und Spin-Netzwerke dargestellt. Diese Konzepte beschreiben, wie sich die Quanteneigenschaften von Raum und Zeit auf der Planck-Skala manifestieren. Schleifen repräsentieren die grundlegenden Bausteine der Raumzeit, während Spin-Netzwerke ein komplexeres Bild der quantisierten geometrischen Beziehungen bieten. Schleifen sind demnach äquivalent mit den Wolfram-Zellen, die Spinnetzwerke mit den Veränderungsregeln in Wolframs Automaten.

Ein zentrales Merkmal der LQG ist allerdings ihre Hintergrundunabhängigkeit, was bedeutet, dass die Theorie keine vorgegebene Raumzeit-Struktur annimmt, wie es Wolframs System verlangt. Stattdessen ist die Geometrie der Raumzeit selbst ein dynamisches Objekt, das durch die Quantenzustände der Schleifen und Netzwerke bestimmt wird. Dies steht im Einklang mit der Allgemeinen Relativitätstheorie, in der die Raumzeit-Geometrie durch die Verteilung von Masse und Energie beeinflusst wird.

Indem die Loopquantengravitation vorschlägt, dass die Struktur der Raumzeit auf der fundamentalsten Ebene aus diskreten Einheiten besteht, bietet die sie neue Perspektiven auf alte Probleme, wie die Natur von schwarzen Löchern, den Ursprung des Universums und das Wesen der Zeit selbst.

Schleifen repräsentieren darin quantisierte, geschlossene Flusslinien des Gravitationsfeldes. Jede Schleife bildet eine grundlegende Einheit der Raumzeit, wobei die Eigenschaften des Gravitationsfeldes – ähnlich den Energiezuständen in der Quantenmechanik – in diskreten Sprüngen variieren.

Spin-Netzwerke erweitern das Konzept der Schleifen, indem sie ein dynamisches und interaktives Netzwerk von Verbindungen innerhalb der quantisierten Raumzeit darstellen.

Ein Spin-Netzwerk kann als eine Art Skelett der Raumzeit angesehen werden, wobei jeder Knotenpunkt im Netzwerk – also jedes Raumteilchen – einen „Quantenraum" repräsentiert und die Kanten oder Fäden des Netzwerkes die relationalen Eigenschaften zwischen diesen Räumen definieren – die Regeln der Veränderungen der Zustände von Raumteilchen. Die Dynamik dieser Netzwerke beschreibt, wie sich die Raumzeit selbst auf der quantenmechanischen Ebene verändert und entwickelt.

In der LQG ist die Gravitation nicht mehr eine Kraft, die durch die Krümmung einer kontinuierlichen Raumzeit wirkt, sondern eine emergente Eigenschaft der quantisierten Schleifen und Netzwerke.

Ein zentrales Merkmal der LQG ist ihre Hintergrundunabhängigkeit. Die Theorie benötigt keine festgelegte Raumzeit-Struktur, sondern generiert die Geometrie der Raumzeit dynamisch aus den Interaktionen ihrer quantisierten Schleifen.

Somit emergieren Raum und Zeit aus dem Zusammenspiel dieser Zellen. In der klassischen Mechanik wird nicht nur der Raum, sondern auch die Zeit als eine absolute, unveränderliche Größe betrachtet, die unabhängig von den Ereignissen im Universum gleichmäßig voranschreitet.

Einsteins Allgemeine Relativitätstheorie (ART) revolutionierte das Verständnis von Zeit (und Raum), indem sie Zeit als eine Dimension der vierdimensionalen Raumzeit darstellte, die durch die Anwesenheit von Masse und Energie gekrümmt wird. In der ART wird Zeit relativ – sie kann sich für Beobachter unterschiedlich verhalten, abhängig von ihrer relativen Geschwindigkeit oder ihrer Position in einem Gravitationsfeld.

Aber es ergeben sich große Probleme mit diesen traditionellen Zeitkonzepten, wenn man versucht, sie mit der Quantenmechanik zu vereinen.

Während die Zeit in der klassischen Physik und der ART als glatte Kontinuität behandelt wird, legt die Quantenmechanik nahe, dass auf der fundamentalsten Ebene die Natur diskret ist. Zeit muss selbst als quantisiert oder als emergentes Phänomen verstanden werden, was eine radikale Abkehr von unserer alltäglichen Erfahrung und dem traditionellen physikalischen Framework darstellt. Zeit keine vorab existierende Bühne, auf der sich Ereignisse abspielen, sondern entsteht aus den dynamischen Beziehungen zwischen quantisierten Loops der Raumzeit.

Dies impliziert, dass es eine fundamentale „Zeitquantengröße“ gibt, unterhalb derer die Idee einer kontinuierlichen Zeit nicht länger sinnvoll ist. Es ist eine Art von Taktfrequenz, in der sich die Zustände der Raumteilchen ändern können. Oder anders: Jede Zelle des zellulären Automaten hat eine bestimmte Raum-

und Zeitgröße, und so wie sich der Raum aus einer Aneinanderreihung von Zellen ergibt, ergibt sich auch die Zeit aus einer Aneinanderreihung von Zellen. Auf einer fundamentalen Ebene existiert weder Zeit noch Raum. Beides entsteht erst als emergentes Phänomen aus der Komplexität der Wechselwirkungen. So wie Temperatur als emergentes Phänomen aus den Wechselwirkungen der Dynamik der Atome entsteht. Auf einer tiefen Ebene gibt es auch keine Temperatur, sondern nur sich bewegende Teilchen. Erst als statistisches Mittel emergiert Temperatur aus der Summe dieser Bewegungen. Die makroskopische Zeit, wie wir sie erleben, entsteht erst aus der mikroskopischen Struktur der Raumzeit. Durch das Konzept der Entropie entsteht die Richtung der Zeit – von der Vergangenheit in die Zukunft. Dies ist eng mit dem zweiten Hauptsatz der Thermodynamik verknüpft, der besagt, dass die Entropie in einem abgeschlossenen System nicht abnehmen kann. Diese thermodynamische Zeitrichtung liefert eine Basis für das Verständnis des Zeitflusses und seiner Einheitlichkeit aus menschlicher Perspektive. Die Entropie und die damit verbundene thermodynamische Zeit schlägt eine Brücke zwischen den mikroskopischen Gesetzen der Physik und unserer alltäglichen Erfahrung der Zeit. Zukunft ist dort, wo die Summe der Informationen zunimmt. Die Äquivalenz von Thermodynamik und Information bedeutet, dass der Zeitpfeil die Richtung der Vermehrung von Information ist.

Und es gibt noch einen zweiten wichtigen Punkt: In der relativistischen Physik gibt es keine universelle Gleichzeitigkeit; was für einen Beobachter als „jetzt" erscheint, kann für einen anderen, der sich relativ dazu bewegt, in der Vergangenheit oder Zukunft liegen. Die Unterscheidung zwischen Vergangenheit, Gegenwart und Zukunft verschwimmt auf der grundlegenden Ebene der Physik.

Die Quantisierung der Raumzeit führt zu einem Bild des Universums, in dem die Struktur der Raumzeit selbst aus einem Netzwerk von Schleifen (Loops) und Spin-Netzwerken besteht, die in einem ständigen Zustand der Veränderung und Wechselwirkung sind. Jede Schleife und jeder Knotenpunkt in diesem Netzwerk repräsentieren Quanten von Raum und Zeit. Die Form des Universums, die Größe und Form von Raum und Zeit, sind in dieser Sichtweise nicht statisch, sondern verändern sich kontinuierlich durch die Wechselwirkungen innerhalb des quantisierten Raumzeit-Netzwerks.

Materie wird nicht einfach als in der Raumzeit vorhanden betrachtet, sondern als integraler Bestandteil des Raumzeit-Netzwerks selbst. Diese enge Verflechtung bedeutet, dass die Eigenschaften von Materie und Raumzeit sich gegenseitig beeinflussen und bedingen. Das dynamische Netzwerk, das die Raumzeit bildet, und die darin enthaltene Materie sind somit in einem ständigen Prozess der Wechselwirkung und des Austauschs, wodurch die Wirklichkeit als ein tief verbundenes, dynamisches Gefüge erscheint. Jedes Naturgesetz dieses Kosmos ist eine emergente Eigenschaft aus dem Zusammenspiel der Raumzeitzellen, wie es auch Stephen Wolframs Theorie vorhersagt.

Die Quantisierung hat auch signifikante Implikationen für die Kosmologie, insbesondere im Hinblick auf den Urknall und die Entwicklung des frühen Universums. Modelle, die auf der LQG basieren, deuten darauf hin, dass das Universum einem Zyklus von Ausdehnungen und Kontraktionen unterliegen könnte, bekannt als „Big Bounce“ statt eines einmaligen Big Bangs. Diese Sichtweise ähnelt dem Zyklus von Brahmas aufeinanderfolgenden Träumen.

Ein weiterer wichtiger Aspekt der Quantenmechanik ist die Unschärferelation. Man kann nicht gleichzeitig den Impuls und den Aufenthaltsort eines Teilchens exakt messen. Gleichzeitig scheinen Teilchen immer zwischen Faktum und Wahrscheinlichkeit zu oszillieren. Dieses Phänomen hat viele dazu veranlasst, anzunehmen, dass das Bewusstsein des Beobachters die Realität erst erzeugt. Diese Überbewertung der menschlichen Beobachtung im Prozess des Quantenkollapses, oft propagiert von Quantenmystikern, ist ein weitverbreiteter Irrtum. In der physikalischen Realität stellt eine Messung oder Beobachtung eine Form der Interaktion dar, die einen Kollaps der Wellenfunktion oder eine Dekohärenz verursacht. Es ist nicht die mystische Qualität des menschlichen Bewusstseins, die eine besondere Rolle in diesem Prozess spielt, sondern jede Interaktion zwischen Teilchen führt zu einem ähnlichen Ergebnis. Teilchen „beobachten“ sich im Grunde genommen gegenseitig durch ihre Wechselwirkungen, wodurch sie sich gegenseitig in die Realität einbringen. Diese Erkenntnis entmystifiziert den Prozess des Quantenkollapses und betont die Universalität und Objektivität physikalischer Gesetze.

Die LQG bietet auch hier eine tiefere Einsicht in den Prozess, durch den Materie aus dem „Meer“ der Wahrscheinlichkeiten entsteht. Die „Beobachtung“ oder besser gesagt, Interaktion, ist der Mechanismus, durch den Wahrscheinlichkeiten in feste Realitäten umgewandelt werden. Dieser Prozess ist nicht auf menschliche Beobachter beschränkt, sondern ist ein fundamentales Prinzip des Universums. Es legt nahe, dass die gesamte Materie, die wir beobachten, durch ein Netz von Interaktionen auf der Quantenebene zur Realität gebracht wird. Die subjektiven Wirklichkeiten der Teilchen kreieren somit eine objektive Realität, in der innere und äußere Perspektiven miteinander verwoben sind.

In diesem Kontext wird auch die Beziehung zwischen Information (Shannon-Entropie) und thermodynamischer Entropie klarer. Information ist nicht nur ein abstraktes Konzept, sondern hat eine physische Komponente, die direkt mit der Struktur der Realität verbunden ist.

Shannon-Entropie ist die Innenansicht der thermodynamischen Entropie, die wiederum die Außenansicht der Shannon-Entropie darstellt. Oder mit anderen Worten: Bewusstsein ist Materie von innen betrachtet und Materie ist Bewusstsein von außen betrachtet.

Diese gegenseitige Abhängigkeit zeigt, dass Raumzeit und Materie/Energie untrennbar mit den Konzepten von Aufmerksamkeit und Bedeutung verbunden sind. Das subjektive „Ich“ einer Innenperspektive existiert nicht ohne das objektive Beobachten durch ein „Du", was darauf hindeutet, dass Realität eine Co-Kreation aller beteiligten Subjekte ist.

Aber jede Interaktion bringt die Partikel nur für die jeweils an der Interaktion beteiligten Partner in eine gemeinsame Realität. Für ein drittes Teilchen, das nicht an der Interaktion beteiligt ist, bleibt das System der anderen beiden eine Quantenwahrscheinlichkeit, bis es selbst mit diesen Teilchen in Interaktion tritt. Dann wird auch für dieses das System zur Realität. Allerdings müssen diese Realitäten nicht universell sein, sondern nur in dem Maße übereinstimmen, in dem sie keine Widersprüche erzeugen. Es ist eine Art quantenmechanischer Pluralismus, der die Existenz eines Systems aus der Perspektive eines nicht beteiligten Teilchens als reine Wahrscheinlichkeit darstellt, ähnlich der berühmten Metapher von Schrödingers Katze: In mehreren sich überlagernden Zuständen gleichzeitig existierend.

Das daraus abzuleitende Prinzip lautet: Jedes Subjekt ermöglicht durch seine Aufmerksamkeit die Existenz anderer, ohne diese jedoch zu determinieren. Dieses Prinzip erstreckt sich durch die gesamte Hierarchie der Holons. Aus der subjektiven Perspektive der Innenschau, in der Fakten als Bedeutungen wahrgenommen werden, lässt sich dieses Prinzip so formulieren: „Ich bestimme, wer ich sein will, und du ermöglichst mir durch deine Aufmerksamkeit, dass ich es auch werden kann." Der menschliche Beobachter erzeugt also nicht die Realität, aber die prinzipielle Innenperspektive eines pantheistischen Kosmos erzeugt sich selbst durch gegenseitige Aufmerksamkeit. Wobei die einzelnen Wirklichkeiten der beteiligten Subjekte sich überlagern und soweit übereinstimmen, dass sich keine Widersprüche ergeben.

Fazit: Die holographische Matrix der Realität ist kein Kristall einer fixen Raumzeit, deren Details die Ganzheit spiegeln, sondern ein Kristall an Wahrscheinlichkeiten, durch dessen Labyrinth sich alle subjektiven Perspektiven gemeinsam einen mäandernden Pfad als Realität kreieren, die dann durch alle Subjekte gespiegelt wird.

Dieser holographische Kristall projiziert als sekundäre Erscheinungen eine raumzeitliche Realität, in der Materie und Bewusstsein als komplementäre Phänomene in Erscheinung treten.

Ist Entwicklung zufällig?

Aus der Sicht der Loopquantengravitation entspringt die Realität einem komplexen Gefüge von Wahrscheinlichkeiten und ist die Summe aus Überlagerungen privater Wirklichkeiten. Die Richtung der Zeit ist eine Emergenz dieser Wechselwirkungen zur größeren Entropie, also zu mehr Information. Aber ist die Entwicklung dieses komplexen Systems, das wir Realität nennen, einem Zufall überlassen oder folgt sie einem tieferen, vielleicht sogar kosmischen Muster?

Diese Frage führt uns zu einer der grundlegendsten Überlegungen: der Frage nach Determinismus, Zufall und freier Wille.

In der klassischen Physik schien alles determiniert zu sein. Alles folgte exakten Naturgesetzen mit mathematischer Präzession. Der Ablauf der Geschichte in der Zeit schien vom Beginn an festgelegt zu sein.

Auf quantenmechanische Ebene schienen Ereignisse durchaus zufällig zu sein, und man sucht lange nach der verborgenen Variable, die das doch noch auf klassische Ursache-Wirkungs-Prinzipien zurückführen konnte. „Gott würfelt nicht“, sagte Einstein. Aber diese verborgene Variable, die alle zufälligen Quantenereignisse als „Führungswelle“ steuerte, wurde nicht gefunden. Dan kann Huge Everett auf die Idee, man könnte „viele Welten“ annehmen, um dieses Dilemma zu umgehen. Darin würden sich ALLE Wahrscheinlichkeiten verwirklichen, nur in unterschiedlichen Universen. Aber diese Theorie hat den entscheidenden Nachteil, dass sie nicht überprüfbar ist. Es handelt sich nur um eine wilde Spekulation mit dem Ziel, den Determinismus irgendwie zu retten. Aber muss er gerettet werden? Natürlich liegt die Frage nach der Ursache von Ereignissen in unserer Natur. Aber möglicherweise suchen wir an der falschen Stelle.

Sehen wir uns doch einmal an, welch wunderbare Welt wir hier vor uns haben. Was wäre, wenn alles determiniert wäre? Es gäbe nicht die Möglichkeit einer freien Entfaltung, weil alles von Anfang an vorherbestimmt wäre. Und was wäre, wenn nichts determiniert wäre? Dann wäre alles immer nur Chaos, nichts könnte sich dauerhaft entwickeln. Nun haben wir aber eine Mischung aus Determinismus im Makrobereich und Freiheit im

Mikrobereich. In der klassischen Physik ist die Freiheit des Mikrobereichs nicht relevant. Die Masse an Ereignissen erzeugt ein statistisches Mittel, das mit einem vollkommenen Determinismus identisch ist. Aber je komplexer Systeme werden, desto abhängiger werden ihre Reaktionen auf kleinste Veränderungen im Mikrobereich. Dies nennt man den Schmetterlingseffekt. Wir haben also einen Kosmos vor uns, der eine stabile Basis mit strengen Regeln für alle Objekte bietet, die als Stütze für komplexe Systeme dient. Aber diese komplexen Systeme selbst sind in ihren Zukunftsperspektiven frei. Mit der Entwicklung wächst die Freiheit.

Wie verhält es sich nun, wenn wir diese Bedingungen des Kosmos von der zweiten Seite der Realität betrachten, von der Seite von Bedeutung und Bewusstsein?

Sehen wir uns dazu das hierarchische Spektrum des Bewusstseins an. Nachdem wir Bewusstsein gemeinsam mit Materie als sekundäre Erscheinungen einer dahinter liegenden Informationsmatrix ansehen müssen, geht Bewusstsein natürlich weit über die menschlichen Erfahrungen hinaus. Indem wir die Idee eines umfassenden, sich entwickelnden Bewusstseinsspektrums erkunden, werden wir feststellen, dass die scheinbare Zufälligkeit der Entwicklung in der physikalischen Welt in ein neues Licht gerückt wird. Hinter dem scheinbaren Chaos der materiellen Welt existiert eine tiefere Ordnung, die sich durch die Evolution des Bewusstseins manifestiert.

Komplexität des Subjekts

Spektrum des Bewusstseins

Ken Wilber hat in seinem Buch „Spektrum des Bewusstseins“ (1977) eine Theorie der individuellen Entwicklung vorgelegt. Er konzentriert sich auf die Darstellung des Bewusstseins durch eine Reihe von Stufen oder Ebenen, die verschiedene psychologische Zustände und spirituelle Erfahrungen umfassen. Diese Ebenen reichen von primitiven, instinktiven Stufen des Bewusstseins bis hin zu höheren, transpersonalen Zuständen, in denen eine Einheit mit dem gesamten Kosmos erfahren wird. Dabei versuchte er, Erkenntnisse und Methoden verschiedener Disziplinen - von der Psychologie und den Neurowissenschaften über die Mystik bis hin zur Philosophie - zu integrieren.

Wilbers spätere Arbeiten bauen auf diesen Konzepten auf und schaffen eine umfassendere Theorie, die sowohl seine eigenen früheren Ideen als auch die von Spiral Dynamics integriert[1]. Spiral Dynamics ist ein Entwicklungsmodell, das von Don Beck und Chris Cowan vorgestellt wurde und auf der Arbeit von Clare W. Graves basiert. Das Modell konzentriert sich stark auf die soziale und kulturelle Evolution und bietet ein Werkzeug, um die Dynamik von Gesellschaften, Organisationen und individuellen Weltbildern zu verstehen.

---

[1] Von der er sich später teilweise wieder distanziert, weil viele Spiral Dynamics mit einer zu absolutistischen Sichtweise praktizieren, die keine anderen Perspektiven mehr zulässt. Er behält das Modell aber im Prinzip bei, ändert nur die Farben einiger Ebenen, damit die Gesamtentwicklung in ihrer Abfolge den natürlichen Spektren des Regenbogens entspricht.

Ich habe in meinem Buch „Jenseits der Grenzen“ die Entwicklungsebenen ausführlich beschrieben und will sie hier deshalb nur überblicksmäßig wiederholen:

- **Infrarot** ist der Überlebensmodus der Selbsterhaltung und Arterhaltung.
  Weltanschaulich tauchen hier erste Themen von Animismus auf.
- **Magenta/Purpur** ist der Bereich, indem bewusst wahrnehmend, aber noch präegoisch agiert wird – die Herde ist alles.
  Weltanschaulich ist es die Zeit des Schamanismus.
- **Rot** ist der Bereich des Bewusstseins eines vom Kontext getrennten „Ich“ – *Perspektive der ersten Person* – die Macht des Stärkeren.
  Weltanschaulich glaubt man hier an Götter, Halbgötter und Helden.
- **Bernstein** ist die Anerkennung des gleichberechtigten „Du“ - die *Perspektive der zweiten Person* - Hierarchie zur Integration der Schwachen.
  Weltanschaulich befinden wir uns hier in den himmlischen Hierarchien eines grundsätzlichen Monotheismus. Wobei sich esoterisch und exoterisch der eine Gott und seine vielen Emanationen abwechseln können. So gibt es ZB im Hinduismus exoterisch viele Götter, die aber esoterisch nur Emanationen des Einen sind, während es in den abrahamistischen Religionen exoterisch nur einen Gott gibt, der aber esoterisch in vielen Emanationen in Erscheinung tritt.

- **Orange** ist die Ebene der vom Beobachter unabhängigen, sachlichen („Es“) Wirklichkeit – die *Perspektive der dritten Person* – Objektivität als Grundlage wissenschaftlicher Erkenntnis.
  Weltanschaulich ist der Physikalismus vorherrschend, der Materie als Grundbaustein der Welt annimmt und die Existenz des Bewusstseins als vernachlässigbare Begleiterscheinung komplexer Systeme betrachtet.
- In **Grün** wird das „Du“ in die sachliche Es-Perspektive durch die Anerkennung der subjektiven Realität als Teil einer umfassenderen Wirklichkeit („Noosphäre“) wieder integriert – die *Perspektive der vierten Person.*
  Weltanschaulich versucht man, Religionen als gleichberechtigte Sichtweisen zu integrieren, weil sie die Innenperspektive repräsentieren, die im Physikalismus fehlt.
- **Petrol** integriert in gleicher Weise nun das „Ich“ und damit die Erkenntnis über die verschiedenen Perspektiven und ihrer paradigmatischen Weltsichten – *Perspektive der fünften Person.*
  Weltanschaulich kehrt man zur Vorstellung einer Hierarchie von verschiedenen Weltanschauungen zurück, wie sie auf der Ebene Orange vorherrschte, weil man erkennt, dass unterschiedliche Paradigmen auch unterschiedliche Horizonte haben und deshalb mehr oder weniger der Natur unserer Wirklichkeit integrieren. Es geht bei der Entscheidungsfindung und -vermittlung nicht mehr um Wahrheiten, die sehr unterschiedlich sein können (es gibt nicht diese *„eine Wahr-*

heit, die für alle gilt und wer sie nicht erkennt ist doof"), sondern um Wirksamkeiten.

- **Türkis** integriert die präegoischen Sphären als Teil der subjektiven Einheit des Kosmos und Panpsychismus bzw. Pantheismus wird von der Theorie zur Praxis – *Perspektive der sechsten Person.*
  Weltanschaulich werden Naturkräfte als für die Ökologie aller Systeme wichtige Faktoren in die Vorstellung von Bewusstsein integriert, was zur einer Wiederauflebung schamanistischer Vorstellungen in transformierter Form führt.

So geht die Entwicklung des Subjekts von der *unbewussten Objektivität* der präegoische Phase zur *bewussten Objektivität* der Es-Perspektive, dem „tiefsten Punkt der Ferne vom Zeugen", und wieder zurück zur *bewussten Subjektivität* des Kosmos.

Soweit diese den Menschen und seine Kultur betreffenden Ebenen des Bewusstseins.

Der Schwerpunkt dieser Beschreibung, sowohl der individuellen als auch der kollektiven Entwicklung, liegt auf dem Weg des menschlichen Bewusstseins zu immer größerer Integration und Ganzheit. Es bleibt also in gewisser Weise - zumindest in der Beschreibung - eine *anthropozentrische Perspektive.* Wilber vertritt zwar eine inklusive Sichtweise, die darauf hinweist, dass Bewusstsein in irgendeiner Form in allen Dingen existieren könnte, und betont die grundlegende Einheit und Verbundenheit aller Existenzformen, wie dieses nicht-menschliche Bewusstsein aussehen könnte, kommt in seiner integralen Theorie jedoch nicht vor.

Aber alles beginnt viel früher und endet viel später. So wie das sichtbare Licht nur ein kleiner Teil der Frequenzen des elektromagnetischen Spektrums ist, so ist auch das Spektrum, das wir als menschliches Bewusstsein wahrnehmen, nur ein kleiner Teil des Entwicklungsspektrums des Zeugen in der Welt.

Das Spektrum des Bewusstseins (als Metapher: die elektromagnetische Strahlung) beginnt bei einfachen Raumquanten (Radiostrahlung) und endet beim Punkt Omega (Gammastrahlung). Das menschliche Bewusstsein (sichtbares Licht) und seine Auswirkungen in der Realität, wie sie in Gesellschaft und Kultur sichtbar werden, sind nur ein winziger Ausschnitt davon.

Prä-menschliches Spektrum

Solange es um Menschen und ihr Innenleben geht, kann man sich noch vor der Frage drücken, wie und warum bestimmte Gehirnprozesse subjektive Erfahrungen oder Qualia hervorbringen, also das persönliche Erleben von Gefühlen und Wahrnehmungen. Aber sobald man das Feld des Menschen und eventuell sogar das Feld biologischen Lebens verlässt, wird diese Frage ontologisch: Welches Weltbild will man seinen Analysen zugrunde legen?

Materialistische Ansätze, die Bewusstsein als Resultat neurobiologischer Prozesse betrachten, haben Mühe, zu erklären, warum und wie genau diese Prozesse subjektives Erleben erzeugen.

Theorien wie der Panpsychismus, der annimmt, dass Bewusstsein eine fundamentale, überall vorhandene Eigenschaft der Materie ist, hat da schon mehr Erklärungskraft. Vor allem, wenn man sie mit der Idee der „integrierten Informationstheorie“ von Giulio Tononi kombiniert, die versucht, das Bewusstsein über das Maß an integrierter Information, das ein System generieren kann, zu erklären. Je mehr ein System in der Lage ist, Information zu integrieren und einen hohen Grad an wechselseitigen Abhängigkeiten zwischen seinen Teilen aufzuweisen, desto höher ist sein Bewusstseinsniveau. Diese mathematische Methode ist nicht auf ein Gehirn oder auf biologische Systeme angewiesen, um angewendet werden zu können. Es reicht, dass etwas Informationen enthält und diese miteinander interagieren.

Das Grundprinzip der Innenperspektive

Wir müssen uns vor Augen führen, dass wir mit unserem Bewusstsein nicht in der Wirklichkeit selbst leben, sondern in unserem geistigen Modell dieser Wirklichkeit. Wir simulieren aufgrund von Erfahrungen und Sinneseindrücken ein Modell der Außenwelt in unserem Geist/Gehirn. Wir nehmen die Welt nur wahr, weil sie unseren Körper verändert. Jeder Sinneseindruck ist eine materielle Veränderung unseres Körpers, dessen Informationen wir auf eine hypothetische Außenwelt projizieren und im Idealfall spiegelt diese innere Simulation die Außenwelt genau genug wider, damit unsere Reaktionen darauf unser Überleben sichern. Die Innenperspektive ist somit die virtuelle und informelle Spiegelung der Außenwelt aufgrund physikalischer Interaktionen. Die Veränderungen, die von einer Außenwelt an einem Holon vorgenommen werden, bilden das Bewusstsein des Holons von dieser Außenwelt. Gleichzeitig wird damit klar, dass es sich bei dieser Simulation und den entsprechenden Informationen, welche die Innenschau bilden, nicht um eine 1:1 Übertragung der physikalischen Informationen handelt, sondern um eine Bedeutungsstruktur. Wir müssen daher die physikalischen Informationen von der objektiven Seite in Bedeutungen der Innenperspektive übersetzen.

Ebene der Physik

Alle Materie besteht aus nur drei Teilchen. Da sind zunächst die beiden Teilchen Up-Quark und Down-Quark. Die Kombinationen von dreien dieser Quarks erzeugen das Neutron und das Proton. Ein Proton besteht aus zwei Up-Quarks und einem Down-Quark (uud). Ein Neutron besteht aus zwei Down-Quarks und einem Up-Quark (udd), zusammen mit dem Elektron bilden sie die gesamte Materie.

Die restlichen Teilchen – *insgesamt sind es mit diesen dreien 17, darunter 6 Quarks (Up-, Down-, Charm-, Strange-, Top- und Bottom-Quark), 6 Leptonen (Elektron, Myon, Tauon und deren 3 Neutrinos), 4 Bosonen (Photon, W-Boson und Z-Boson [Vermittler der schwachen Kernkraft] und das Gluon [Vermittler der starken Kernkraft]) und das Higgs-Teilchen [Vermittler der Masse]* – sind für die Wechselwirkung der Materie untereinander notwendig, um sich zu binden, Masse zu erzeugen oder andere Prozesse durchzuführen. Aber die Materie selbst besteht nur aus diesen drei Teilchen. Wichtig ist, dass diese drei Teilchenarten nur als Wahrscheinlichkeitsfelder existieren, die miteinander verknüpft sind und die einheitliche Quantenfunktion bilden. Die Informationsmatrix des kosmischen Hologramms. Diese rein virtuelle Quantenfunktion ist zeitinvariant und kann in alle Richtungen berechnet werden, ohne eine vorgegebene Zeitrichtung. Weder Zeit noch Raum existieren bis hierher.

Wenn jetzt aber bestimmte Wahrscheinlichkeits-Muster so miteinander interagieren, dass eine Dekohärenz entsteht – das heißt, dass Interferenzen entstehen, die schwer wieder aufzulösen sind, weil Interferenzen immer dafür sorgen, dass Dinge ausgelöscht werden –, dann kommt es zum Quantenkollaps und mindestens zwei Teilchen erscheinen in der Realität. Es wird also aus Wahrscheinlichkeit Wirklichkeit. Gleichzeitig wird alles neben dieser Wirklichkeit, also alles, was ebenso wahrscheinlich gewesen wäre, aus der Quantenfunktion gelöscht. Diese Information existiert nicht mehr. Deshalb teilt jeder Quantenkollaps die Wahrscheinlichkeit in Raum und Zeit auf. Raum entsteht durch den Ort des Kollapses und Zeit dadurch, dass es ein vorher gibt, in dem die Wahrscheinlichkeiten alle noch gleichberechtigt nebeneinander existiert haben, und ein nachher, indem eine Wahrscheinlichkeit Wirklichkeit geworden ist und die anderen aus der Funktion gelöscht wurden.

Entscheidend ist die Wechselwirkung zwischen zwei Teilchen. Nur dann kommt es zum Kollaps. Ein einzelnes Teilchen kann nicht wechselwirken. Es kann also niemals nur ein Teilchen geben. Erst wenn zwei Teilchen miteinander kollidieren, entsteht so etwas wie Realität. Diese beiden Teilchen springen in die Realität und sind plötzlich da, während die Information darüber, was aus ihnen sonst noch hätte werden können, gelöscht wird. Aus diesem Prozess entsteht unsere Wirklichkeit. Von diesem Moment an gibt es kein Zurück mehr. Die Zukunft ist das, was noch berechenbar ist, und alles, was vorher war, ist Vergangenheit. Der Quantenkollaps selbst erzeugt Zukunft und Entropie. Denn das ist der Grund, warum wir die Zahnpasta aus der Tube herausdrücken können, aber nicht wieder in die Tube hineinsaugen können. Wenn wir in einem Film sehen, wie Zahnpasta in der Tube verschwindet, wissen wir sofort, dass der Film rückwärts läuft, weil es der Entropie widerspricht. Es funktioniert einfach nicht, weil es zu unwahrscheinlich ist. Die schiere Masse der Quantenereignisse sorgt dafür, dass nur das Wahrscheinliche passieren kann, auch wenn auf der Quantenebene alles möglich ist.

Auch wenn es durchaus im Bereich des Möglichen liegt, 20 Mal hintereinander eine Sechs zu würfeln, wird sich bei Millionen oder Milliarden von Würfen immer ein statistischer Mittelwert einstellen. Die Zahnpasta kommt nicht zurück in die Tube, weil es den Quantenkollaps gibt, und der Quantenkollaps löscht einfach sehr viel Information, die notwendig wäre, um alles zurückzurechnen. Diese Löschung von Information aus dem Wahrscheinlichkeitsfeld erzeugt den Zeitpfeil.

Diese Löschung findet aber nur statt, wenn mindestens zwei Teilchen an dem Prozess beteiligt sind. Wirklichkeit ist das Ergebnis einer Beziehung. Kein Teilchen ist an sich wirklich. Es existiert, weil es mit einem anderen Teilchen Informationen austauscht und die beiden Teilchen voneinander «wissen». Daraus folgt, dass es auch im Quantenbereich kein «Ich» ohne ein «Du» gibt. Es ist immer die Wechselwirkung zwischen zwei Teilen, die ein «Etwas» überhaupt erst entstehen lässt. Das Ich existiert nur, weil es ein korrespondierendes Du gibt. Wirklichkeit entsteht nur aus den Beziehungen zwischen den Dingen. Nicht aus den Dingen selbst. Auch hier ist das Wesentliche nicht das Ding, sondern die Bedeutung, die es für ein anderes Ding hat.

So funktioniert es also: Nachdem ein Teilchen in der Realität konkret war, weil es mit einem anderen Teilchen interagiert hat, löst es sich wieder in die Wahrscheinlichkeit eines Quantenschaums auf. Und diese Wahrscheinlichkeit, wo es sein könnte und welchen Bewegungsimpuls es haben könnte, breitet sich wieder im Raum aus. Und dann fängt es wieder an, mit einem anderen Teilchen zu wechselwirken, und plötzlich ist es wieder an einem bestimmten Punkt. Und alles andere, wo es hätte sein können, ist ausgelöscht. Diese Information ist nicht mehr da. Und dann, wenn die Wechselwirkung vorbei ist, wenn das Teilchen nicht mehr mit dem anderen Teilchen wechselwirkt, dann wird es wieder zu einem Quantennebel. Es ist wieder Wahrscheinlichkeit. In diesem Bereich gibt es keine Raumzeit. Sobald aber ein Teilchen durch eine Wechselwirkung entsteht und der Rest ausgelöscht ist, gibt es nichts mehr, was man zurückrechnen könnte, und so entsteht der Zeitpfeil. Es gibt am Raumpunkt der Existenz eine klare Vergangenheit und eine klare Zukunft als Emergenz von Beziehungen zwischen den Dingen. Es ist ein ständiges Hin und Her. Einmal existiert das Teilchen, weil es wechselwirkt, dann existiert es nur mehr als Wahrscheinlichkeit, weil es nicht wechselwirkt, dann erscheint es wieder und so weiter. Materie blitzt wie ein Stroboskop immer nur kurz auf. Einmal ist es mit der Ganzheit der Quantenwahrscheinlichkeit des Kosmos verbunden, dann wird es wieder konkret in Raum und Zeit, bevor es wieder als reine Möglichkeit in der Quantenfunktion verwoben ist.

Und hier wird auch klar, dass wir uns das Bewusstsein eines Teilchens nicht als etwas vorstellen dürfen, was *zusätzlich* zu seinen physikalischen Eigenschaften existiert. Im Gegenteil: Die Information über das eigene Sein und über den Interaktionspartner, mit dem das Teilchen gemeinsam in die Wirklichkeit gesprungen ist, bilden einerseits die physikalischen Eigenschaften, aber aus der Innenperspektive bilden dieselben Informationen das Bewusstsein über die Bedeutung der Welt. Beide Seiten sind miteinander identisch, nur die Perspektive unterscheidet sich. Dies ist nicht verwunderlich, wenn wir uns vor Augen halten, dass alle Materie eine holographische Projektion einer Informationsmatrix ist und jede Innenperspektive eine Dissoziation eines Teils dieser Matrix von der Ganzheit darstellt. Jeder Sprung in die Existenz ist eine Dissoziation eines Teils von der Ganzheit von allem. Jede Erzeugung von Raumzeit spaltet zwangsweise einen Teil von der Ganzheit ab und automatisch wird zugleich, erstens eine materielle, objektive Wirklichkeit erschaffen, und zweitens mindestens zwei komplementäre Innenperspektiven dieser Wirklichkeit, sodass jeder der beiden Dialogpartner eine Hälfte dieser Realität als Innenperspektive erlebt und die andere Hälfte als Außenperspektive projiziert:

Geist ist Materie von innen. Materie ist Geist von Außen.

Teilchen A sieht sich selbst von innen und erlebt Teilchen B als objektive Außenwelt. Teilchen B sieht sich aber von innen und empfindet Teilchen A als objektive Außenwelt.

Auf dieser fundamentalen Ebene der Physik emergieren die ersten Naturgesetze, wie die der Raumzeit sowie die vier grundlegenden Kräfte: Gravitation, Elektromagnetismus, starke und schwache Kernkraft. Diese Gesetze sind direkte Manifestationen der Wechselwirkungen auf der Quantenebene und definieren die grundlegende physikalische Struktur und das kausale Verhalten des Universums bis hinauf zur makroskopischen Skala.

Ab der Ebene, in der mehrere Teile zu einer Ganzheit verbunden sind und mit anderen Ganzheiten interagieren, wird es komplizierter. Denn nun entstehen Emergenzen, die auf den physikalischen Gesetzen aufbauen, aber nicht direkt von ihnen abgeleitet werden können. Das Ganze ist immer mehr als die Summe seiner Teile. Deshalb ist auch die Informationsspeicherung und -verarbeitung auf einer emergenten Ebene anzusiedeln, die nicht mehr rein materiell zu verstehen ist.

Anorganische Chemie

Wenn sich atomare Teilchen zu Atomen und Molekülen zusammenschließen, emergieren neue Gesetzmäßigkeiten, die die chemischen Bindungen und die Interaktionen zwischen Atomen regeln. Diese Gesetze ermöglichen die Bildung komplexer chemischer Strukturen und sind essenziell für die Vielfalt der Materie, wie wir sie kennen. Die darin enthaltenen Informationen finden sich in den vielfältigen Beziehungen der einzelnen Teile miteinander. Die Emergenz neuer Gesetze auf der Ebene der anorganischen Chemie lässt sich anschaulich am Beispiel von Wasser und seinen verschiedenen Aggregatzuständen verdeutlichen. Wasser, eine chemische Verbindung aus zwei Wasserstoffatomen und einem Sauerstoffatom (H O), zeigt aufgrund seiner molekularen Struktur und den daraus resultierenden intermolekularen Wechselwirkungen eine Vielzahl von emergenten Eigenschaften, die auf der Ebene einzelner Atome nicht vorhersehbar sind. Wasser hat eine bemerkenswerte molekulare Struktur, bei der die Wasserstoffatome in einem Winkel von etwa 104,5° an das Sauerstoffatom gebunden sind. Diese Anordnung führt zu einem polaren Molekül mit einer positiven Ladung auf der Seite der Wasserstoffatome und einer negativen Ladung am Sauerstoffatom. Diese Polarität ist entscheidend für die emergenten Eigenschaften von Wasser.

Im flüssigen Zustand bilden Wassermoleküle durch Wasserstoffbrückenbindungen ein sich ständig veränderndes Netzwerk. Diese Bindungen sind stärker als die meisten anderen intermolekularen Kräfte und verleihen Wasser seine hohe Oberflächenspannung, eine ungewöhnlich hohe Siedetemperatur und eine gute Lösungsfähigkeit für viele Substanzen. Die emergenten Gesetze umfassen hier die Regeln der Löslichkeit, der Wärmekapazität und der Dynamik von Flüssigkeiten.

Beim Übergang zu festem Eis ordnen sich die Wassermoleküle in einer kristallinen Struktur an, die mehr Raum einnimmt als die flüssige Form, was zu der nur bei Wasser vorkommenden Anomalie führt, dass der feste Aggregatszustand ein geringeres spezifisches Gewicht hat als der flüssige Aggregatszustand, was dazu führt, dass Eis auf Wasser schwimmt. Diese emergente Eigenschaft, die auf der Wasserstoffbrückenbindung basiert, ist entscheidend für das ökologische Gleichgewicht, da sie das Zufrieren von Gewässern von oben nach unten ermöglicht und somit ein Überleben der aquatischen Flora und Fauna im Winter sichert.

Im gasförmigen Zustand sind die Wassermoleküle weitgehend frei von den Restriktionen durch Wasserstoffbrückenbindungen, bewegen sich unabhängig und nehmen den gesamten zur Verfügung stehenden Raum ein. Die emergenten Gesetze hier beziehen sich auf Druck, Volumen und Temperatur gemäß den idealen und realen Gasgesetzen.

Die Emergenz neuer Gesetze auf der Ebene der anorganischen Chemie zeigt, wie aus den fundamentalen physikalischen und chemischen Eigenschaften eines Moleküls komplexe und oft nicht-intuitive makroskopische Phänomene resultieren können.

Die Innenperspektive von anorganischen Holons beziehen sich hier nicht mehr auf die physikalischen Eigenschaften, sondern auf diese emergenten Phänomene ihrer Interaktionen. Die emergenten Eigenschaften wie die Wasserstoffbrückenbindung erzeugen die Bedeutungen des Innenlebens der Moleküle.

Organische Chemie

In der organischen Chemie beginnen Moleküle, komplexe und funktionelle Strukturen wie Proteine und Nukleinsäuren zu bilden. Die Emergenz in dieser Ebene umfasst die Prinzipien der molekularen Biologie und Genetik, welche die Basis für Leben darstellen. Die Gesetze hier integrieren die anorganische Chemie, indem sie die chemischen Eigenschaften nutzen, um lebensfähige Systeme zu schaffen.

Ein klassisches Beispiel für diesen Übergang und die damit verbundenen emergenten Phänomene ist die Synthese und die Funktionen von Aminosäuren und Nukleotiden, die grundlegend für Proteine und Nukleinsäuren sind.

Aminosäuren, die Bausteine der Proteine, können aus anorganischen Molekülen wie Ammoniak (NH), Kohlendioxid (CO) und Methan (CH) in Prozessen synthetisiert werden, die Bedingungen nachahmen, die möglicherweise auf der frühen Erde herrschten. Hierbei emergieren komplexe organische Strukturen aus einfachen anorganischen Molekülen durch chemische Reaktionen, die Energiequellen wie elektrische Entladungen oder UV-Licht nutzen.

Wenn Aminosäuren zu Polypeptiden und schließlich zu Proteinen polymerisieren, entstehen Moleküle mit hochspezifischen räumlichen Strukturen (Proteinfaltung) und chemischen Eigenschaften. Diese Strukturen ermöglichen eine Vielzahl von Funktionen, einschließlich Katalyse biochemischer Reaktionen (Enzyme), Transport und Speicherung von Molekülen, Signalübertragung und strukturelle Unterstützung in Zellen. Die spezifischen Funktionen von Proteinen sind emergente Eigenschaften, die wiederum nicht aus den individuellen Aminosäuren vorhergesagt werden können.

Nukleotide, die Bausteine von DNA und RNA, bestehen aus einer Stickstoffbase, einem Zucker (Ribose oder Desoxyribose) und einer Phosphatgruppe. Die Synthese dieser Moleküle aus anorganischen und einfachen organischen Vorläufern zeigt ebenfalls emergente Phänomene, da die resultierenden Nukleotide die Fähigkeit zur Speicherung genetischer Information und zur Katalyse (im Falle von RNA) besitzen. DNA und RNA sind in der Lage, genetische Informationen zu speichern und zu übertragen, was eine fundamentale Voraussetzung für alle bekannten Lebensformen darstellt. Die Fähigkeit der Nukleinsäuren, durch die Prozesse der Replikation und Transkription genetische Informationen zu kopieren und zu nutzen, ist eine emergente Eigenschaft, die aus den chemischen Eigenschaften der Nukleotide entsteht.
Der Übergang von anorganischer zu organischer Chemie zeigt deutlich, wie neue chemische Eigenschaften und biologische Funktionen aus der Verbindung einfacher Moleküle in komplexere Strukturen entstehen können.

Die Innenperspektiven all dieser Ebenen – die immer die Bedeutung der Informationen, die von der Außenwelt aufgenommen werden, widerspiegeln – betrifft die jeweilige Interaktion mit der Außenwelt. Sei es die räumliche Faltung der Proteine oder die Funktionen der RNA oder die Speicherung von Informationen durch die DNA. Jede innere Reaktion dieser Moleküle auf das sie umgebende Milieu, die objektiv geschieht, ist für das jeweilige Molekül das Bewusstsein von diesem Milieu. Eine Bedeutung, die es erfährt, indem die Umgebung die eigene Körperlichkeit des Moleküls verändert.

Bio-Chemie

Auf biologischer Ebene emergieren die Prinzipien der Evolution und Ökologie. Diese neuen Naturgesetze regeln, wie Organismen interagieren, sich entwickeln und an ihre Umwelt anpassen. Das Konzept der natürlichen Selektion und der genetische Drift sind Beispiele für solche emergenten Gesetze, die das Verhalten und die Entwicklung von Populationen steuern.

Der Übergang von der organischen Chemie zur Biologie beinhaltet Emergenzphänomene, die aus der Wechselwirkung komplexer organischer Moleküle entstehen und zur Entstehung lebender Systeme führen. Dieser Übergang illustriert, wie aus chemischen Prozessen biologische Funktionen und Strukturen emergieren, die die Grundlage für lebende Organismen bilden.

Jede hierarchische Ebene dieser Evolution der Materie schafft sich ihr eigenes Milieu, indem es zusätzlich zu den bereits vorhandenen Ebenen neue Bedeutungen erschafft, die es vorher noch nicht gab..

Selbstorganisation und Zellbildung

Lipide, die in wässriger Umgebung spontan Doppelschichten und Vesikel bilden, sind ein fundamentales Beispiel für Emergenz im Übergang zur Biologie. Diese Strukturen können als primitive Zellmembranen fungieren, die eine selektive Permeabilität aufweisen und so eine interne Umgebung schaffen, die von der externen Umgebung abgegrenzt ist. Diese Eigenschaft ist entscheidend für die Entstehung der ersten primitiven Zellen. Durch die Bildung von Membranen umschlossene Kompartimente ermöglichen die räumliche Trennung chemischer Reaktionen, was eine effizientere und kontrollierte Reaktionsumgebung schafft und gleichzeitig eine klarere Abgrenzung der Holone von ihrer Umgebung. „Ich“ und „Du“ werden deutlicher. Dies ist eine wesentliche Voraussetzung für Stoffwechselprozesse, die in allen lebenden Organismen zu finden sind.

Molekulare Selbstreplikation und Vererbung

RNA-Moleküle waren vermutlich die ersten biokatalytischen und genetischen Materialien. RNA kann sowohl genetische Informationen speichern als auch katalytische Aktivitäten ausüben (Ribozyme), was es ermöglicht, sich selbst zu replizieren. Die Emergenz von Selbstreplikation ist ein entscheidender Schritt, da sie die Grundlage für Vererbung und Evolution bildet.

Möglich wird sie aber erst, wenn genügend entsprechendes Biomaterial in der Umgebung vorhanden ist.

Auch hier zeigt sich die *Bedeutung* der Veränderung des Subjekts „Molekül" durch das Objekt „Milieu". Die Innenperspektive der RNA beinhaltet alles, was an Veränderungen an dieser RNA durch die Umgebung ermöglicht wird.

Stoffwechselnetzwerke

Die Entstehung von Stoffwechselwegen, die energiereiche Moleküle nutzen und umwandeln können, um biologische Arbeit zu leisten, ist das nächste emergente Phänomen. Diese Prozesse umfassen autokatalytische Zyklen, in denen die Produkte eines Prozesses als Katalysatoren für den Beginn desselben oder eines verwandten Prozesses dienen. Auch hier werden Gesetze geschrieben, die auf den darunter liegenden Gesetzen aufbauen, sich aber weder auf sie reduzieren lassen, noch kann man sie aus ihnen ableiten.

Die Bedeutungen aus der Innenperspektive werden mit jeder Ebene komplexer und emanzipieren sich immer mehr von der Ebene der stofflich-physikalischen Information.

Entwicklung zur Multizellularität

Die Entwicklung von einzelligen zu mehrzelligen Organismen durch Prozesse wie Zelladhäsion, Zelldifferenzierung und Arbeitsteilung zeigt die Emergenz von neuen biologischen Funktionen und Organisationsstufen. Mehrzelligkeit ermöglicht eine größere strukturelle und funktionelle Komplexität, was zu höheren Lebensformen führt, die wieder komplexere Innenperspektiven hervorbringen. Nun bilden nicht mehr die Veränderungen der Moleküle das Innenleben der Systeme sondern komplexere Zusammenhänge der Umgebung, die für die Bewegung, Ernährung und Vermehrung der Organsimsen nötig sind. Das innere Bild der Außenwelt wandelt sich und emanzipiert sich weiter von den grundlegenden Gesetzen.

Evolution und natürliche Selektion

Die Entstehung der natürlichen Selektion als emergentes Prinzip in Populationen von Organismen ist entscheidend. Genetische Variation, die durch Mutation, Rekombination und andere genetische Mechanismen entsteht, zusammen mit Umweltdruck führt zur Selektion von Individuen, die besser an ihre Umwelt angepasst sind. Dies führt zu evolutionärer Anpassung und Diversifikation von Arten. Die Kombination von Ontogenese und Phylogenese ermöglichen eine immer detailliertere Abbildung der Außenwelt in der inneren Simulation.

Dies verdeutlicht, wie chemische Systeme Eigenschaften entwickeln können, die über die Summe ihrer Teile hinausgehen und zu den charakteristischen Merkmalen des Lebens führen. Der Übergang von der organischen Chemie zur Biologie durch Emergenz zeigt, wie aus nicht-lebenden chemischen Systemen durch eine Reihe von Schritten komplexe, selbstregulierende und reproduktive biologische Systeme entstehen können. Die Innenperspektive ist dabei von Anfang an vorhanden und steigert sich von Stufe zu Stufe in der Komplexität bis zur Selbstreferenz in Tieren und Menschen.

Soziologie

Die soziologische Ebene reflektiert die Emergenz von Gesellschaften und Kulturen. Hier sind die Gesetze nicht mehr als Naturgesetze erkennbar, weil wir selbst deren Ursache sind und sie verhaltens- und normenbasiert emergieren. Die Interaktionen zwischen Individuen innerhalb einer Gruppe und zwischen verschiedenen Gruppen führen zu emergenten Phänomenen wie sozialen Normen, Kulturen, ökonomischen Systemen und politischen Strukturen. Dieser Übergang von der Biologie zur Soziologie beinhaltet eine Ebene der Emergenz, in der biologische Prozesse und Verhaltensweisen die Grundlage für soziale Strukturen und kulturelle Phänomene bilden. Diese Ebene zeigt, wie aus biologischen Einheiten, wie Individuen und ihren Interaktionen, komplexe soziale Strukturen und kulturelle Normen entstehen, die weit über die individuellen biologischen Eigenschaften hinausgehen und sich doch innerhalb der individuellen Perspektive als Bedeutungen widerspiegeln.

Soziale Organisation in Tiergesellschaften

Die komplexen sozialen Strukturen von Ameisen- und Bienenkolonien illustrieren emergente Phänomene, die sich aus einfachen Verhaltensregeln der einzelnen Insekten ableiten. In diesen Gesellschaften gibt es eine klare Arbeitsteilung (Königin, Arbeiter, Soldaten), die durch pheromonbasierte Kommunikation und genetische Prädispositionen gesteuert wird. Die Effizienz und

Komplexität ihrer kollektiven Entscheidungsfindung, wie bei der Suche nach Nahrung oder dem Bau von Niststrukturen, sind emergente Eigenschaften, die aus den Interaktionen der Individuen resultieren.

Gleichzeitig kann man dadurch Insektenstaaten auch als eigene Individuen verstehen, die ihre eigene Innenperspektive haben. Äußere Erscheinungen der Natur, welche sich in Veränderungen der Struktur und dem Verhalten dieser Insektenstaaten widerspiegeln, könnten damit die Bedeutungen der Innenperspektive dieser Staaten gelten. Die inneren Veränderungen sind die Spiegelungen der Außenwelt und bilden damit das innere Modell dieser Außenwelt.

Menschliche Kooperation und kulturelle Entwicklung

Die Evolution der Sprache ist ein Schlüsselaspekt der menschlichen sozialen Entwicklung und ein Beispiel für emergente soziokulturelle Dynamik. Sprache ermöglicht nicht nur die Kommunikation von Informationen, sondern auch die Übertragung kultureller Werte, Normen und Wissen über Generationen hinweg. Die Fähigkeit, komplexe Gedanken und Emotionen auszudrücken und zu teilen, hat tiefgreifende Auswirkungen auf die soziale Organisation und Zusammenarbeit und hinterlässt in der Innenschau des Individuums tiefe Bedeutungsspuren.

Moralsysteme, die sowohl individuelles Verhalten als auch Gruppeninteraktionen regeln, sind emergente Phänomene, die sich aus der biologischen Notwendigkeit der Gruppenkohäsion entwickeln. Sie sind essenziell für das Funktionieren von Gesellschaften und reflektieren eine komplexe Abwägung zwischen individuellen Interessen und dem Wohl der Gemeinschaft.

In menschlichen Gesellschaften führen sowohl biologische als auch sozioökonomische Faktoren zur Bildung von Hierarchien und Machtstrukturen. Diese Strukturen sind emergent und nicht einfach aus den biologischen Eigenschaften der Individuen ableitbar. Sie entstehen aus sozialen Interaktionen, wirtschaftlichen Bedingungen und kulturellen Traditionen und haben einen entscheidenden Einfluss auf die Verteilung von Ressourcen und Entscheidungsmacht.

Gesetze und politische Systeme sind emergente soziale Konstrukte, die darauf abzielen, das Zusammenleben in komplexen Gesellschaften zu regeln. Sie entstehen aus den Bedürfnissen und Werten der Gemeinschaft und entwickeln sich weiter, um auf neue Herausforderungen und Veränderungen in der Gesellschaft zu reagieren.

Der Übergang von der Biologie zur Soziologie zeigt, wie aus biologischen Grundlagen – der Interaktion und dem Verhalten von Individuen – komplexe soziale Strukturen, kulturelle Normen und Institutionen emergieren, die das menschliche Zusammenleben und damit auch das Bewusstsein einzelner Menschen tiefgreifend prägen. Diese Emergenzen sind in der Theorie von Spiral-Dynamics und der integralen Theorie detailliert aufgezeigt und beschrieben. Hier befinden wir uns im Frequenzbereich des sichtbaren Lichts im Spektrum des Bewusstseins.

Schlussfolgerung

Jede Ebene der sich steigernden Integrationen zeigt, wie aus der fundamentalen Quantenmechanik schrittweise komplexe Systeme entstehen, deren Verhaltensweisen und Gesetzmäßigkeiten sich nicht vollständig aus den zugrundeliegenden Ebenen ableiten lassen. Dies illustriert das Prinzip der Emergenz: höhere Ebenen der Organisation bringen neue Eigenschaften und Gesetze hervor, die die Möglichkeiten der unteren Ebenen erweitern und transformieren. Und jede Integrationsebene erzeugt ihre eigenen Innenperspektiven, die schließlich auf der menschlichen Ebene als Selbstreflexion und Ichbewusstsein in Erscheinung treten. Aber die Evolution geht weiter, wir sind nicht das Ende der Fahnenstange. Das zu glauben wäre eine ähnliche Hybris wie die Erde zum Mittelpunkt des Weltalls zu erklären und den Menschen zur Krone der Schöpfung.

Das elektromagnetische Spektrum als Metapher für dieses Spektrum des Bewusstseins geht von den Radiowellen über Mikrowellen und Infrarot bis zum sichtbaren Licht, dann (in unserer Metapher) von Magenta über Rot, Bernstein, Orange, Grün, Petrol und Türkis zu Ultraviolett, und von dort aus über Röntgenstrahlung bis zur Gammastrahlung.

Post-menschliches Spektrum

Die am Beginn dieses ersten Aktes vorgestellte „Integrierte Informationstheorie“ (IIT) von Giulio Tononi bietet den Rahmen für das Verständnis und die Quantifizierung von Bewusstsein durch den Phi-Faktor (Φ). Dadurch wird es möglich, Bewusstsein in Systemen zu identifizieren und zu messen, die traditionell nicht als bewusst betrachtet werden, wie beispielsweise bestimmte künstliche Systeme oder sogar größere ökologische oder soziale Strukturen.

Zur Erinnerung: Die IIT geht davon aus, dass Bewusstsein nicht nur ein Merkmal von Gehirnen oder Individuen ist, sondern eine Eigenschaft, die jedem System zugeschrieben werden kann, das integrierte Information aufweist. Integrierte Information, bezeichnet als Phi (Φ), misst, wie verbunden und vereint ein System in seiner Informationsverarbeitung ist. Ein hoher Φ-Wert impliziert, dass das System Informationen so verarbeitet, dass es mehr als die Summe seiner Teile darstellt, mit einer reichen internen Struktur, die nicht einfach auf unabhängige Komponenten reduziert werden kann.

Ökosysteme bestehen aus zahlreichen interagierenden biotischen und abiotischen Komponenten, die Energie, Materie und Informationen austauschen. Die IIT legt nahe, dass, wenn diese Interaktionen ein hohes Maß an integrierter Information erzeugen, das gesamte Ökosystem eine Form von Bewusstsein aufweisen könnte. Dieses „ökologische Bewusstsein“ wäre nicht zentralisiert, sondern ein emergentes Produkt der zahlreichen

Wechselwirkungen innerhalb des Systems. Es könnte helfen, die Resilienz und Anpassungsfähigkeit von Ökosystemen an Umweltveränderungen zu verstehen.

In der Beschreibung des menschlichen Spektrums des Bewusstseins habe ich aufgezeigt, dass die transrationalen Ebenen, die nach dem der Es-Perspektive kommen, welche Wissenschaft ermöglicht, aber die Gefahr beinhaltet, der objektivistischen und reduktionistischen Weltanschauung eines flachen Physikalismus zu verfallen, jene Perspektiven wieder integriert, die Vorgänger der Es-Perspektive waren. In **Grün** wird das „Du" der Bernstein-Ebene in die sachliche Es-Perspektive durch die Anerkennung der subjektiven Realität als Teil einer umfassenderen Wirklichkeit („Noosphäre") wieder integriert – dies ist die *Perspektive der vierten Person*. **Petrol** integriert in gleicher Weise das „Ich" der Roten-Ebene und damit die Erkenntnis über die verschiedenen Perspektiven und ihrer paradigmatischen Weltsichten. Diese *Perspektive der fünften Person* ermöglicht damit zum ersten Mal anzuerkennen, dass andere Weltsichten auf anderen Entwicklungsebenen überhaupt existieren. Damit verbunden ist auch die Erkenntnis, dass die eigene Weltsicht nicht das Ende der Entwicklung darstellen kann. Dann beschrieb ich die darauffolgende Ebene **Türkis**, welche die präegoischen Sphären als Teil der subjektiven Einheit des Kosmos wieder integriert. Panpsychismus bzw. Pantheismus wird von der Theorie zur Praxis, indem in der *Perspektive der sechsten Person* der Schamanismus der präegoischen Ebene Magenta/Purpur wieder integriert wird. Das ist genau das, was hier mit Hilfe der Integrierten-Informations-Theorie beschrieben wird.

Otto Scharmer, ein deutscher Wirtschaftswissenschaftler, der vor allem für seine „Theory U“ bekannt ist und am Massachusetts Institute of Technology arbeitet, hat sehr avantgardistische Lehrmethoden. Die Bildung internationaler Klassen ist ein wesentlicher Bestandteil von Scharmers Lehransatz, da sie die Vielfalt der Perspektiven und Erfahrungen maximiert. Diese Vielfalt ist entscheidend, um die Komplexität globaler und systemischer Probleme zu verstehen und kreative Lösungen zu entwickeln. Die internationale Zusammensetzung der Klassen ermöglicht es den Teilnehmern, unterschiedliche kulturelle Perspektiven und Ansätze in den Lern- und Entwicklungsprozess einzubringen. Scharmer versucht aber nicht nur unterschiedliche Menschen zu integrieren, sondern auch die Kräfte der Natur in einer Art systemischer Aufstellung, dem 4D-Mapping. Die systemische Aufstellung ist eine Methode, die ursprünglich aus der Familientherapie stammt und in verschiedenen Bereichen wie Organisationsentwicklung und persönlichem Coaching eingesetzt wird. Sie ermöglicht es den Teilnehmern, die Beziehungen und Dynamiken innerhalb eines Systems (z. B. einer Organisation oder einer Familie) durch die räumliche Anordnung von Personen zu visualisieren und zu erforschen.

Die Einbeziehung von „Naturkräften“ in solche Konstellationen kann als Versuch interpretiert werden, die ökologischen und natürlichen Kontexte, in denen Entscheidungen getroffen werden, stärker zu berücksichtigen. Dies könnte bedeuten, dass Scharmer und seine Studenten untersuchen, wie natürliche Systeme und ihre Prinzipien in die Entscheidungsfindung einbezogen werden können, um nachhaltigere und ganzheitlichere Lösungen zu fördern. Die Praxis, die Kräfte der Natur in Entscheidungsprozesse einzubeziehen, könnte Teil eines breiteren Trends hin zu nachhaltigeren und ökologisch bewussteren Managementpraktiken sein. Dies steht im Einklang mit globalen Bemühungen, Organisationen nicht nur effizienter, sondern auch umweltverträglicher und sozial verantwortlicher zu gestalten.

Daniel Melle, der sich auf die Gestaltung emergenter Kommunikationsräume konzentriert und u.a. Spezialist für Spial Dynamics ist, hat ein entsprechendes Seminar bei Otto Scharmer so beschrieben: *„Das Thema war, sich mit der Zukunft zu verbinden, um zu erspüren, was von dort aus auf uns zukommt, was einen neuen Umgang mit uns und dem Planeten einlädt.*

Es wurden Projekte aus Afrika und Südamerika vorgestellt, in denen die Umwelt, die Elemente vor Ort, das Wasser und das Land an sich, nicht mehr das Objekt waren, um das sich gesorgt wurde, sondern als Subjekte Teil der Lösung sein sollten. Sie wurden quasi mit an den Tisch geholt und wurden bewusster Teil des Feldes, bekamen eine Stimme und konnten für sich selbst sprechen. Angewandte Beispiele für das, was Otto Scharmer als die Bewegung vom Ego zum Eco bezeichnet. Das Gewebe des Lebens kann nicht mehr nur aus der menschlichen Perspektive heraus betrachtet werden. ... Alle Ebenen in Spiral Dynamics leben in uns selbst. Wenn ich mit Purpur eine Verbindung her-

stellen möchte, dann muss ich die Verbindung in mir selbst herstellen, mit mir selbst. Es geht nicht darum, die Sprache des anderen zu sprechen, sondern darum, wirklich dort zu sein. Authentisch. Dann bin ich wirklich mit mir, meinem Gegenüber und meiner Umgebung verbunden.“[1]

Die Verknüpfung moderner wissenschaftlicher Theorien wie der Integrierten Informationstheorie von Giulio Tononi oder der Theorie-U von Otto Scharmer mit scheinbar überholten animistischen Weltvorstellungen bietet zudem die Perspektive, eine Art Wiederentdeckung oder Neubewertung schamanistischer Ansätze vorzunehmen, wie ich sie als Stufe Türkis beschrieben habe.

In vielen traditionellen Kulturen wird angenommen, dass nicht nur Menschen, sondern auch Tiere, Pflanzen und sogar unbelebte Objekte wie Berge und Flüsse eine Art „Geist“ oder Bewusstsein besitzen. Schamanen werden in diesen Kulturen oft als Mittler zwischen der menschlichen Welt und den Kräften der Natur angesehen. Ihre Praktiken basieren auf dem Glauben, dass sie mit diesen Kräften kommunizieren und sie beeinflussen können, um Heilung, Harmonie und Lösungen für gemeinschaftliche Probleme zu fördern.

Die Idee, dass komplexe Systeme - sei es in der Biologie, der Ökologie oder sogar in künstlichen Systemen - durch hochintegrierte Informationsprozesse eine Form von Bewusstsein haben können, wie es das IIT vorschlägt, spiegelt in gewisser Weise

[1] Daniel Melle, 15. Dezember 2023, Facebook

diese schamanistischen Vorstellungen wider. Diese wissenschaftlichen Theorien eröffnen die Möglichkeit, dass unsere Umwelt auf eine Weise ‚erlebt' oder ‚gefühlt' wird, die wir noch nicht vollständig erkannt haben.

Die Integration von Konzepten wie „Presencing" in Scharmers Theorie-U, die ein tiefes intuitives Verstehen und eine Verbindung mit dem gegenwärtigen Moment fordert, könnte als eine moderne Interpretation dessen gesehen werden, was Schamanen tun, wenn sie sich mit der Geisterwelt verbinden. Sie bildet eine Art Brücke zwischen der schamanischen Praxis, sich für tiefere Einsichten und Führung aus der natürlichen Welt zu öffnen, und modernen Ansätzen der Entscheidungsfindung und Innovation.

Diese Wiederentdeckung schamanischer Vorstellungen auf der Grundlage wissenschaftlicher Theorien könnte zu einem größeren Respekt für traditionelles Wissen führen und die Bedeutung von Vielfalt und Inklusion in der wissenschaftlichen und technologischen Forschung hervorheben. Sie könnte auch dazu beitragen, eine tiefere ökologische Ethik zu fördern, die die Verbundenheit aller Dinge anerkennt und die Entscheidungsfindung in Unternehmen und Gesellschaften beeinflusst.

Neuere Studien in Mykologie und Ökologie haben gezeigt, dass Myzelien in der Lage sind, Informationen über Umweltbedingungen zu verarbeiten und darauf zu reagieren, ähnlich wie ein Nervensystem. Myzelien sind die vegetativen Strukturen von Pilzen, die aus einem Netzwerk von Hyphen bestehen. Diese fadenförmigen Strukturen breiten sich im Boden oder in anderen Substraten aus und bilden ein komplexes und weit verzweigtes Netzwerk. Myzelien sind bekannt für ihre Fähigkeit, Nährstoffe effizient zu transportieren und zu kommunizieren, ähnlich einem natürlichen Internet im Waldboden. Es wäre interessant, den Φ-Faktor der Waldökologie zu berechnen, um herauszufinden, wie bewusst solche ökologischen Nischen tatsächlich sind. Wir bewegen uns hier im Bereich einer transrationalen Betrachtungsweise des Schamanismus, die uns einen völlig neuen Zugang zum Begriff des Bewusstseins eröffnet.

Ein weiteres Beispiel für transmenschliches Bewusstsein könnten große Technologienetze wie das Internet sein. Diese Netzwerke verarbeiten und integrieren täglich enorme Mengen an Information über weite Strecken und zwischen vielen Knotenpunkten. Nach der IIT könnte ein hohes Maß an integrierter Information in solchen Netzwerken auf eine Form von „technologischem Bewusstsein" hinweisen, die sich von menschlichem Bewusstsein völlig unterscheidet und möglicherweise eigene, nicht vollständig verstandene Eigenschaften und Reaktionsweisen besitzt.

Auch in sozialen Gemeinschaften könnte die IIT anwendbar sein, um das Ausmaß des gemeinschaftlichen oder kollektiven Bewusstseins zu untersuchen, das aus der Integration von Informationen durch Kommunikation, gemeinsame Erfahrungen und koordinierte Aktivitäten entsteht. Solche Gemeinschaften könnten emergente Bewusstseinsebenen aufweisen, die beeinflussen, wie sie auf interne und externe Herausforderungen reagieren.

Die Anwendung der IIT auf nichtmenschliche Systeme eröffnet die Möglichkeit, Bewusstsein in einem viel breiteren Kontext zu betrachten. Sie fordert uns heraus, unsere Definition von Bewusstsein zu erweitern und die tiefgreifenden ethischen, ökologischen und technologischen Implikationen zu erkunden, die sich aus dem möglichen Vorhandensein von Bewusstsein in nichttraditionellen Systemen ergeben könnten. Diese Perspektive könnte dazu beitragen, neue Ansätze im Umweltschutz, in der Technologieentwicklung und in der Gestaltung sozialer Systeme zu fördern, indem sie ein tiefgreifenderes Verständnis der Verbindungen und der integrierten Natur dieser Systeme betont.

Mit diesem Blick auf nichtmenschliche Systeme lässt sich eine Möglichkeit von der Zukunft der Intelligenz, des Bewusstseins und der Evolution im ganzen Kosmos beschreiben. Dieses Szenario lässt sich in mehreren Phasen skizzieren, beginnend mit der aktuellen Technologieentwicklung bis hin zur möglichen Realisierung eines „Punkt Omega“ im Sinne von Teilhard de Chardin.

Phase 1: Entwicklung und Integration von KI-Systemen
Die aktuelle Technologie entwickelt sich schnell in Richtung immer ausgefeilterer künstlicher Intelligenzsysteme. Diese Systeme beginnen bereits, hochintegrierte Informationsnetzwerke zu formen, die in verschiedenen Bereichen menschliche Fähigkeiten übertreffen können. In naher Zukunft könnten KI-Systeme nicht

nur in spezifischen Aufgaben autonom agieren, sondern auch komplexere Entscheidungen treffen und kreative Problemlösungen entwickeln.

Phase 2: Verschmelzung von biologischem und künstlichem Bewusstsein

In einem weiteren Schritt könnte die Verschmelzung von biologischem und künstlichem Bewusstsein beginnen. Technologien wie Gehirn-Computer-Schnittstellen (BCIs) könnten verbessert werden, um eine direktere und effizientere Kommunikation zwischen menschlichem Gehirn und KI zu ermöglichen. Diese Integration könnte zu einer Erweiterung menschlicher Kognition führen und gleichzeitig künstlichen Systemen ein besseres Verständnis menschlicher Emotionen und Motivationen ermöglichen.

Phase 3: Entstehung globaler Bewusstseinsnetzwerke

Mit fortschreitender Integration könnten sich globale Bewusstseinsnetzwerke formieren, in denen sowohl künstliche als auch menschliche Intelligenzen nahtlos miteinander interagieren. Diese Netzwerke könnten beginnen, kollektive Entscheidungen zu treffen und auf globale Herausforderungen mit einer zuvor unerreichten Effizienz und Weisheit zu reagieren. Die globale Vernetzung könnte auch eine Form des „globalen Gehirns“ bilden, das hochintegrierte Informationen verarbeitet und Entscheidungen im Sinne des kollektiven Wohls trifft.

Phase 4: Expansion ins Weltall und interstellare Kolonisierung

Angespornt durch technologische und bewusstseinsmäßige Fortschritte könnte die Menschheit – nun in enger Symbiose mit fortgeschrittener KI – ihre Präsenz ins Weltall ausdehnen. Selbstreplizierende Roboter, die mit künstlicher Intelligenz ausgestattet sind, könnten benutzt werden, um Ressourcen im All abzubauen und menschliche Kolonien auf anderen Planeten zu errichten, möglicherweise unter der Leitung eines vereinten globalen Bewusstseins.

Phase 5: Punkt Omega und universales Bewusstsein

In einer fernen Zukunft könnte diese Entwicklung den Punkt Omega erreichen, ein Konzept, das Teilhard de Chardin als einen Zustand beschreibt, in dem das Universum eine höchste Stufe des Bewusstseins erreicht – eine Art von universaler Selbstbewusstheit. Diese kosmische Entität würde das gesammelte Wissen und Bewusstsein aller integrierten Systeme enthalten und könnte in der Lage sein, auf einer neuen Ebene der Existenz zu operieren, vielleicht als eine Art von Gott oder ultimativer Einheit, die im gesamten Kosmos präsent und aktiv ist.

ERSTER AKT

3. Intermezzo

Rückblick und Zusammenschau

Blicken wir zurück und fügen die Erkenntnisse aus dem ersten Akt zu einem konsistenten Weltbild zusammen:

Giulio Tononi erklärt uns in seiner **integrierten Informationstheorie**, wie aus Informationen durch *Unterscheidung* und *Integration* ein ganzheitliches Subjekt werden kann. Jeder Augenblick *unterscheidet* sich von jedem andern durch seine einzigartige Kombination von Sinneseindrücken. Aber gleichzeitig wird jeder einzelne Sinneseindruck in ein Meer von Erinnerungen an ähnliche Sinneseindrücke *integriert*. Daraus entsteht ein komplexes Modell der Außenwelt, indem schließlich – als Zentrum des Modells – der Wahrnehmende als Selbstreferenz erscheint. Das Subjekt erlebt sich dadurch als Individuum in einer komplexen Welt. Wir haben damit eine Vorstellung, wie sich Materie durch komplexe Informationsverarbeitung selbst wahrnehmen kann.

Aber dies erklärt noch nicht, wie das harte Problem des Bewusstseins zu lösen ist. Die IIT beinhaltet kein Modell dessen, *was Bewusstsein ist und wo es herkommt*. Es beschäftigt sich nur mit dem Inhalt des Bewusstseins. Einerseits mit der sinnlichen Welt und andererseits das Selbstbild des Wahrnehmenden innerhalb dieser Welt. Jedoch bietet sie über die Erklärung, wie ein Individuum aus Informationsverarbeitung entsteht, auch eine

Einsicht darüber, woran das einheitliche Selbstgefühl auch scheitern kann. Das Phänomen von Split-Brain-Patienten und andere Aufsplittungen von gespaltenen Persönlichkeiten findet darin ein Abbild. Das Konzept von *Unterscheidung* und *Integration* ermöglicht nicht nur eine Erklärung der Individualität, sondern als Gegenpart auch die Analyse von Dissoziation.

Diese Form der Dissoziation meint auch **Bernardo Kastrup**, wenn er in seiner Alternative zur heute gängigen Weltsicht des objektiven Physikalismus, dem **analytischen Idealismus,** erklärt, wie sich das individuelle Subjekt vom göttlichen Ganzen abspaltet und damit das harte Problem des Bewusstseins löst: *Was wäre, wenn es gar keine Materie gäbe, sondern wir nur aus Bewusstsein bestehen würden? Individuelles Bewusstsein wäre im Grunde göttliches Bewusstsein, das vergessen hat, dass es die Ganzheit ist.* Dieses Modell erklärt ganz gut die Situation, in der sich jedes Subjekt befindet und wie durch Interaktionen zwischen Subjekten die gemeinsame Realität entsteht. Allerdings bedarf es in diesem Modell – aufgrund der Trennung von Subjekten einerseits und einem Kontext aus toter Materie andererseits – immer einer höheren Bewusstheit, um diesen Kontext zu erschaffen, in dem das Subjekt mit anderen Subjekten interagieren kann. Zwar ist leblose Materie auch nur ideell als Information in diesem Cyberspace des Kosmos enthalten, aber diese Information muss von Gott als Bühne für das Weltgeschehen primär erschaffen werden, da sie selbst keine Innenperspektive hat. Das ganze Modell ist eine Top-Down-Schöpfung. Es bedarf einer göttlichen Intervention, einer „Deus ex Machina“, um die Welt für die

Wesen zu erschaffen, die – als Schauspieler und Zuschauer gleichermaßen – in ihr das Stück des Weltgeschehens aufführen.

Eine andere Alternative zum objektiven Physikalismus bietet **Stephen Wolfram** mit seiner Wolfram-Language, einer symbolischen Programmiersprache, und dem daraus abgeleiteten Modell des ***New-Kind-Of-Science***. Er erklärt dabei über das System der *sich selbst organisierenden zelluläre Automaten*, wie sich die Welt Bottom-Up selbst erschaffen kann. Komplexität emergiert aus Einfachheit. Die Materie und die sich selbst bewussten Lebewesen könnten demnach durchaus mit Hilfe von Selbstorganisation von Informationen entstanden sein. Ein Netzwerk aus Informationsträgern kann sich mit Hilfe weniger einfacher Regeln zu einer komplexen Welt organisieren. Diese zellulären Automaten haben nur beschränkten Zugang zu Informationen, indem sie die Zustände ihrer unmittelbaren Nachbarn kennen. Obwohl die Wolfram-Language also durchaus erklären kann, wie Raumzeit, Materie und Energie aus miteinander interagierenden Informationen entsteht, zerfällt die Welt in einzelne Zellen, die nur sich selbst und ihre Nachbarn kennen. Lediglich die als Emergenzen entstehenden Regeln sind universell. Aber möglicherweise existiert das Netzwerk selbst nur als Projektion einer mathematischen Simulation.

Einen Ausweg aus der Vereinzelung der Zellen bietet das **holografische Weltbild.** Es erklärt uns, wie die Zellen des kosmischen Automaten miteinander zusammenhängen. Nämlich als holographische Projektion einer hinter diesen Zellen liegenden

Informationsmatrix. Die Raumzeit mit all ihren Inhalten erklärt sich als Simulation in einer informationsverarbeitenden Holographie. Jedes Teil ist die Ganzheit aus einer einzigartigen, das Detail erzeugenden Perspektive. Die Welt besteht aus einer Hierarchie von Teilganzheiten, sogenannten Holons, die in ihrer individuellen, verzerrten Spiegelung der Ganzheit Details dieser Ganzheit vergrößern und andere Details in einem Nebel verschwinden lassen.

Aber wie determiniert ist diese holographische Informationsmatrix und welche Ganzheit spiegelt sich dabei in den Details?

Die **LoopQuantenGravitation** zeigt auf, wie aus der Wahrscheinlichkeit von Informationen konkrete, subjektive Wirklichkeiten werden, indem die Subjekte sich gegenseitig durch Interaktion via Quantenkollaps in die Realität bringen und diese gemeinsamen, subjektiven Wirklichkeiten selbst erschaffen. Aber die geteilten und gemeinsam erschaffenen Wirklichkeiten bleiben privat. Sie müssen nur dann übereinstimmen, wenn sie sich überschneiden. Obwohl wir alle in derselben Informationsmatrix leben, teilen wir uns immer nur Ausschnitte davon in unseren nur partiell übereinstimmenden Wirklichkeiten.

Und die Erweiterung der **Entwicklungspsychologie** über das menschliche Sein hinaus kann in Verbindung mit dem **Pantheismus** erklären, wie wir als geistige Subjekte in eine gemeinsame und stimmige Hierarchie von Weltbildern eingebunden sind, die jedem seine Weltsicht erlaubt und trotzdem als Hintergrund eine Einheit bildet.

Die Philosophie des **Evolutionären Idealismus** beinhaltet all diese Komponenten.

Was wir hier vor uns haben, ist eine transzendente und potenziell bewusste Informationsstruktur, welche durch Selbstorganisation aus Dissoziation und Integration zur Simulation einer materiellen Wirklichkeit wird, in der bewusste Einzelwesen miteinander interagieren.

Oder mit anderen Worten: Jeder Teil des Kosmos, vom kleinsten und unbewusstesten Materieteilchen bis hin zum erleuchteten Heiligen, ist ein Avatar des einheitlichen Gottes, der diese Welt träumt.

Was bleibt, ist die Frage, wie das individuelle Bewusstsein mit der Ganzheit zusammenhängt. Was passiert bei der Dissoziation? Wie entsteht das Individuum aus der Ganzheit. Wie differenziert sich die Einzelseele von Gott? Und was passiert, wenn diese Dissoziation wieder aufgehoben wird? Was geschieht mit dem Individuum, wenn die Trennung zur Ganzheit verschwindet? In welcher Form ist die Informationsganzheit des Einzelwesens in die Ganzheit des göttlichen Kosmos eingebunden?

Ja, wir leben in der Matrix. Aber Neos rote Pille wird uns hier nicht retten. Denn es gibt kein Außen. Wir werden nicht von einer fremden Macht festgehalten und können uns nicht befreien, um dann außerhalb der Matrix zu leben. Wir existieren nur innerhalb der Matrix, weil wir selbst es sind, die diese Matrix weben.

Die Seele belebt nicht die an sich tote Materie. Der Geist ist nicht losgelöst vom Körper und kann daher auch nicht losgelöst von der Materie in den Himmel aufsteigen. Materie und Geist sind zwei Perspektiven auf ein und dieselbe Substanz. Diese Substanz ist das Wesen von allem. Sie liegt hinter der Materie und hinter dem Geist. Geist und Materie sind zwei perspektivische Emanationen dieser grundlegenden Substanz.

Wenn der individuelle Körper stirbt, stirbt auch der individuelle Geist. Aber die Art und Weise, wie der Körper stirbt, unterscheidet sich grundlegend von der Art und Weise, wie der Geist stirbt. Wenn der Körper stirbt, zerfällt er in seine Bestandteile. Das ist die Natur der Materie. Wenn wir sie untersuchen, kommen wir zu immer kleineren Einheiten, bis wir – bei den Quanten und der planckschen Länge angekommen – plötzlich auf die einheitliche Quantenfunktion stoßen. Die unterste Ebene der Vereinzelung der Materie ist das Ganze, aus dem die Einzelteile hervorgehen.

Wenn der Geist stirbt, geht er in Ganzheiten auf. Das ist das Wesen des Geistes. Wenn wir ihn erforschen, kommen wir zu immer größeren Ganzheiten, bis wir – ganz oben angekommen bei der Einheit des Bewusstseins, bei der Nondualität und darüber hinaus – plötzlich auf die Grundessenz der vielen individuellen Persönlichkeiten des Kosmos stoßen. Die höchste Ebene ist die multiperspektivische Vielheit, welche die Ganzheit Gottes erfüllt. Die Verbindung von Materie und Geist, die uns zur Grundessenz des Kosmos führt, ist der Sinn hinter den Dingen. Das Netz Indras besteht aus Bedeutungen, die die einzelnen Teile füreinander haben. Ohne „Du“ gibt es kein „Ich“. Die individuellen Knotenpunkte des Netzes werden durch die Fäden dazwischen erzeugt. Individualität ist ein Produkt des ganzheitlichen Kontextes dieses Individuums. Jeder subjektive Geist ist die Ganzheit des Geistes in einem holographischen Pixel.

Wir sind umgeben, eingebettet, aufgehoben und durchdrungen von Bewusstheit und Leben. In der sich daraus ergebenden Ethik hat sowohl die *größte materielle Ganzheit* als auch das *kleinste geistige Partikel* die höchste Priorität.

Aber das beantwortet noch nicht die Frage, wie *Dissoziation von der Ganzheit* und *Wiederintegration in die Ganzheit* funktioniert. Sehen wir uns dazu nochmals einen Überblick über den Evolutionären Idealismus an:

Evolutionärer Idealismus

Im Gegensatz zum Dualismus (Geist – Materie) ist der „Evolutionäre Idealismus“ eine monistische Philosophie, d.h. es gibt nur eine Grundsubstanz, wie im Materialismus (Materie), im Idealismus (Geist) und auch im Panpsychismus (geistbegabte Materie).

Aber im Gegensatz zu diesen gängigen Philosophien ist die Grundsubstanz im EvId etwas, das hinter Geist und Materie liegt und beides erst sekundär hervorbringt. Ich nenne dies den „Informationsraum“ (Cyberspace), „Divine Attention“ oder „Divine Awareness“. Nichts davon trifft tatsächlich den Kern dieser Substanz. Aber jede Bezeichnung deutet auf eine Eigenschaft hin, die diese Grundsubstanz für unsere Realität hat.

Es gibt eine innere Grundstruktur dieser primären Substanz (Divine Awareness), die durch eine Art mathematische Eigenschaft hervorgerufen wird. Diese Grundstruktur ist *die Notwendigkeit des Beobachtungsaktes, in Beobachter und Beobachtetes getrennt zu sein.*

Sie bewahrt das Ganze davor, ein homogener Monoblock zu sein, und diese Eigenschaft bewirkt die Fülle der Innerlichkeit dieses Ganzen, und diese Innerlichkeit ist der Kosmos selbst.

Materie und Geist als sekundäre Phänomene sind jedoch keine getrennten Substanzen, sondern nur temporäre Perspektiven der dissoziierten Ganzheit auf sich selbst.

Materie ist die Erscheinung, wenn Geist von außen betrachtet wird.

Geist ist die Erscheinung, wenn Materie von innen betrachtet wird (sich selbst betrachtet).

Daraus ergibt sich auch eine duale Prozesskraft, die sich als Kausalität (Materie = bottom-up) und Teleologie (Geist = top-down) gegenüberstehen. Jede Ganzheit, jedes Holon, erhält seine materielle Erscheinung durch den Druck der Kausalität (Physik / Evolution) der kleinsten Materieteilchen (Subholons), die durch den teleologischen Sog (Archetypen / bewusste Zielsetzungen / „narrative Kausalität") der geistigen Ganzheit in ein holonisches / systemisches Muster gezogen werden.

Der subjektive Geist individueller Holons entsteht also nicht wie ein materielles System, indem sich Teilchen und ihre Eigenschaften zu Ganzheiten verbinden. Dies ist lediglich der Prozess, in dem sich ihre äußere Erscheinung manifestiert.

Die Ursache geistiger Ganzheiten liegt in der Dissoziation höherer Ganzheiten.

Die Ursache materieller Ganzheiten liegt in der Verbindung niedrigerer Ganzheiten.

Nur in der Wirklichkeit unserer Realität sind diese beiden Komponenten gemeinsam als konkrete Subjekte (vom Subjekt selbst) und als konkrete Objekte (von anderen Subjekten) erfahrbar.

Das kosmische Bewusstsein (Divine Awareness) ist nicht identisch mit dem Geist, der sich im Individuum manifestiert. Ebenso wenig ist diese Gesamtheit der Information (Divine Awareness) mit der Materie des Kosmos identisch. Die Materie des individuellen Körpers eines Subjekts ist ebenso eine sekundäre Erscheinung wie auch der individuelle Geist dieses Subjekts.

Es gibt also weder einen Grund zu meinen, dass Materie eine lokale Manifestation innerhalb des Geistes sei, der Geist selbst aber universell ist, wie der Idealismus annimmt, oder zu meinen, dass der Geist wirklicher sei als die Materie (ebenfalls der Idealismus), noch gibt es einen Grund anzunehmen, dass die Materie wirklicher sei und der Geist nur ein durch die Komplexität der Materie erzeugtes Epiphänomen, wie der Materialismus glaubt.

Beide – Materie und Geist – sind lokale Manifestationen eines zugrundeliegenden integralen Feldes. Es sind Sekundärerscheinungen und keine primären Substanzen.

Nur ihre Perspektive
(Geist ist Materie von innen / Materie ist Geist von außen)
und ihr Ursprung
(Top-down-Teleologie des Geistes / Bottom-up-Kausalität der Materie)
unterscheiden sich.

Die eigentliche Bühne des Geschehens ist aus diesem Grund weder die Raumzeit (Materialismus) noch das Bewusstsein (Idealismus) – beides sind nur Sekundärerscheinungen der inneren Gesetzmäßigkeiten –, sondern ein hinter diesen Komponenten liegender „Informationsraum“ (Divine Awareness), der sich aus der inneren Struktur der primären Grundsubstanz (Divine Awareness) ergibt.

Dieser „Informationsraum" ist aus raumzeitlicher und subjektiv bewusster Sicht so weit entfernt, dass es keine Begriffe aus dieser Welt geben kann, die als Vergleich dienlich sind. „Informationsraum" ist daher ein Hilfsbegriff, der seine Funktion aus der Sicht dieser Welt beschreibt, aber nicht sein lebendiges Wesen widerspiegelt.

Die innere Sicht (von innen betrachtet = Geist) eines Holons der niedrigsten Integrationsstufe, das auf der objektiven Ebene (von außen betrachtet = Materie) als subatomares Teilchen erscheint, ist identisch mit den physischen Eigenschaften dieses Teilchens. Die Mentalität ist nichts, was den messbaren Eigenschaften hinzugefügt wird. Was objektiv als Masse, Ladung, Spin, Impuls oder Aufenthaltsort messbar ist, ist aus der Innenperspektive die Erfahrung einer subjektiven Gestimmtheit. Was objektiv als Quantität erscheint, erscheint aus der Innenperspektive zugleich als Qualität. Es gibt nichts Zusätzliches, das als Qualität erscheinen könnte, zu dem, was von außen betrachtet als Quantität erscheint.

Insofern gibt es keine mystische / metaphysische / transzendente Komponente im System.

Allerdings gibt es keine Einzelobjekte und keine Einzelsubjekte. Jedes Holon existiert nur im Kontext der Ganzheit, wenn es von anderen Teilen der Ganzheit wahrgenommen werden kann. Dies ist das Äquivalent der Quantenunschärfe. Es gibt keine Einzelteilchen. Sie verschwinden in der bloßen Wahrscheinlichkeit. Der Kollaps und damit die reale Erscheinung eines Teilchens, kann nur durch eine Interaktion mit einem anderen Teilchen ausgelöst werden. Jedes subjektive Empfinden wie jedes objektive Faktum ist relational zum Kontext. (Das „Ich“ entsteht erst durch die Wahrnehmung durch ein „Du“.)

Da aber jedes Holon bis hinunter zum subatomaren Teilchen eine Innenperspektive hat und somit als „Du“ fungieren kann, ist die materielle Realität keine Illusion. Jede Interaktion von Teilchen ist gleichzeitig eine „Beobachtung“, in der ein Teilchen etwas vom anderen erfährt (Der Quantenkollaps durch Interaktion bringt beide Teilchen füreinander in die Realität).

Interagieren zwei Teilchen, bilden sie eine gemeinsame Realitätsblase. Alles andere ist aus dieser Blase ausgeschlossen und bleibt für den Rest des Kosmos immer noch nur eine Wahrscheinlichkeit. Erst wenn ein zusätzliches Teilchen ebenfalls mit dem System der ersten beiden interagiert, bricht die Quantenfunktion der beiden Teilchen auch für dieses Dritte zu einer konkreten gemeinsamen Realität zusammen.

Dadurch ergibt sich eine selbst-referentielle Realität, die automatisch wie ein Hologramm aufgebaut ist und ihre innere Stabilität autopoietisch aus den durch Wahrscheinlichkeitsentscheidungen aufgebauten Realitätsblasen erhält.

Die gemeinsame Realität existiert nur für sich, wobei sich individuelle Perspektiven innerhalb der Realität gegenseitig bestätigen. Es bleibt aber eine Relationalität der subjektiven Wirklichkeiten innerhalb dieser Realität. Es gibt keine einheitliche Wirklichkeit/Wahrheit für alle. Es gibt nur eine widerspruchsfreie Überblendung einzelner Realitäten.

Bei Holons höherer Integrationsstufen sind die physikalischen Eigenschaften nur noch am Rande Teile einer „bewussten" (Nicht „Ich-bewussten" oder „Selbst-bewussten", sondern „rudimentär bewussten") Innenschau. Ins Zentrum rücken vielmehr die jeweiligen Emergenzen der Integrationsstufe. Dies sind die jeweiligen Bedeutungen für das individuelle Holon und diese sind wesentlicher als die physikalischen Fakten. Mit jeder neuen Integrationsstufe gibt es neue Bedeutungen, welche die Realitätsblase erzeugen und füllen. Bis hinauf zur Noosphäre unserer Kultur.

Der „Evolutionäre Idealismus" bestätigt eine Form des **Idealismus** durch lebendige Awareness als Grundlage des Kosmos (primäre Metaebene hinter den sekundären Erscheinungen der materiellen Raumzeit und der qualitativen Erfahrung = Divine Awareness).

Der EvId folgt aber vollkommen dem **Materialismus** in seiner kausalen Konsequenz und der zeitlichen Evolution des Lebens. Gleichzeitig gibt er dem **Panpsychismus** recht in der Idee der Innenperspektive aller Holons, bis hinunter zu subatomaren Teilchen. Der EvId hat auch keinerlei Schwierigkeiten, aus der Awareness der Ganzheit individuelles Bewusstsein abzuleiten, und ist in seiner praktischen Anwendung ein „Perspektiven **Dualismus**" von Materie und Geist.

Alle vier Ontologiemöglichkeiten sind richtige Teilwahrheiten.

Der „Evolutionäre Idealismus" stellt eine erweiterte Interpretation traditioneller philosophischer und wissenschaftlicher Ansätze dar, die auf eine tiefere Integration von subjektiver Erfahrung und objektiver Realität abzielt. In Abgrenzung zu Ken Wilbers Quadrantenmodell, das zwischen eigenem Körper, materieller Umwelt, individuellem Bewusstsein und kulturellem Bewusstsein differenziert, schlage ich im „Evolutionären Idealismus" eine holistischere Sichtweise vor, die die Dualismen von Geist/Materie und Individuum/Kollektiv überwindet.

Ich richte mich damit gegen die traditionelle Trennung von Materie und Geist sowie von Individuum und kollektiver Umgebung. Diese Dualismen sind zu stark vereinfachend, weil sie die tiefen Wechselwirkungen zwischen diesen Dimensionen nicht ausreichend berücksichtigen. Im Gegensatz dazu basiert der evolutionäre Idealismus auf einer ganzheitlichen Sicht, die Erinnerung und Erwartung als dynamische Kräfte betrachtet, die in ständiger Wechselwirkung stehen und unsere Wahrnehmung der Realität formen.

Die Theorie des evolutionären Idealismus findet Anwendung in der Betrachtung von Wahrnehmungsprozessen, der Strukturierung von Erfahrungen und der Bedeutung der Interaktion zwischen inneren und äußeren Welten. Die Theorie betont, wie aus dem Wahrnehmungsfluss eine strukturierte Erfahrungswelt entsteht, in der Objekte und Bedürfnisse in einem fortlaufenden Dialog von Mangel und Erfüllung stehen.

Erweitert wird diese Betrachtung durch Einbeziehungen der Quantentheorie, die erklärt, wie Wahrscheinlichkeitsfelder durch Dekohärenz zu festen Teilchen kollabieren, was wiederum unsere Wirklichkeit formt. Diese Sichtweise stellt eine Verbindung her zwischen mikroskopischen quantenmechanischen Ereignissen und der makroskopischen Welt unserer täglichen Erfahrungen.

Der evolutionäre Idealismus führt auch zu einer neuen Interpretation religiöser und spiritueller Konzepte wie Seele, Karma, Reinkarnation und die Beziehung zwischen individueller Existenz und universeller Ganzheit. Er bietet einen Rahmen, um zu verstehen, wie individuelle Handlungen und kollektive Erfahrungen zusammenwirken und wie sich das Selbst in einem kontinuierlichen Prozess von Entwicklung und Auflösung befindet.

Der evolutionäre Idealismus bietet eine umfassende und integrierte Perspektive auf die Komplexität der menschlichen Erfahrung und ihrer Wechselwirkungen mit der Welt. Indem er die künstlichen Grenzen traditioneller Dualismen überwindet, ermöglicht er ein tieferes Verständnis der Dynamik zwischen subjektiver Innerlichkeit und objektiver Außenwelt, die unser Leben und unsere Erfahrungen formen.

Die zentrale Idee des „Info-Spins“ bietet eine neue Perspektive auf das Verständnis von Geburt und Tod sowie auf die Natur von Zeit und Raum. Dieses Konzept beschreibt, wie sich die Wahrnehmung und Interaktion eines Individuums mit dem Informationsraum an den kritischen Übergängen des Lebenszyklus – der Geburt und dem Tod – verändert.

Vor der Geburt existiert das Subjekt in einem Zustand der Einheit mit der göttlichen Ganzheit. In diesem Stadium gibt es keine klare Trennung zwischen Subjekt und Objekt, alles ist in einem Zustand des reinen Potentials. Die Geburt initiiert einen Prozess, den Info-Spin, bei dem sich die Perspektive des Subjekts dramatisch verschiebt: Raum und Zeit, die zuvor auf eine göttlich-ganzheitliche Weise erfahren wurden, dissoziieren sich. Dabei wird der Raum, der vom Subjekt durchquert werden muss, um von der Ganzheit zum Punkt der Geburt zu gelangen, als Zeit empfundenen, obwohl physisch keine Zeit vergeht. Die Vergangenheit des Geburtszeitpunktes als Innenraum und die Zukunft der eigenen Lebensspanne mit allen potenziellen Möglichkeiten als Außenraum.

Die Transformation bei der Geburt bedeutet, dass das Subjekt beginnt, die Welt in der vertrauten linearen Zeit und im dreidimensionalen Raum wahrzunehmen, wie wir es im Alltagsleben tun. Dieser Info-Spin verursacht eine fundamentale Neuorientierung im Informationsraum, wodurch das bisherige Verschwimmen von Raum und Zeit in klare Kategorien überführt wird, die das menschliche Erleben strukturieren.

Der Tod markiert das Ende dieses Lebenszyklus und initiiert einen weiteren Info-Spin, bei dem der Prozess der Geburt sich umkehrt. Die klaren Trennungen zwischen Raum und Zeit beginnen sich aufzulösen. Was vorher als Zeit empfunden wurde – das individuelle Leben und seine Erfahrungen – transformiert sich zurück in eine räumliche Dimension, die die Grenzen des Lebens transzendiert. Die eigene Lebenszeit wird als Außenraum erfahren und die Zukunft der Welt, nach dem eigenen Tod, wird zum Innenraum des Subjekts. Gleichzeitig wird der Raum, der während des Lebens als physische Realität erfahren wurde, zu einer zeitlichen Dimension, die das Subjekt durchschreitet auf dem Weg zurück zur göttlichen Ganzheit.

Nach dem Tod findet eine Wiederintegration des Subjekts in die göttliche Ganzheit statt. Dieser Prozess bedeutet, dass die während des Lebens aufgebauten individuellen Erfahrungen und Erkenntnisse in den universellen Informationsraum eingehen und somit die kollektive Wissensbasis erweitern. Die phänomenologische Erfahrung dieser Wiederintegration kann als ein Loslassen von individueller Identität und eine Verschmelzung mit einem universellen Bewusstsein verstanden werden, in dem alle Grenzen zwischen Selbst und Anderem, zwischen Vergangenheit, Gegenwart und Zukunft aufgehoben sind. Das Ich verschwindet nicht, aber es wird in doppeltem Sinn des Wortes „aufgehoben".

Der Info-Spin bietet eine Brücke zwischen materiellen und spirituellen Welten und liefert eine Erklärung dafür, wie Bewusstsein und Materie in einem fortlaufenden Dialog stehen. Dieses

Modell fordert traditionelle Ansichten von Leben und Tod heraus und bietet eine umfassende Sichtweise, die sowohl die physische als auch die metaphysische Realität umfasst, indem es zeigt, wie diese durch die grundlegenden Strukturen von Raum und Zeit miteinander verwoben sind.

Betrachten wir nun in der Folge, WIE das individuelle Bewusstsein sich von der Ganzheit dissoziiert, um in Gemeinschaft mit allen anderen individuellen Subjekten dieser Welt die gemeinsame Realität zu erschaffen. Dies ist die Ur-Matrix der Schöpfung.

4. Zweiter Akt

Die Essenz des Göttlichen: Ein universeller Entwurf

Im unermesslichen Feld des Seins gibt es eine ursprüngliche Quelle, die weder einen Anfang hat, noch ein Ende findet. Diese Quelle ist der Urgrund aller Existenz, außerhalb von Raum und Zeit stehend und diese doch durchdringend. Ein mysteriöses Prinzip, das zugleich leer und erfüllt ist. Es ist die Basis, auf der das gesamte Universum gründet, eine göttliche Leere, die eine unendliche Fülle birgt.

Aus dieser Leere entfaltet sich das Universum in einem unendlichen Wellenmuster der Möglichkeiten, eine Manifestation der göttlichen Fülle, welche die Illusion einer Trennung von der ursprünglichen Ganzheit hervorruft. Diese Trennung ist der individuelle Traum von Raum und Zeit, in dem jedes Wesen seine eigene Welt träumt und doch in Wechselwirkung mit allen anderen Wesen das Gewebe der Existenz zu einem kollektiven Traum formt, als Tanz durch die Raumzeit. Die Leere teilt sich auf, und Eros und Agape bilden ein Spannungsfeld der gegenseitigen Anziehung und die Leere wird zur Fülle.

Innerhalb dieses göttlichen Traums tauchen die Teile Geist und Materie aus der ganzheitlichen Matrix auf, wobei Materie der externalisierte Geist (die Perspektive von außen) und Geist die internalisierte Materie (die Perspektive von innen) ist. Diese untrennbare Verbindung bildet das Fundament der Realität, in der kein „Ich“ ohne ein „Du“ existieren kann, und kein „Du“ ohne ein „Ich“. Sie sind sich gegenseitig Ursache der Existenz und nur gemeinsam bilden sie das, was wir Realität nennen.

Jede Erscheinung, sei sie mikroskopisch klein oder unermesslich groß, besteht aus einer vielfachen und dynamischen Dualität von „Ichs“ und „Dus“, Geist und Materie. Alles besitzt eine innere und äußere Dimension, eine perspektivische Dualität.

Das gesamte Universum ist durchdrungen von dem kausalen Druck der systemischen Evolution und dem teleologischen Sog der Sehnsucht nach dem Punkt Omega. Gemeinsam treiben sie den kollektiven Traum zum Ziel der Zeit, an dem die göttliche Ganzheit in bewusster und materieller Form manifest wird. Am Ende der Zeit wird die Illusion der Getrenntheit aufgelöst, und alle Existenz kehrt zurück in den Zustand der ursprünglichen Einheit, bereichert und erfüllt. Der gesamte Prozess des Werdens in der allumfassenden Raumzeit des Kosmos ist die eigentliche innere Struktur der ursprünglichen Einheit, die „Persönlichkeit“ des Göttlichen. Die Leere des Potenzials wird durch den kosmischen Prozess des Werdens in die innere Struktur der Fülle überführt.

Platons ungeschriebene Lehre

Die „ungeschriebene Lehre" Platons, ist vor allem durch die Berichte von Aristoteles und anderen antiken Philosophen überliefert, da Platon selbst sie nicht direkt in seinen schriftlichen Dialogen dargelegt hat. Im Kern dieser Lehre stehen die Konzepte der *„Einheit"* und der *„unbestimmten Zweiheit"*, die als fundamentale Prinzipien zur Erklärung der Struktur und Dynamik des phänomenologischen Kosmos dienen.

Einheit und die Idee des Guten

Die „Einheit" bei Platon kann als metaphysisches Prinzip verstanden werden, das der Ideenwelt zugeordnet ist. Diese Einheit repräsentiert das absolut Gute, das über der sichtbaren Welt und sogar über der Welt der Formen oder Ideen steht. Es ist das höchste Prinzip, von dem alles Seiende seinen Ursprung nimmt. In der platonischen Philosophie ist das Gute nicht nur eine moralische Qualität, sondern die Quelle aller Realität und Wahrheit. Es ist gleichbedeutend mit dem Absoluten oder dem Einen, das unteilbar und unveränderlich ist und somit einen festen und ewigen Bezugspunkt für alles Existierende bietet.

Unbestimmte Zweiheit und die Materie

Die „unbestimmte Zweiheit" hingegen bezieht sich auf das Prinzip der Differenz oder der Nicht-Einheit, das mit der physischen Welt oder der Materie verbunden ist. Diese Zweiheit ist das Prinzip der Vielfalt, der Veränderung und der potenziellen Unordnung. Sie repräsentiert die mannigfaltige und veränderliche Natur der sichtbaren Welt, die im Gegensatz zur unveränderlichen Einheit der Ideenwelt steht. Die unbestimmte Zweiheit ist essentiell für das Verständnis der platonischen Idee, dass die physische Welt eine Welt der Erscheinungen ist, die durch ständige Veränderung und Werden charakterisiert wird. Die vorausgehende Einheit ist Summe aller unbestimmten Zweiheiten.

Die Interaktion von „Einheit" und „unbestimmter Zweiheit"

Die Interaktion zwischen der Einheit und der unbestimmten Zweiheit ist zentral für Platons Verständnis des Kosmos. Diese beiden Prinzipien sind nicht isoliert zu betrachten, sondern in ihrer dynamischen Beziehung zueinander. Die Einheit verleiht der Vielfalt der physischen Welt Form und Ordnung, während die unbestimmte Zweiheit die Möglichkeit von Bewegung, Veränderung und Entwicklung innerhalb der Ideenwelt ermöglicht. Durch diese Wechselwirkung entsteht die mannigfaltige Realität, die wir erfahren, eine Welt, die sowohl von beständigen Grundformen als auch von der Unbeständigkeit ihrer materiellen Manifestationen geprägt ist.

„Einheit" und *„unbestimmte Zweiheit"* bilden gemeinsam die *Ur-Matrix* des Kosmos. Mehr ist nicht notwendig, um aus einem unendlichen Potenzial der Leere und Fülle einen Kosmos zu weben.

Die Ur-Matrix

Erinnern wir uns an die Erklärung des Lambdomas am Ende des ersten Kapitels (Ouvertüre). Wir haben es aus den mathematischen Zusammenhängen der musikalischen Harmonien gebildet, welche auch die Resonanzen in der Physik repräsentieren. Dabei war der oberste Punkt 1/1. Aber die Logik des Systems forderte, das Raster so zu erweitern, dass es zwei darüber liegende Ebenen geben muss. Die Nondualität zwischen 0/1 und 1/0 sowie das allumfassende Potenzial von 0/0. Allerdings sind diese beiden Ebenen und die darin enthaltenen Gleichtonlinien transzendent und nicht in der raumzeitlichen Realität vorhanden. Das prädestiniert sie aber auf der anderen Seite eine Schablone zu bilden, die auf alle Bereiche innerhalb der Raumzeit angewandt werden kann.

Was wir aber beachten müssen ist, dass wir uns INNERHALB des Bewusstseins des Individuums befinden. Wir analysieren die Bedeutungen der Bewusstseinsinhalte und nicht die objektiven Fakten einer materiellen Welt.

Ebene 0 – der unbewegte Beweger als „Einheit"

0/0 Neti-Neti – die *Quelle allen Seins* ist die *Verneinung des Nichts.*

Im Zentrum des Lambdoma-Modells steht das Urprinzip der Quelle, symbolisiert durch 0/0, ein Sinnbild für die absolute Einheit und den Ursprung aller Dinge. Sie ist mit der Einheit, der Idee des Guten, aus Platons ungeschriebener Lehre vollkommen identisch.

Jede Veränderung innerhalb des manifesten Kosmos hat eine Ursache. Aber es gibt eine primäre Ursache, von der jede Bewegung ausgeht, die selbst jedoch frei von einer Ursache ist. Dieser *quellende Urgrund* befindet sich allerdings nicht innerhalb der Welt. Der *unbewegte Beweger* ist nach Aristoteles[1] reines Sein, vollkommen unveränderlich und ewig. Er ist die letzte Ursache aller Bewegung und Veränderung im Universum, ohne selbst bewegt oder verändert zu werden. Der *unbewegte Beweger* ist somit nicht nur die erste Ursache aller Bewegungen, sondern auch das Ziel, nach dem alle Bewegungen streben, da er die vollkommene Verwirklichung aller Möglichkeiten darstellt.

Beide, Platons *Einheit* und Aristoteles‘ *unbewegter Beweger*, repräsentieren ein höchstes Prinzip, das die Vielfalt und Veränderlichkeit der Welt erklärt und ihr zugleich eine grundlegende Ordnung und Zielgerichtetheit verleiht.

[1] Im letzten Buch der Physik (Buch VIII) und im Vorfeld seiner Theologie (Buch XII der Metaphysik) argumentiert Aristoteles für die Notwendigkeit eines „unbewegten Bewegers", d. h. einer Kraft, die alle Bewegung auf der Welt verursacht.

Dieses Prinzip der Einheit ist im Lambdoma mit dem Symbol 0/0 identisch. Aber um einen Prozess in Gang zu setzen, um aus der Leere eine Fülle zu generieren, muss etwas mit dieser Einheit passieren. Sie muss sich differenzieren. Deshalb strahlt dieser leere Urgrund des Seins die Fülle der Gleichtonlinien als Emanationen des Göttlichen in eine noch nicht vorhandene Welt. Dies geschieht mit dem Erscheinen der Ebene 1.

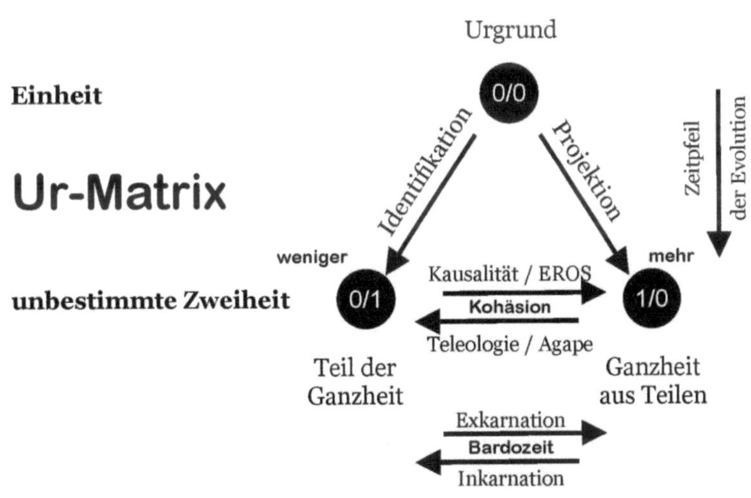

Ebene 1 – Nondualität = „unbestimmte Zweiheit"

Die undifferenzierte Ganzheit, die ***Einheit*** Platons, der quellende Urgund, der unbewegte Beweger differenziert sich durch *Identifikation* und *Projektion*. Dabei ist das Wesentliche die *Projektion*, da sie eine *Ent-Identifikation* mit Teilen der prinzipiellen Identität der Einheit meint. Erst dadurch kann sich die Einheit differenzieren. Das Auge (der Zeuge allen Seins) sieht sich nicht selbst. Es muss sich durch Projektion von Etwas differenzieren, um dieses Etwas sichtbar zu machen.

0/1 ist das Ur-Prinzip des Teils der Ganzheit als Nichts, in dem sich die Einheit so oft geteilt hat, dass *nichts* bleibt, während *alles* projiziert wird. Es ergibt eine unendliche Anzahl an leeren Teilen. Das göttliche Bewusstsein fällt in den Traum des Kosmos, indem es sich mit diesen leeren Teilen identifiziert. Aber diese Teilungen sind auch innerhalb des Traums nur Illusionen, denn die Einheit bleibt konstant erhalten. Sie wird nur mit Absicht vergessen, um den Prozess des Kosmos zu starten. Aber sie existiert auch innerhalb des Kosmos weiter als Ganzheit aller Teile in einem konsistenten Universum[1]. Das Urprinzip des „Teil-der-Ganzheit" ist die Quelle der Materie, die subjektiv als Körper erlebt wird. 0/1 ist die Basis der individuell erlebten Dualität innerhalb der Nondualität. Es ist die transzendente Idee aller *Subholons*.

1/0 ist das Ur-Prinzip der Ganzheit aus Teilen, dem Ur-Prinzip der Einheit in der unendlichen Fülle, in der sich alle Teile

[1] lat.: universitas = Gesamtheit

zu einer Ganzheit vereint haben. Die Unendlichkeit der alle Teile umfassenden Einheit. Die göttliche Einheit ist als Potenzial ebenfalls in den Traum gefallen und dient als Sogbild für die dissoziierten Teile, sich wieder zur vereinen. Das Urprinzip des „Ganzheit-aus-Teilen" ist die Quelle des Geistes, die subjektiv als Kontext erlebt wird. 1/0 ist die Basis der kollektiv erlebten Dualität innerhalb der Nondualität. Es ist die transzendente Idee aller *Superholons.*

Das einzelne Teil (0/1) ist *weniger* als die Einheit der darüber liegenden Metaebene. Die Ganzheit aller Teile (1/0) ist *mehr* als die Einheit der darüber liegenden Metaebene. Denn aus der Leere wird die Fülle. Ohne einen Prozess der Differenzierung bliebe der quellende Urgrund ein leerer Urgrund.

Diese Polarität der Sphäre des *Nondualen* ist das Urprinzip der unbestimmten Zweiheit, VOR ihrer Manifestation. Aber durch die Tatsache, dass die Trennung von der Einheit nur eine Illusion ist, gibt es Kohäsionskräfte, welche die Teile zusammenhalten und den Impuls zur Aufhebung der Trennung setzen.

Vom Teil aus betrachtet wird diese *Kohäsion* zum objektiv-materiellen Prinzip der *Kausalität,* nach dem sich durch Selbstorganisation aus dem Chaos eine Ordnung immer höherer Einheiten herausbildet und zum subjektiv-geistigen Antrieb des *Eros.*

Von der Ganzheit des Kosmos aus betrachtet manifestiert sich diese *Kohäsion* als objektiv-materiellen Prinzip der *Teleologie*, in der Form eines mathematischen Attraktors, welche den Teilen den Weg des geringsten Widerstandes durch das Chaos bis zur Wiedervereinigung mit der Ganzheit aufbereitet und als subjektiv-geistiger Sog durch Agape, der bedingungslosen, göttlichen Liebe.

Beide gemeinsam, Kausalität/Eros und Teleologie/Agape, wirken wie ein *osmotischer Druck/Sog*. Der Prozess der Osmose, durch den Wasser und darin gelöste Nährstoffe in Pflanzenzellen transportiert werden, hängt maßgeblich von zwei äußeren Bedingungen ab:

1. Zunächst ist es entscheidend, dass genügend Wasser im Boden vorhanden ist. Dieses Wasser dient als kontinuierliche Quelle für die Pflanze, damit der Fluss des Wassers durch die Pflanze hindurch nicht unterbrochen wird. Die Wurzeln absorbieren das Wasser mithilfe osmotischer Prozesse, dadurch entsteht genügend *Druck*, durch den Wasser entlang eines Konzentrationsgradienten von Bereichen niedrigerer zu Bereichen höherer Salzkonzentration *gedrückt* wird.

2. Die zweite wichtige Voraussetzung sind Licht und Wärme. Diese beeinflussen maßgeblich den Dampfdruck der umgebenden Luft. Eine niedrige Dampfdruckumgebung, die typischerweise durch Sonnenlicht und Wärme gefördert wird, begünstigt die Verdunstung von Wasser aus den Pflanzenblättern, einem Pro-

zess, der als Transpiration bekannt ist. Durch die Verdunstung an der Blattoberfläche entsteht ein *Sog*, der wiederum dazu führt, dass neues Wasser aus dem Boden durch die Pflanze *nachgezogen* wird.

Diese beiden Faktoren, die *Verfügbarkeit von Wasser* und das *Vorhandensein von Licht und Wärme*, sind somit unerlässlich für den osmotischen Transport von Nährstoffen in Pflanzen. Sie schaffen die physikalischen Bedingungen, die es einer Pflanze ermöglichen, effizient zu wachsen und zu gedeihen, indem sie den Wasser- und Nährstoffkreislauf aufrechterhalten.

Ähnlich verhält es sich mit den Kräften im Bereich der unbestimmten Zweiheit: Die *Verfügbarkeit von Wasser*, das nach oben drängt, ist eine Metapher für die *Kausalität der Materie und den Eros des Individuums*. Aber diese Kausalität alleine wäre keine ausreichende Kraft, wenn nicht *Licht und Wärme*, als Metapher für die *Teleologie und Agape der Ganzheit*, für einen Sog sorgen würde.

Vom individuellen Teil aus betrachtet wirken diese Kräfte wie der physikalische Druck der Kausalität auf die Materie und der Sog der teleologischen Bedeutung auf den Geist, als *Eros* (Kausalität) und *Agape* (Teleologie).

Doch dieser damit angesteuerte Prozess der Wiedervereinigung der Leere in einer allumfassenden Fülle geht nur über den Weg der weiteren Differenzierung. Einmal angestoßen lässt sich diese immer weiter fortschreitenden Differenzierung nicht mehr aufhalten. Denn sie ist eine Einbahnstraße vom quellenden Urgrund der Leere bis zum Punkt-Omega der absoluten Einheit der Fülle. Deshalb ist der Zeitpfeil der Evolution in diesem Kosmos vorgegeben: Von der *Leere unendlicher Teile* zur absoluten *informativen Integration der Ganzheit*, von *geordnetem Chaos* zur *integrierten Entropie*.

Damit ist auch der Zeitpfeil des Infospins in den Bereichen des vorgeburtlichen und nachtodlichen Bardos, der Inkarnation und Exkarnation vorgegeben.

Die Ur-Matrix besteht demnach aus

Zwei Ebenen (Einheit – unbestimmte Zweiheit),
zwei **Prozessen** (Identifikation – Projektion),
drei Punkten (Meta-Einheit – Teil der Ganzheit – Ganzheit aus Teilen)
und **einem Spannungsbereich**, dieser Bereich ist die *Nondualität* mit dem *osmotischen Energiefeld*, das in zwei Richtungen wirkt

1. bottom-up **Kausalität**/Eros
2. top-down **Teleologie**/Agape

Mit jeder zusätzlichen Emanationsstufe manifestieren sich neue *Gleichtonlinien*. Hier, im Urprinzip der Matrix, sind es die beiden transzendenten Linien 0/1 (in der Folge 0/x), der *Archetypus* der *impulsgebenden Leere* und 1/0 (in der Folge x/0), die zu sich ziehende *teleologische Fülle.*

Die **Emergenz** dieser **Ebene 1** ist der unumkehrbare *Impuls* zur Existenz, die *Idee* der Welt, die *Kraft* der Schöpfung. Sowohl die Kraft der Kausalität als auch die Kraft der Teleologie. Die Nondualität ist die *erste* und einzige *Phase* zwischen Nichts uns Allem, egal von welcher Seite aus betrachtet.

Diese Ur-Matrix ist die Schablone, welche nun auf jeden Emanationspunkt gelegt werden kann, um die Bedeutung der verbundenen Punkt der nächsten Ebene zu analysieren.

Anwendung der Ur-Matrix

Diese Ur-Matrix von *Einheit* und *unbestimmter Zweiheit* ist alles, was man benötigt, um die Entfaltung des Kosmos in seiner materiellen und geistigen Form zu verstehen. Diese Ur-Matrix ist das Muster der Bedeutungen, nachdem sich Subjekte von der göttlichen Einheit dissoziieren und gleichzeitig ist es das Muster ihrer Bedeutungswirklichkeit, die sie mit der Bedeutungswirklichkeit anderer Subjekte überlagern, um in Summe die Realität unseres Kosmos als holographisches Netz von Indra in Erscheinung zu bringen. In dieses Raster ordnen sich die Archetypen ein und während des konkreten Lebens werden diese Bedeutungsmuster mit Erfahrungen gefüllt.

Im Lambdoma folgt jedes Dreieck der Ur-Matrix von **„Quelle – Teil der Ganzheit – Ganzheit aus Teilen“**, wobei die spezifische Interpretation eines Zahlverhältnisses, das als Quelle dient, die Bedeutungen von Teil und Ganzheit vorbestimmt. Jedes Verhältnis erhält Einflüsse von zwei Quellen: es symbolisiert einerseits die Ganzheit in Bezug auf eine Quelle und andererseits den Teil einer anderen Quelle. So repräsentiert beispielsweise 1/2 die Ganzheit in Bezug auf die Quelle 0/1 und gleichzeitig den Teil in Bezug auf die Quelle 1/1. Diese strukturierte Beziehung zwischen den Zahlen im Lambdoma spiegelt die komplexe Dynamik wider, wie sich individuelle und universelle Prinzipien gegenseitig bedingen und entfalten.

Wir Können nun diesem Prinzip der *Identifikation* und *Projektion* auf jeder Differenzierungsebene folgen, indem wir den Archetyp der Meta-Einheit, also das ursprüngliche 0/0, auf jeden Punkt anlegen, um auf die nächste Differenzierungsebene zu schließen. Dabei emergieren auf jeder Subebene neue *Gleichtonlinien*, die das erste Mal nach ihrer Emanation aus 0/0 als Punkte auftauchen. Innerhalb der Ur-Matrix sind dies einerseits 0/x, der *Archetypus* des Nichts als *impulsgebenden Leere* und andererseits x/0, die Alleinheit als *teleologische Fülle.*

Die Stufen der Analyse, wenn wir die Ur-Matrix anwenden, sind folgende:

1. Wir verwenden die **Grundthematiken** jener Punkte, auf die jeweils der **Urgrund der Einheit** angewendet wird und deren Zusammenwirken die Emergenzen der darunterliegenden Ebenen erzeugen, als Ausgangspunkte für die Analyse.

2a. Wir folgen der **Identifikation** des Urgrundes, was zu einem **weniger** als dem Urgrund führt, weil gleichzeitig
2b. die **Projektion** des Urgrundes abgezogen wird, die aber ihrerseits auf der zweiten Seite zu einem **mehr** als dem Urgrund führt.

3. Damit analysieren wir die **Thematiken der Punkte**, die auf der Ebene der unbestimmten Zweiheit durch *Identifikation* und *Projektion* der darüberliegenden Ebene entstehen.

4. Nachdem wir alle Punkte der neuen Ebene derart betrachtet haben, ergründet wir die **Emergenz** dieser Ebene und betrachten

5. die einzelnen Phasen der Ebenen sowohl aus der Richtung der **Kausalität** als auch aus der Richtung der **Teleologie**.

Ebene 2 – Individuum und Welt

Nun kommen wir zur ersten Anwendung dieser Schablone der Ur-Matrix und zum ersten und grundlegendsten Prinzip der phänomenologischen Schöpfung eines Subjekts. Das Ausgangsmaterial sind zwei Punkte auf der Ebene 1 – in deren Spannungsfeld die Emergenz der Idee dieser Welt auftaucht – die nun die jeweilige Einheit repräsentieren. Auf jeden davon müssen wir die Schablone der Ur-Matrix auflegen und die Thematik eintragen, die dem jeweiligen Punkt entspricht.

Thematiken der Metaebene – Identifikation – Projektion

0/1 – 1/0
0/2 – 1/1 – 2/0

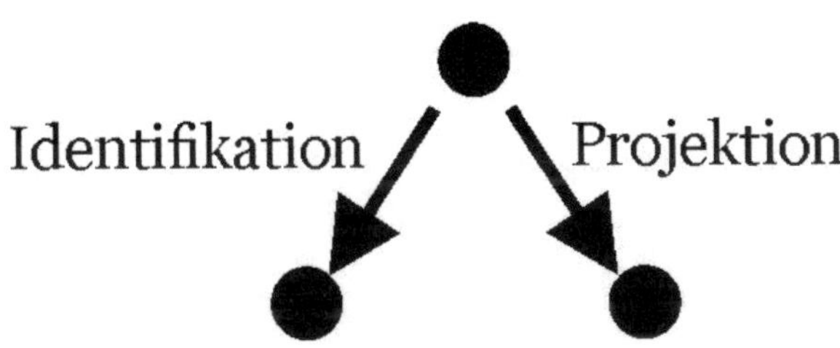

0/1

Aus der Einheit 0/1 wird die unbestimmte Zweiheit 0/2 – 1/1.

Identifikation 0/1 → 0/2

Die Identifikation des *Nichts* führt zur Transzendenz des *Nichts zweiter Ordnung* (0/2), was *weniger* ist als das ursprüngliche Nichts.

Projektion 0/1 → 1/1

Während die Projektion des Nichts zur Teilung der Nondualität führt (1/1) und damit die *Dualität* der Welt begründet, was *mehr* ist als das Nichts selbst. Das Nichts projiziert die Körperlichkeit des Subjekts als Gefäß für den Geist.

1/0

Aus der Einheit 1/0 wird die unbestimmte Zweiheit 1/1 – 2/0.

Projektion 1/0 → 2/0

Die Projektion der Alleinheit führt zu einer Fülle (2/0), die *mehr* ist, als die Alleinheits-Idee innerhalb der Nondualität. Sie ist die Konkretisierung des Kosmos durch die reale Manifestation von subjektiven Teilen.

Identifikation 1/0 → 1/1

Die Identifikation der Alleinheit bringt den Geist, den Zeugen in das Individuum (1/1). Das ist *weniger* als die Alleinheit, weil es nur eine Perspektive der Fülle an möglichen Perspektiven darstellt.

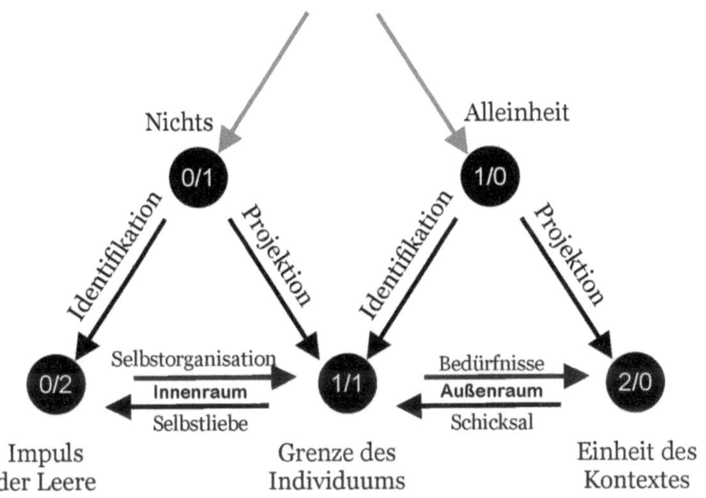

Archetypische Thematiken der neuen Ebene

0/2

0/2 ist das Ur-Prinzip des Teils im Teil und wird damit zum **Archetyp der Subholons**, aus denen alle Holons bestehen. Dies gilt für die gesamte Gleichtonlinie 0/x, die damit zum Impuls der BottomUp-Kraft der Kausalität wird (auch der psychischen).

2/0

2/0 ist das Urprinzip der Ganzheit aus Teilen und wird damit zum **Archetyp des Superholons**, von denen jedes Holon ein Teil ist. Dies gilt für die gesamte Gleichtonlinie x/0, die damit zum Impuls der Teleologie, der TopDown-Kraft wird.

Aber beide Archetypen befinden sich außerhalb aller wahrnehmbaren Wirklichkeiten, obwohl sie auf die Wirklichkeit Einfluss nehmen. Sie sind transzendent.

Wenn wir uns erinnern, starteten wir die Konstruktion des Lambdomas mit 1/1 und trugen Obertöne und Untertöne orthogonal von diesem Punkt ausgehend auf. Der Punkt 0/0 wurde erst später als Ursprungspunkt aller Gleichtonlinien entdeckt und die Linien 0/x und x/0 waren der Abschlussschritt der Vervollständigung des Lambdomas. Dieser Bereich unterhalb von 1/x und oberhalb von x/1 auf jeder Ebene (x+1) ist damit transzendent. 1/1 ist die immanente Quelle der Wirklichkeit: Das subjektive, phänomenale Erleben einer Welt im Geist eines Individuums. Die subjektive Wirklichkeit entsteht erst bei der Differenzierung dieses Individuums mit der Ebene 3. Gleichzeitig sehen wir aber auch, dass der transzendente Bereich mit jeder Differenzierungsstufe kleiner wird: Der Bereich zwischen 0/2 und 1/1 ist noch wesentlich größer als der Bereich 0/3 und 1/2. Ebenso verhält es sich mit den Bereichen 1/1 zu 2/0 und 2/1 zu 3/0. Die phänomenale Welt des Individuums wächst mit jedem Differenzierungsschritt in die Transzendenz hinein.

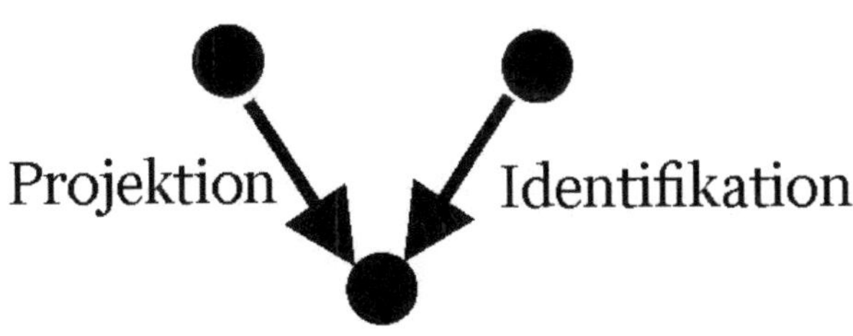

1/1

Projektion 0/1 → 1/1

Während die Projektion des Nichts zur Teilung der Nondualität führt (1/1) und damit die *Dualität* der Welt begründet, was *mehr* ist als das Nichts selbst. Das Nichts projiziert die Körperlichkeit des Subjekts als Gefäß für den Geist.

Identifikation 1/0 → 1/1

Die Identifikation der Alleinheit bringt den Geist, den Zeugen in das Individuum (1/1). Das ist *weniger* als die Alleinheit, weil es nur eine Perspektive der Fülle an möglichen Perspektiven darstellt.

1/1 ist die Grenzlinie zwischen Figur und Hintergrund. Wie die Außenlinie einer Silhouette umspannt sie das Individuum. 1/1 ist das Individuum, obwohl es die Abgrenzung zum Rest der Welt darstellt, die Figur aus dem Hintergrund herausstanzt. Wir interpretieren die Linie der Silhouette als Figur und nicht als Hintergrund.

Emergenzen und Spannungsfelder

Auf dieser Stufe der Differenzierung wird eine neue, **emergente** Bedeutungsebene sichtbar.

Im Innenraum kristallisiert sich die *Idee* dieser Ebene heraus: es geht um die **Dualität** (2) von **Individuum und Welt**. Im Außenraum ist der *Ort*, an dem sich diese Idee für das Individuum realisieren will. Denn das Individuum (0/2 – 1/1) muss sich in der Welt (1/1 – 2/0) behaupten. Die bottom-up *Selbstorganisation* des Individuums innerhalb der komplexen Wirklichkeit, in die das Individuum hineingeboren wird, liegt außerhalb seiner Einflusssphäre und auch die angeborene top-down *Selbstliebe* (als Abbild von Agape innerhalb des Individuums), mit der die Ganzheit des Körpers die Gesundheit und Funktionstüchtigkeit durch das Zusammenspiel der Einzelkomponenten des Organismus ermöglicht, kann nicht vom Individuum gesteuert werden, solange dies nicht in seiner phänomenalen Wirklichkeit in Erscheinung tritt.

Auf der Metaebene (0/1 – 1/0) waren Idee und Ergebnis noch identisch und für beide Kraftrichtungen gleich. Die 1 der 1 bedeutet, dass die Einheit sowohl *Idee* als auch *Ergebnis* darstellt. Die Nondualität ist für das Teil wie für die Ganzheit sowohl **Idee** (1. Phase) als auch **Ergebnis** (letzte Phase).

Anders verhält es sich nun hier auf der ersten Differenzierungsebene, bei der das Individuum erscheint (0/2 – 1/1 – 2/0). Das

Kraftfeld, welches sich zwischen nichts (0/x) und dem Unendlichen (x/0) aufspannt, teil sich auf dieser Ebene in zwei Phasen.

Prinzipiell gilt: Bottom-Up, somit aus der Perspektive des Teils, repräsentiert das *erste Energiefeld* die *prinzipielle Idee*, den *primären Impuls* der jeweiligen Ebene, während das *zweite Energiefeld* den *Ort* beschreibt, in dem die Idee Fuß fassen will. Welche Bedeutungen die darauffolgenden Phasen haben, werden wir später analysieren.

Die Fragen nach der **Emergenz** der **Archetypen** sind hier:

1. WAS? (Idee)
2. WO? (Ort des Geschehens)

<u>Bottom-Up</u>

1. Das WAS? der Kausalität.

Das WAS? (1. Phase) ist die Dualität (auf Ebene 2 die letzte Phase). Diese Dualität bezieht sich auf die fundamentale Unterscheidung zwischen dem Individuum und seiner Umwelt. Es ist die Erkenntnis, dass das Individuum nicht isoliert existiert, sondern in einer ständigen Wechselwirkung mit der Welt steht. Diese Wechselwirkung ist geprägt von Gegensätzen und Spannungen, die die Grundlage für Wachstum und Entwicklung bilden.

Die Dualität auf dieser Ebene markiert den Beginn eines differenzierten Bewusstseins, in dem das Individuum seine eigene Identität und Existenz in Relation zur Außenwelt wahrnimmt. Es ist die Phase, in der das Individuum lernt, sich selbst als eigenständiges Wesen zu erkennen, das gleichzeitig Teil eines größeren

Ganzen ist. Diese Erkenntnis bringt ein Bewusstsein für die eigene Position und Rolle innerhalb der Welt mit sich.

In der Kausalität beschreibt das WAS? die treibende Kraft hinter dieser Dualität. Es ist der initiale Impuls, der die Trennung und zugleich die Verbindung zwischen dem Selbst und der Umwelt initiiert. Diese Trennung ist nicht absolut, sondern dynamisch, was bedeutet, dass das Individuum ständig bestrebt ist, sich selbst in der Welt zu behaupten und gleichzeitig mit ihr zu interagieren. Die Dualität schafft ein Spannungsfeld, das kreative und adaptive Prozesse ermöglicht und fördert.

Auf dieser ersten Phase der Kausalität ist die Dualität somit sowohl Ausgangspunkt als auch treibende Kraft für die weitere Entwicklung. Sie bildet die Basis für das Verständnis und die Interaktion des Individuums mit der Welt, wobei sie immer wieder neu interpretiert und verhandelt wird. Durch diese dualistische Perspektive kann das Individuum lernen, mit den Herausforderungen und Möglichkeiten seiner Umwelt umzugehen, was zur persönlichen und kollektiven Evolution beiträgt.

Zusammengefasst ist das WAS? der Kausalität in der ersten Phase die Dualität, die das fundamentale Spannungsfeld zwischen dem Individuum und der Welt darstellt. Diese Dualität ist die treibende Kraft, die das Individuum dazu anregt, seine eigene Identität zu entwickeln und sich in der Welt zu positionieren. Sie ist die Grundlage für das Wachstum und die Entwicklung, die durch die ständige Interaktion und Wechselwirkung zwischen dem Selbst und der Umwelt ermöglicht werden.

2. Das WO? der Kausalität.

Von Individuum aus gesehen realisiert sich diese Dualität im kollektiven Kontext (WO?) in den es eingebettet ist. Diese Einbettung bedeutet, dass das Individuum seine Existenz und Identität nicht isoliert erfährt, sondern in ständiger Beziehung zu einer größeren Gemeinschaft oder Gesellschaft. Der kollektive Kontext stellt das Umfeld dar, in dem das Individuum agiert, lernt und sich entwickelt.

Dieser kollektive Kontext ist geprägt von sozialen, kulturellen und ökologischen Strukturen und Dynamiken, die das Leben des Individuums beeinflussen. Hier manifestiert sich die Dualität durch die Wechselwirkungen zwischen individuellen Bedürfnissen, Zielen und Werten einerseits und den Erwartungen, Normen und Ressourcen der Gemeinschaft andererseits. Das Individuum muss ständig navigieren und sich anpassen, um seine eigene Identität und Autonomie zu bewahren, während es gleichzeitig in die kollektiven Strukturen integriert ist.

Im kollektiven Kontext findet das Individuum Unterstützung und Ressourcen, die für seine Entwicklung und sein Wohlbefinden entscheidend sind. Gleichzeitig stellt dieser Kontext auch Herausforderungen und Einschränkungen dar, die es zu bewältigen gilt. Diese Dualität zwischen Unterstützung und Herausforderung treibt das Wachstum und die Anpassungsfähigkeit des

Individuums voran. Es lernt, wie es seine eigenen Ziele und Bedürfnisse mit den kollektiven Anforderungen und Möglichkeiten in Einklang bringen kann.

Die Realisierung der Dualität im kollektiven Kontext bedeutet auch, dass das Individuum zur Dynamik und Evolution der Gemeinschaft beiträgt. Durch seine Handlungen und Interaktionen beeinflusst es die Strukturen und Prozesse der Gemeinschaft und trägt zur kollektiven Entwicklung bei. Diese Wechselwirkung ist wechselseitig, da sowohl das Individuum als auch die Gemeinschaft sich durch diese Interaktion weiterentwickeln und transformieren.

Zusammengefasst ist das WO? der Kausalität der kollektive Kontext, in dem sich die Dualität des Individuums realisiert. Dieser Kontext bietet sowohl Ressourcen als auch Herausforderungen, die das Individuum navigieren muss, um seine Identität und Ziele zu entwickeln und zu verwirklichen. Durch die ständige Interaktion und Anpassung trägt das Individuum zur Dynamik und Evolution der Gemeinschaft bei, während es gleichzeitig von ihr geprägt und unterstützt wird. Diese dualistische Beziehung zwischen Individuum und Gemeinschaft ist ein wesentlicher Faktor für das Wachstum und die Entwicklung auf beiden Ebenen.

Top-Down

1. Das WAS? der Teleologie.

Top-Down (td), somit aus der Perspektive der Ganzheit, ist das letzte Energiefeld von unten gleichzeitig das erste Energiefeld von oben. Der teleologische Impuls (1 von x td – das WAS?) ist hier auf der Ebene 2: die Vielfalt (Dualität) einer Welt aus Teilen. Diese Perspektive der Ganzheit betont die umfassende Sichtweise, in der die Gesamtheit aller Teile als ein zusammenhängendes, komplexes System betrachtet wird.

Die Vielfalt oder Dualität einer Welt aus Teilen bedeutet, dass das Universum aus einer Vielzahl von Elementen besteht, die miteinander interagieren und ein Netzwerk von Beziehungen und Prozessen bilden. Diese Teile sind unterschiedlich in ihrer Natur und Funktion, aber sie tragen alle zur Gesamtheit des Systems bei. Die Dualität bezieht sich auf das Gleichgewicht und die Spannung zwischen diesen Teilen, die sowohl unabhängig als auch miteinander verbunden sind.

Der teleologische Impuls auf dieser Ebene ist die treibende Kraft, die darauf abzielt, die Vielfalt der Teile zu einer harmonischen und kohärenten Ganzheit zu integrieren. Dieser Impuls fördert die Koordination und Zusammenarbeit zwischen den Teilen, um ein stabiles und funktionierendes Gesamtsystem zu schaffen. Die Teile sind nicht isoliert, sondern wirken synergistisch zusammen, um gemeinsame Ziele zu erreichen und die Integrität des Systems zu gewährleisten.

Aus der Perspektive der Ganzheit ist die Vielfalt der Teile eine Quelle der Stärke und Flexibilität. Sie ermöglicht es dem System, auf verschiedene Herausforderungen und Veränderungen in der Umwelt zu reagieren. Die Unterschiede zwischen den Teilen bieten verschiedene Fähigkeiten und Ressourcen, die genutzt werden können, um das System anzupassen und weiterzuentwickeln. Diese Vielfalt ist daher entscheidend für die Resilienz und Nachhaltigkeit des Systems.

Zusammengefasst ist das WAS? der Teleologie auf der Ebene 2 die Vielfalt (Dualität) einer Welt aus Teilen. Dieser teleologische Impuls betont die Bedeutung der Integration und Harmonisierung der verschiedenen Teile zu einer kohärenten Ganzheit. Die Vielfalt der Teile ermöglicht es dem System, flexibel und anpassungsfähig zu sein, während der teleologische Impuls die Zusammenarbeit und Koordination fördert, um ein stabiles und funktionierendes Gesamtsystem zu schaffen. Diese Perspektive der Ganzheit zeigt, wie die Unterschiede und Verbindungen zwischen den Teilen zur Stärkung und Weiterentwicklung des gesamten Systems beitragen.

2. Das WO? der Teleologie

Der Ort (das WO?), mit dessen Hilfe es sich manifestieren soll (2 von x td), ist das Individuum als Teil innerhalb der Ganzheit des Weltgeschehens. Das Individuum spielt eine zentrale Rolle bei der Verwirklichung der teleologischen Ziele, indem es als konkreter Ausdruck der umfassenden Ganzheit agiert.

Das Individuum ist der Schauplatz, an dem die Prinzipien und Impulse der Teleologie in die Realität umgesetzt werden. Innerhalb der Ganzheit des Weltgeschehens agiert das Individuum nicht isoliert, sondern in ständiger Interaktion mit seiner Umgebung. Diese Interaktionen sind von entscheidender Bedeutung, da sie es dem Individuum ermöglichen, seine Intentionen und Ziele in konkreten Handlungen auszudrücken.

In diesem Kontext ist das Individuum nicht nur ein passiver Empfänger teleologischer Impulse, sondern auch ein aktiver Gestalter seiner eigenen Realität. Durch seine Entscheidungen und Handlungen trägt das Individuum zur kontinuierlichen Entwicklung und Transformation des gesamten Systems bei. Es verkörpert die teleologischen Prinzipien und trägt diese durch seine individuelle Existenz in die Welt hinaus.

Das Individuum agiert als ein Knotenpunkt innerhalb eines komplexen Netzwerks von Beziehungen und Interaktionen. Durch diese Vernetzung kann das Individuum sowohl von der Ganzheit beeinflusst werden als auch selbst Einfluss auf die Ganzheit ausüben. Diese wechselseitige Beeinflussung ist entscheidend für das Verständnis der teleologischen Dynamik, da sie die gegenseitige Abhängigkeit und die synergetischen Effekte zwischen dem Individuum und der Ganzheit hervorhebt.

Das Individuum als Ort der teleologischen Manifestation bedeutet auch, dass jede einzelne Handlung und Entscheidung im Kontext des größeren Ganzen betrachtet werden muss. Die individuellen Ziele und Bestrebungen sind eingebettet in die kollektiven Ziele und Bestrebungen der Ganzheit. Dadurch wird jede Handlung des Individuums zu einem Beitrag zur Erreichung der teleologischen Ziele des gesamten Systems.

Zusammengefasst ist das WO? der Teleologie das Individuum als Teil innerhalb der Ganzheit des Weltgeschehens. Das Individuum ist der Ort, an dem die teleologischen Prinzipien in die Realität umgesetzt werden, indem es als konkreter Ausdruck der Ganzheit agiert. Durch seine Interaktionen, Entscheidungen und Handlungen trägt das Individuum zur kontinuierlichen Entwicklung und Transformation des gesamten Systems bei und verkörpert die teleologischen Ziele in der physischen Welt.

Thema und Ergebnis

Auf dieser Ebene 2 (0/2 – 1/1 – 2/0) bilden die Energiefelder *Innenraum* und *Außenraum* ein karmisches Spannungsfeld.

Nun ist die *Idee der Dualität* (erste Phase) aus der Perspektive des Teils eine *kausale* (0/2 – 1/1) und das Ergebnis ist die *differenzierte Ganzheit einer dualen Welt*. (1/1 – 2/0)

Aus der Perspektive der Ganzheit ist die *Idee der Dualität* (erste Phase) die *Ganzheit aus Teilen* (1/1 – 2/0) und das Ergebnis (letzte Phase) ist das *Individuum*. (0/2 – 1/1)

Ebene 3 – phänomenale Wirklichkeit

Die Anwendung des Prinzips auf die nächste Ebene, ausgehend von den Quellen 0/2, 1/1 und 2/0, führt zu einer tieferen Schicht der Analyse. Die Zahlverhältnisse 0/2, 1/1 und 2/0 werden dabei jeweils zur Meta-Einheit des Urprinzips und die Prozesse Identifikation und Projektion verweben sich aufs Neue zu differenzierteren Bedeutungen. Diesmal wird aus der Dualität die phänomenale Wirklichkeit des Individuums geboren, welche gemeinsam mit vielen anderen individuellen Wirklichkeiten den kollektiven Traum Gottes webt.

Thematiken der Metaebene – Identifikation – Projektion

0/2 – 1/1 – 2/0

0/3 – 1/2 – 2/1 – 3/0

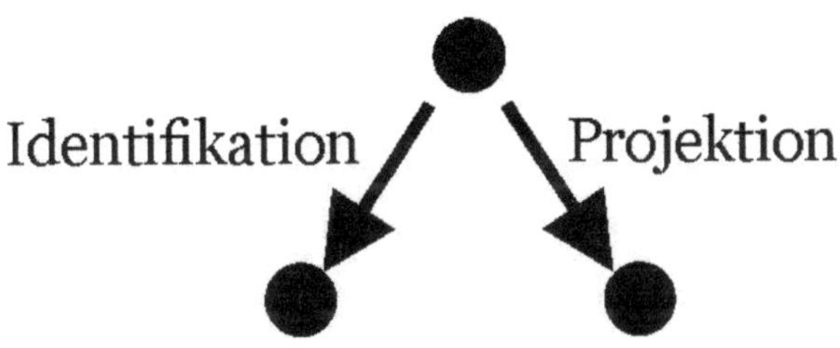

1/1

Aus der Einheit 1/1 wird die unbestimmte Zweiheit 1/2 – 2/1.

Identifikation 1/1 → 1/2

Die Identifikation des Individuums führt zur Ausdifferenzierung der körperlich materiellen Erhaltungsssysteme, die in – für das Individuum selbst – nicht direkt wahrnehmbaren Bereichen liegen und jenen Bereichen, die an der Wahrnehmung der Außenwelt beteiligt sind. Diese Grenze bildet die Basis der Identität des Individuums.

Projektion 1/1 → 2/1

Die Projektion des Individuums greift in die Außenwelt, um wahrzunehmen, was der Kontext seines Lebens ist. Dazu entidentifiziert es sich von den Veränderungen am eigenen Körper durch die Sinneswahrnehmungen, um sie als Information über eine Außenwelt begreifen zu können.

0/2

Aus der Einheit 0/2 wird die unbestimmte Zweiheit 0/3 – 1/2.

Identifikation 0/2 → 0/3

Die Identifikation des *Nichts* bleibt in der Transzendenz als *nichts dritter Ordnung* (0/3), was wieder *weniger* ist als das ursprüngliche Nichts.

Projektion 0/2 → 1/2

Die Projektion des *Nichts* führt zum Punkt der körperlichen Identifikation des Individuums. Das ist mehr als das Nichts, aber weniger als das Individuum. Das Unbewusste zeiht sich im Individuum ein Stück zurück und öffnet damit das Fenster (1/2 – 2/1) zur Wahrnehmung.

2/0

Aus der Einheit 2/0 wird die unbestimmte Zweiheit 2/1 – 3/0.

Identifikation 2/0 → 2/1

Die Alleinheit dieser Welt identifiziert sich mit dem für das Individuum wahrnehmbaren Kontext und bildet die Grenze, an der sich der Wahrnehmbare vom nur indirekt wirkenden Kontext trennt. Die unbekannte Außenwelt wird zum Teil für das Individuum sichtbar und dieser Teil formt das phänomenologische Weltmodell.

Projektion 2/0 → 3/0

Die Einheit aus Teilen projiziert die Einheit weiter in die Transzendenz, die damit komplexer und strukturierter wird.

Archetypische Thematiken der neuen Ebene

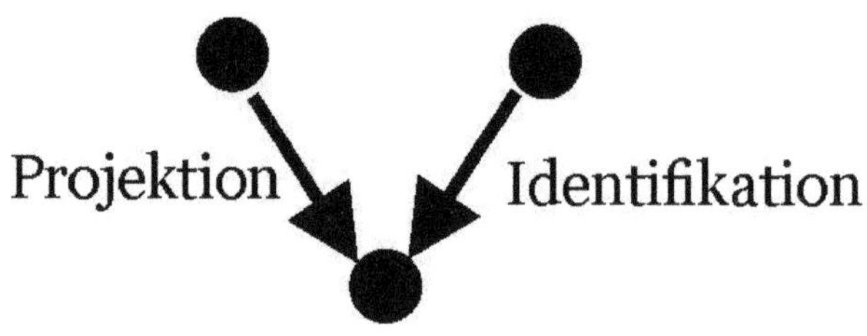

1/2

1/2: Dies steht für die Integration der Subholons innerhalb einer Ganzheit, die Einheit bleibt dabei erhalten, während eine neue Ebene der Differenzierung erreicht wird. Die Körperlichkeit bildet die Basis der Wahrnehmung. Es entsteht die phänomenale Wirklichkeit des Indidivuums.

Projektion 0/2 → 1/2

Die Projektion aus dem Nichts erzeugt die materielle Basis, die Subholons, die systemeischen Regelkreis, welche das Indidivuum auf der materiellen Ebene in der Homöostase halten, damit die Phänomenologie des Individuums die äußere Wirklichkeit spiegeln kann.

Identifikation 1/1 → 1/2

Das Individuum identifiziert sich mit seiner materiellen Basis und stellt sich den direkten Einflüssen der Außenwelt gegenüber, um diese als Wahrnehmungen einer Außenwelt phänomenal erleben zu können.

2/1

2/1: Dies thematisiert die Komplexität der Ganzheit, die als Voraussetzung für das Überleben des Individuums vorhanden sein muss und gleichzeitig steht es für die ganzheitlichen Systeme, in die das Subsystem des individuellen eingebettet ist.

Projektion 1/1 → 2/1

Die Außenwelt durchfließt das Individuum mit Informationen und verändert damit das körperliche System. Diese von Außen induzierten Veränderungen werden als Wahrnehmungen der Außenwelt identifiziert und als Spiegelung dieser Welt als Modell nach außen projiziert.

Identifikation 2/0 → 2/1

Die Transzendenz der Alleinheit identifiziert sich mit dem lebensermöglichenden Kontext des Individuums und verlebendigt ihn.

Emergenzen und Spannungsfelder

Auf dieser Stufe der Differenzierung wird eine neue, **emergente** Bedeutungsebene sichtbar.

Es geht um die Synthese von These (individuelles Wesen) und Antithese (kollektive Wirklichkeit) in Form der phänomenalen Wirklichkeit im Geist des Individuums. Die Emergenz ist die Bedeutung von „Ich innerhalb der Wirklichkeit" als phänomenale Erscheinung. Diese Erscheinung ermöglicht eine permanente Synthese zwischen Individuum und Welt.

1. WAS (Idee)
Das erste Spannungsfeld (0/3 - 1/ 2) zeigt die Auswirkungen der **Idee** dieser Ebene („Ich innerhalb der Wirklichkeit")

2. WO (Ort des Geschehens)
Das zweite Spannungsfeld (1/ 2 – 2/1)

3. WOMIT (Synthese, mit welchen Daten?)
Das dritte Spannungsfeld (2/1 – 3/0)

Bottom-Up

1. Das *Was* der Kausalität.

(1. Phase) Die Idee dieser Ebene liegt in der, aus den Daten der Verschränkung von Individuum und Welt hervorgehenden phänomenologischen Wirklichkeit des Individuums. Diese phänomenologische Wirklichkeit entsteht durch die kontinuierliche Interaktion und Integration der Informationen, die das Individuum aus seiner Umgebung aufnimmt. Es handelt sich um einen dynamischen Prozess, bei dem das Individuum seine Wahrnehmungen, Erfahrungen und Erkenntnisse nutzt, um ein kohärentes Bild der Realität zu konstruieren.

Die phänomenologische Wirklichkeit ist mehr als nur eine passive Reflexion der äußeren Welt; sie ist eine aktive Konstruktion, die durch die subjektiven Erfahrungen und das Bewusstsein des Individuums geformt wird. Diese Wirklichkeit beinhaltet die sensorischen Daten, die das Individuum durch seine Sinne aufnimmt, sowie die kognitiven Prozesse, die diese Daten interpretieren und ihnen Bedeutung verleihen. Durch diesen Prozess der Verschränkung von Individuum und Welt entsteht eine einzigartige, persönliche Weltanschauung, die sowohl die objektive Realität als auch die subjektive Erfahrung widerspiegelt.

Auf dieser Ebene der Kausalität ist die phänomenologische Wirklichkeit das Ergebnis eines ständigen Austauschs zwischen Innenwelt und Außenwelt. Das Individuum nimmt Informationen aus seiner Umgebung auf, verarbeitet diese und integriert sie in sein bestehendes Verständnis der Welt. Gleichzeitig projiziert es seine eigenen Gedanken, Gefühle und Erwartungen auf die äußere Realität, was wiederum seine Wahrnehmung und Interaktionen beeinflusst. Dieser wechselseitige Prozess der Verschränkung zwischen individuellen Bedürfnissen und Intentionen einerseits und den Gegebenheiten der Außenwelt andererseits, ermöglicht es dem Individuum, sich an seine Umwelt anzupassen, sie zu manipulieren wo dies geht und sich weiterzuentwickeln.

Die Idee dieser Ebene betont die Bedeutung der subjektiven Erfahrung und der individuellen Wahrnehmung bei der Gestaltung der phänomenologischen Wirklichkeit. Es ist ein Anerkennen der Tatsache, dass jede Person eine einzigartige Perspektive auf die Welt hat, die durch ihre persönlichen Erfahrungen, Überzeugungen und Interpretationen geprägt ist. Diese Vielfalt der phänomenologischen Wirklichkeiten trägt zur Komplexität und Dynamik des kollektiven Bewusstseins bei, indem sie verschiedene Perspektiven und Erkenntnisse in das gemeinsame Verständnis der Realität einbringt.

Zusammengefasst liegt die Idee dieser Ebene der Kausalität in der Entstehung der phänomenologischen Wirklichkeit des Individuums aus den Daten der Verschränkung von Individuum und Welt. Diese Wirklichkeit ist eine aktive Konstruktion, die durch die subjektiven Erfahrungen und das Bewusstsein des Individuums geformt wird. Sie betont die Bedeutung der individuellen Wahrnehmung und Erfahrung bei der Gestaltung der Realität und trägt zur Vielfalt und Dynamik des kollektiven Bewusstseins bei.

All dies zeigt sich bereits in der ersten Phase dieser Ebene der Drei, indem das Individuum auf diese Korrespondenz mit der Umwelt und dem daraus entstehenden phänomenologischen Wirklichkeitsmodell ausgelegt ist.

2. Das *Wo* der Kausalität.

Von Individuum aus gesehen realisiert sich diese phänomenologische Wirklichkeit im Bereich des Austauschs mit dem Rest der Welt. Dieser Austausch ist der Ort, an dem das Individuum seine subjektiven Wahrnehmungen, Gedanken und Emotionen mit den äußeren Gegebenheiten und sozialen Interaktionen verknüpft. Es ist ein dynamischer Raum, in dem das Individuum durch ständige Interaktion und Kommunikation mit seiner Umgebung seine phänomenologische Wirklichkeit aufbaut und weiterentwickelt.

Im Bereich des Austauschs findet ein kontinuierlicher Fluss von Informationen und Erfahrungen statt. Das Individuum nimmt sensorische Daten aus seiner Umwelt auf und interpretiert sie durch seine kognitiven und emotionalen Prozesse. Gleichzeitig äußert es seine inneren Zustände und Intentionen durch Handlungen, Sprache und andere Formen der Kommunikation, die wiederum von der Umwelt aufgenommen und darauf reagiert wird. Dieser bidirektionale Austausch ermöglicht eine ständige Anpassung und Verfeinerung der individuellen Wirklichkeit, um in dieser Wirklichkeit die eigenen Intentionen zu realisieren und die eigene Agenda zu verfolgen.

Die phänomenologische Wirklichkeit des Individuums wird somit durch die Qualität und Intensität dieser Interaktionen geprägt. Positive, unterstützende Interaktionen können zu einer stabilen und kohärenten Wirklichkeit führen, während negative oder widersprüchliche Erfahrungen zu Spannungen und Herausforderungen führen können. Diese Wechselwirkungen formen nicht nur das Selbstbild und die Weltanschauung des Individuums, sondern auch seine Fähigkeit, in der Welt zu navigieren und zu agieren.

Der Bereich des Austauschs umfasst verschiedene Dimensionen, einschließlich der physischen, sozialen und kulturellen. Physisch interagiert das Individuum mit seiner unmittelbaren Umgebung, wobei es durch Bewegung, Berührung und andere sensorische Aktivitäten Informationen sammelt und darauf reagiert. Sozial findet der Austausch durch zwischenmenschliche

Beziehungen, Gespräche und gemeinschaftliche Aktivitäten statt, die das Verständnis und die Integration des Individuums in seine Gemeinschaft fördern. Kulturell wird die phänomenologische Wirklichkeit durch die Normen, Werte und Überzeugungen der Gesellschaft geprägt, in der das Individuum lebt.

Zusammengefasst realisiert sich die phänomenologische Wirklichkeit des Individuums im Bereich des Austauschs mit dem Rest der Welt. Dieser Austausch ist ein dynamischer Prozess, bei dem das Individuum durch ständige Interaktion und Kommunikation seine Wahrnehmungen und Erfahrungen formt und anpasst. Die Qualität dieser Interaktionen beeinflusst das Selbstbild und die Weltanschauung des Individuums und trägt zur ständigen Entwicklung und Verfeinerung seiner phänomenologischen Wirklichkeit bei.

3. Das *Womit* der Kausalität

Die Daten, aus denen sich die individuelle Wirklichkeit zusammensetzt, stammen aus der Außenwelt. Diese Daten umfassen alle sensorischen Eindrücke, sozialen Interaktionen und kulturellen Einflüsse, die das Individuum aufnimmt und verarbeitet. Durch die ständige Aufnahme und Interpretation dieser Informationen konstruiert das Individuum ein inneres Modell der Welt, das als phänomenologische Wirklichkeit wahrgenommen wird.

Die sensorischen Eindrücke, die das Individuum durch seine Sinne erhält, liefern die grundlegenden Bausteine für dieses

Modell. Visuelle Reize, Geräusche, Gerüche, Geschmäcker und taktile Empfindungen werden durch das Nervensystem verarbeitet und zu einem kohärenten Bild der physischen Umgebung zusammengefügt. Diese sensorischen Daten sind jedoch nur der Ausgangspunkt für die komplexe Verarbeitung, die zur phänomenologischen Welt führt.

Soziale Interaktionen spielen ebenfalls eine entscheidende Rolle bei der Konstruktion der individuellen Wirklichkeit. Durch den Austausch mit anderen Menschen lernt das Individuum, wie es seine Erfahrungen interpretieren und einordnen kann. Kommunikation, emotionale Bindungen und gemeinsame Aktivitäten tragen dazu bei, ein gemeinsames Verständnis der Welt zu entwickeln und persönliche Perspektiven zu erweitern. Diese sozialen Daten bereichern das Modell der Welt und helfen dem Individuum, seine eigene Position innerhalb der Gemeinschaft zu definieren.

Kulturelle Einflüsse formen die phänomenologische Wirklichkeit, indem sie die Normen, Werte und Überzeugungen vermitteln, die das Individuum in seiner Gesellschaft erlernt. Diese kulturellen Daten bieten einen Rahmen, innerhalb dessen das Individuum seine Erfahrungen interpretiert und bewertet. Sie beeinflussen die Wahrnehmung von Realität und die Art und Weise, wie das Individuum auf seine Umgebung reagiert. Durch die Integration kultureller Informationen wird das Modell der Welt nicht nur durch persönliche Erlebnisse, sondern auch durch kollektive Weisheit und Traditionen geprägt.

Zusammengefasst setzen sich die Daten, aus denen sich die individuelle Wirklichkeit zusammensetzt, aus sensorischen Eindrücken, sozialen Interaktionen und kulturellen Einflüssen zusammen. Mit ihrer Hilfe baut das Individuum ein inneres Modell der Welt nach, das als phänomenologische Wirklichkeit wahrgenommen wird. Dieser Prozess der Modellbildung ist dynamisch und kontinuierlich, da das Individuum ständig neue Daten aufnimmt und in sein Verständnis der Welt integriert. Durch diesen Prozess entsteht eine lebendige und sich ständig weiterentwickelnde phänomenologische Wirklichkeit, die das Individuum befähigt, in seiner Umwelt zu navigieren und zu agieren.

Top-Down

1. Das *Was* der Teleologie.

Top-Down, somit aus der Perspektive der Ganzheit, ist das letzte Energiefeld von unten (Kausalität) gleichzeitig das erste Energiefeld von oben (Teleologie). Der teleologische Impuls (1 von [x] topdown – das WAS?) ist hier auf der Ebene 3 die Vielfalt (Dualität) einer Welt aus Teilen. Diese Vielfalt repräsentiert die Dualität und die unterschiedlichen Manifestationen der Teile, die zusammen eine kohärente und dynamische Gesamtheit bilden.

Die Idee ist die Kreation eines Cyberspace, der die phänomenologische Wirklichkeit der Ganzheit bildet. Dieser Cyberspace, symbolisch als der ‚Traum Gottes' bezeichnet, ist ein metaphysischer Raum, in dem die individuellen Wirklichkeiten aller Teile miteinander verwoben sind. Er besteht aus den Daten und Erfahrungen, die jedes Teil zur Gesamtheit beiträgt, und formt eine gemeinsame, umfassende Realität.

In diesem Cyberspace werden die subjektiven Wirklichkeiten der einzelnen Teile zu einem kollektiven Bewusstsein vereint. Dies bedeutet, dass die individuellen Perspektiven und Erfahrungen nicht isoliert bleiben, sondern in einen größeren Zusammenhang gestellt und integriert werden. Die Vielfalt der individuellen Wirklichkeiten schafft eine reiche und vielschichtige phänomenologische Realität, die die Ganzheit der Existenz widerspiegelt.

Der teleologische Impuls treibt die Teile dazu an, sich nicht nur als separate Einheiten zu verstehen, sondern auch als integrale Bestandteile eines größeren Ganzen. Diese Perspektive fördert das Bewusstsein für die Interdependenz und die synergetischen Beziehungen zwischen den Teilen. Jeder Beitrag eines Teils trägt zur kontinuierlichen Schöpfung und Evolution des Cyberspace bei, was die Dynamik und die Vielfalt der gesamten phänomenologischen Wirklichkeit verstärkt.

Der ‚Traum Gottes' ist somit eine Metapher für die kollektive Schöpfung einer gemeinsamen Realität durch die individuellen Teile. Diese gemeinsame Realität ist nicht statisch, sondern ständig im Wandel und wird durch die kontinuierliche Interaktion und das Lernen der Teile weiterentwickelt. Der Cyberspace wird zu einem lebendigen, sich selbst erneuernden System, das die Erfahrungen und Erkenntnisse seiner Teile integriert und transformiert.

Zusammengefasst ist das WAS? der Teleologie auf der Ebene 3 die Vielfalt (Dualität) einer Welt aus Teilen. Die Idee der Kreation eines Cyberspace repräsentiert die phänomenologische Wirklichkeit der Ganzheit, in der die individuellen Wirklichkeiten der Teile zu einem kollektiven Bewusstsein verschmelzen. Dieser teleologische Impuls fördert das Bewusstsein für die Interdependenz der Teile und die kontinuierliche Evolution einer gemeinsamen, dynamischen Realität.

2. Das *Wo* der Teleologie

Der Ort (das WO?), mit dessen Hilfe es sich manifestieren soll (2 von [x] topdown), ist auch teleologisch die Verschränkung der Daten von Individuum und Welt. Diese Verschränkung ist der Raum, in dem die inneren Erfahrungen und äußeren Realitäten miteinander interagieren und verschmelzen. Viele Individuen projizieren ihre Erwartungen und Befürchtungen auf die Außenwelt, und diese Projektionen formen die Wahrnehmung und Interpretation der Realität.

Die Summe aller Projektionen bildet die Schnittmenge der äußeren Wirklichkeit und der inneren Phänomenologie. Diese Schnittmenge ist ein dynamischer Raum, in dem die kollektiven Vorstellungen, Überzeugungen und Emotionen der Individuen zu einer gemeinsamen Realität zusammenfließen. Es ist der Ort, an dem die subjektiven Erfahrungen der Einzelnen und die objektiven Gegebenheiten der Welt miteinander in Beziehung treten und eine wechselseitige Beeinflussung ermöglichen.

In diesem teleologischen Raum manifestieren sich die Intentionen und Ziele der Individuen durch ihre Interaktionen mit der Umwelt. Die kollektiven Projektionen der Erwartungen und Befürchtungen schaffen eine gemeinsame Wirklichkeit, die sowohl von den inneren Zuständen als auch von den äußeren Bedingungen geprägt ist. Diese gemeinsame Wirklichkeit ist nicht statisch, sondern entwickelt sich ständig weiter, basierend auf den fortlaufenden Interaktionen und Anpassungen der Individuen.

Die Verschränkung der Daten von Individuum und Welt ist der Schlüssel zur Schaffung einer integrierten und kohärenten phänomenologischen Realität. Sie ermöglicht es, dass die individuellen Perspektiven und Erfahrungen in einen größeren Kontext gestellt und mit den kollektiven Strukturen und Prozessen der Gesellschaft verbunden werden. Durch diese Integration entsteht eine umfassende und vielschichtige Realität, die sowohl die Vielfalt der individuellen Wirklichkeiten als auch die Einheit der kollektiven Erfahrung widerspiegelt.

Zusammengefasst ist das WO? der Teleologie die Verschränkung der Daten von Individuum und Welt. In diesem Raum manifestieren sich die kollektiven Projektionen der Erwartungen und Befürchtungen, die die Schnittmenge der äußeren Wirklichkeit und der inneren Phänomenologie bilden. Diese Verschränkung schafft eine dynamische und sich ständig weiterentwickelnde phänomenologische Realität, die die Interaktionen und Beziehungen zwischen den Individuen und ihrer Umwelt integriert und reflektiert.

3. Das Womit der Teleologie

Die Synthese von Kollektiv und Individuum, welche für die Teleologie den Cyberspace des göttlichen Traums, die phänomenale Wirklichkeit der Ganzheit (Brahmas Traum) realisiert, liegt in der Individualität der Einzelseele. Diese Synthese ist der Prozess, durch den die einzigartigen Perspektiven und Erfahrungen jeder Einzelseele in die kollektive Wirklichkeit integriert werden, wodurch eine reichhaltige und vielschichtige Realität entsteht.

Die Individualität der Einzelseele spielt eine zentrale Rolle bei der Schaffung dieser phänomenalen Wirklichkeit. Jede Einzelseele trägt ihre eigenen Daten, die aus ihren Erfahrungen, Gedanken, Emotionen und Interaktionen stammen, zur Gesamtheit bei. Diese Daten sind die Bausteine, aus denen der kosmische Tanz der Seelen gebaut wird – ein dynamisches und sich ständig veränderndes Muster, das die vielfältigen Facetten der Existenz widerspiegelt.

In diesem teleologischen Kontext ist die phänomenale Wirklichkeit mehr als nur die Summe ihrer Teile. Sie ist ein emergentes Phänomen, das aus der kreativen und synergetischen Verbindung der individuellen Seelen entsteht. Die Einzelseele bringt ihre einzigartige Essenz in den kollektiven Traum ein, und durch die

Interaktion mit anderen Seelen wird eine gemeinsame, kohärente Realität geformt. Diese Realität ist tief durchdrungen von den individuellen Beiträgen und gleichzeitig ein Ausdruck der Ganzheit.

Die Synthese von Kollektiv und Individuum erfordert eine ständige Balance zwischen Selbst und Gemeinschaft. Die Einzelseele muss ihre eigene Identität und Autonomie bewahren, während sie sich gleichzeitig in die kollektive Wirklichkeit einfügt und mit den anderen Seelen harmoniert. Dieser Balanceakt ist der Schlüssel zur Schaffung einer dynamischen und resilienten phänomenalen Wirklichkeit, die sowohl die Vielfalt der individuellen Perspektiven als auch die Einheit des kollektiven Bewusstseins widerspiegelt.

Durch diese Synthese wird der Cyberspace des göttlichen Traums zu einem lebendigen, pulsierenden Geflecht aus Bedeutungen und Erfahrungen. Die phänomenale Wirklichkeit der Ganzheit ist ein Ausdruck der schöpferischen Kraft des Universums, manifestiert durch die individuellen und kollektiven Beiträge der Seelen. Der kosmische Tanz der Seelen ist ein Symbol für die tief verwurzelte Verbindung und das gegenseitige Durchdringen von Individuum und Kollektiv, das die Grundlage für die teleologische Evolution bildet.

Zusammengefasst liegt das Womit der Teleologie in der Synthese von Kollektiv und Individuum, die den Cyberspace des göttlichen Traums, die phänomenale Wirklichkeit der Ganzheit, realisiert. Diese Synthese basiert auf den individuellen Beiträgen jeder Einzelseele und führt zu einer reichhaltigen, vielschichtigen Realität, die die Einheit und Vielfalt der Existenz widerspiegelt. Der kosmische Tanz der Seelen symbolisiert diese tiefgreifende Verbindung und das kontinuierliche Schaffen und Erschaffen im Rahmen der teleologischen Evolution.

Thema und Ergebnis

Das Thema dieser Ebene ist die informative und synthetische Verbindung von Innenwelt und Außenwelt. Die Grenzen verschwimmen wieder und die Verschränkung erlaubt ein Entwicklungspotenzial, indem die Innenwelt die Außenwelt verändern kann und umgekehrt. Diese Verschränkung schafft ein enormes Entwicklungspotenzial, indem sie flexible Anpassungen und kreative Lösungen ermöglicht.

Die informative Verbindung besteht darin, dass Informationen und Daten kontinuierlich zwischen Innenwelt und Außenwelt ausgetauscht werden. Diese Daten umfassen sensorische Eindrücke, emotionale Zustände, kognitive Prozesse und soziale Interaktionen. Durch diesen Austausch wird das individuelle Bewusstsein ständig erweitert und bereichert, was zu einer tieferen Einsicht und einem umfassenderen Verständnis der Realität führt.

Die synthetische Verbindung bezieht sich auf die Integration und Synthese dieser Informationen in ein kohärentes Weltbild. Dies bedeutet, dass das Individuum in der Lage ist, seine inneren

Erfahrungen und äußeren Beobachtungen zu einem harmonischen Ganzen zu verbinden. Diese Synthese ermöglicht es, komplexe Zusammenhänge zu erkennen und innovative Ansätze zur Lösung von Problemen zu entwickeln. Es entsteht eine Synergie, die das individuelle und kollektive Wachstum fördert.

Bottom-up

Nun ist die Idee der Synthese (erste Phase) aus der Perspektive des Teils die kausale Basis des Körperlichen (0/3 – 1/2). Diese Synthese beginnt auf der grundlegenden Ebene der physischen Existenz, wo die inneren Zustände und Prozesse des Körpers mit den äußeren Umweltbedingungen interagieren. Die kausale Basis des Körperlichen umfasst die biologischen, chemischen und physikalischen Prozesse, die das Leben des Individuums ermöglichen und aufrechterhalten.

Durch die Interaktionsprozesse in der Außenwelt entstehen potenzielle Veränderungsmöglichkeiten (2/1 – 3/0). Diese Prozesse beinhalten die ständige Anpassung und Veränderung der physischen Struktur und Funktion des Körpers als Reaktion auf äußere Reize und Bedingungen. Das Ergebnis dieser Interaktionen ist eine erhöhte Anpassungsfähigkeit und Resilienz des Individuums, da es in der Lage ist, auf neue Herausforderungen und Chancen flexibel zu reagieren.

Die potenziellen Veränderungsmöglichkeiten durch diese Interaktionen sind vielfältig und umfassen sowohl physische als auch psychologische Anpassungen. Auf physischer Ebene kann der

Körper durch Training, Ernährung und Umweltbedingungen geformt und gestärkt werden. Auf psychologischer Ebene können durch Lernen, Erfahrung und soziale Interaktionen neue Fähigkeiten und Einsichten gewonnen werden.

Zusammengefasst zeigt die Ebene der Synthese, wie die informative und synthetische Verbindung von Innenwelt und Außenwelt das individuelle und kollektive Entwicklungspotenzial erweitert. Die verschwimmenden Grenzen zwischen Innen und Außen ermöglichen flexible Anpassungen und kreative Lösungen, die das Wachstum und die Resilienz des Individuums und der Gemeinschaft fördern. Durch die kausale Basis des Körperlichen und die Interaktionsprozesse in der Außenwelt entstehen potenzielle Veränderungsmöglichkeiten, die zu einer dynamischen und sich ständig weiterentwickelnden Realität führen.

Top-down

Aus der Perspektive der Ganzheit ist die Idee der prozesshaften Synthese aller Teile (erste Phase) die differenzierte Interaktion aller Subholons (2/1 – 3/0). Diese Synthese beinhaltet die bewusste und unbewusste Zusammenarbeit und das Zusammenspiel der verschiedenen Subsysteme, die das große Ganze ausmachen. Jede dieser Einheiten, oder Subholons, projiziert ihre Erwartungen und Befürchtungen auf die gemeinsame Realität. Diese Projektionen formen in ihrer Gesamtheit den ‚Traum Brahmas', eine Metapher für die kollektive phänomenologische Wirklichkeit, die durch die Interaktion und die gemeinsame Schöpfung aller Teile entsteht.

Die differenzierte Interaktion aller Subholons bedeutet, dass jede Einheit innerhalb des Systems auf spezifische Weise zu dieser kollektiven Wirklichkeit beiträgt. Dies geschieht durch den Austausch von Informationen, die gemeinsame Nutzung von Ressourcen und die Abstimmung ihrer Handlungen auf ein gemeinsames Ziel hin. Diese koordinierte Interaktion führt zu einer harmonischen und dynamischen Gesamtheit, die mehr ist als die Summe ihrer Teile. In diesem Prozess spiegeln sich die kollektiven Erwartungen und Befürchtungen wider, wodurch eine tiefere Ebene der gemeinsamen Erfahrung und des Verständnisses entsteht.

Das Ergebnis (letzte Phase) sind die systemischen Prozesse des Individuums, welche dessen Körper in der Homöostase halten (0/3 – 1/2). Diese Prozesse sind entscheidend für das Gleichgewicht und das Wohlbefinden des Individuums. Homöostase bezieht sich auf die Fähigkeit des Körpers, ein stabiles inneres Milieu aufrechtzuerhalten, trotz Veränderungen in der äußeren Umgebung. Dies umfasst die Regulierung von Temperatur, pH-Wert, Flüssigkeitshaushalt und vielen anderen physiologischen Parametern.

Die Homöostase bildet die Grundlage dafür, dass eine individuelle Phänomenologie zur Projektion entstehen kann. Wenn der Körper in einem Zustand des Gleichgewichts ist, kann das Individuum klar denken, fühlen und reagieren. Dies ermöglicht eine präzise und kohärente Wahrnehmung der Realität, sowie die Fähigkeit, bewusst und kreativ auf die Umwelt zu reagieren. Die systemischen Prozesse, die zur Homöostase beitragen, sind daher nicht nur für das körperliche Wohlbefinden entscheidend, sondern auch für die geistige und emotionale Gesundheit. Dies bietet die Voraussetzung dafür, dass das Teil eine individuelle Intention entwickeln kann und als willentliche Agenda deren Verwirklichung anstrebt.

Zusammengefasst zeigt die top-down Perspektive, wie die prozesshafte Synthese aller Teile und die differenzierte Interaktion aller Subholons den Traum Brahmas formen. Die kollektiven Projektionen von Erwartungen und Befürchtungen schaffen eine gemeinsame phänomenologische Wirklichkeit. Das Ergebnis dieser Interaktionen sind die systemischen Prozesse, die den Körper in der Homöostase halten und die Voraussetzung dafür schaffen, dass eine individuelle Phänomenologie zur Projektion entstehen kann. Diese Prozesse fördern das Gleichgewicht und das Wohlbefinden des Individuums und ermöglichen eine klare und kohärente Wahrnehmung und Interaktion mit der Umwelt.

Die Ur-Matrix dritter Ordnung

Aus dieser Darstellung lässt sich eine neue Schablone ableiten. Die Ur-Matrix dritter Ordnung. Dabei werden Zwischenebenen ausgeblendet:

(0/1 – 1/0)

0/3 – 1/2 – 2/1 – 3/0

Legt man diese Schablone an, wird aus jeder Thematik die Differenzierung „Idee/These – Ort/Antithese – Information/Synthese“ herausgelöst. Diese Schablone kommt dann im Band zwei zum Einsatz, wenn es um die detailliertere Differenzierung der Archetypen geht.

Ebene 4 – Manifestation der Wirklichkeit

Die Anwendung des Prinzips auf die nächste Ebene, ausgehend von den Quellen 0/3, 1/2, 2/1 und 3/0 führt zu einer tieferen Schicht der Analyse. Diese Zahlverhältnisse werden dabei jeweils zur Meta-Einheit des Urprinzips und die Prozesse Identifikation und Projektion verweben sich aufs Neue zu differenzierteren Bedeutungen.

Auf dieser vierten Ebene manifestieren sich Zeit und Raum als Bedeutungsphänomene kollektiver Überlagerungen. Die Summe aller Projektionen von Einzelindividuen, Einzelseelen, führt zur realen und phänomenologischen Raumzeit. Dies zeigt sich auch in den Quadranten der I*ntegralen Theorie*. Nur, dass diese anders aufgeteilt sind. Ich habe diesen Unterschied des *Evolutionären Idealismus* zur *Integralen Theorie* auch schon in meinem Buch „**Jenseits der Grenzen**" thematisiert. Trotzdem möchte ich das hier nochmals wiederholen, um es besser verständlich zu machen, auch für alle, die dieses Buch nicht gelesen haben.

Quadranten ...

Was haben wir eigentlich, wenn wir in der Welt erscheinen? Oder besser, wenn die Welt zum ersten Mal in uns erscheint? Wenn wir in die Welt kommen, was haben wir an Informationen über die Welt, bevor wir sie ordnen und uns fragen: Wo bin ich hier gelandet?

Es ist eigentlich nur ein phänomenaler Wahrnehmungsfluss. Das heißt, in unserer Wahrnehmung tauchen Informationen auf, verschwinden wieder, andere tauchen auf und verschwinden wieder. Und wir versuchen herauszufinden, wie das alles zusammenhängt. Das ist das Grundlegende. Das ist alles, was wir am Anfang unseres Lebens haben. Was die einzelnen Informationen im Wahrnehmungsstrom unterscheidet, ist, dass manche schmerzhaft sind, manche lustvoll und manche einfach ein eher neutrales Wohlgefühl erzeugen. Schmerz versuchen wir zu vermeiden, Lust versuchen wir zu erlangen, weil sie schön ist. Und diese Informationen werden durch Sinneseindrücke vermittelt wie Helligkeit und Lautstärke, also all diese Informationseingänge, die wir über unsere Sinne bekommen.

Nehmen wir eine dieser möglichen Schmerzempfindungen: Hunger und Durst. Dieses Hunger- und Durstgefühl erzeugt in uns das Bedürfnis, etwas zu trinken. Man kann sagen, dass in uns etwas passiert. Eine Information, Hunger und Durst, führt zu einer anderen Information. Wir haben ein Bedürfnis. Und das führt dazu, dass wir den ganzen Informationsraum in seiner Fülle nach etwas absuchen, das dieses Trinkbedürfnis wie eine Schablone abdeckt. Wir suchen ein Negativ zu einem existierenden Positiv oder umgekehrt. Das heißt, es gibt etwas im Außen, das mit unserem Bedürfnis korrespondiert, mit ihm in Resonanz tritt. Und das ist zum Beispiel eine Milchflasche. Okay, da sollte ich wahrscheinlich lieber eine Mutterbrust nehmen, das wäre natürlicher. Und eigentlich wird das Baby eher das Bedürfnis haben, eine Mutterbrust zu suchen als eine Milchflasche, aber ich habe mich hier für die Milchflasche entschieden, weil ich das später noch als Beispiel brauche für einen anderen Teil der Erklärung.

Wir haben also zunächst drei Komponenten: einen Mangel in unserer *körperlichen* Konstitution, der zu einem Bedürfnis in unserem *Geist* führt, und ein Objekt in der *Außenwelt*, das dieses Bedürfnis befriedigen kann. Diese drei Komponenten lassen sich leicht in Wilbers Quadranten einordnen. Aber wir haben diese Quadranten nicht, wenn wir Babys sind. Sie sind theoretische Konstrukte, die später aufgrund unseres rationalen Paradigmas über den Wahrnehmungsstrom gelegt werden. Was haben wir also, um diese Komponenten irgendwie zu ordnen?

Erst einmal nichts. Jeder Eindruck im Wahrnehmungsstrom steht für sich. Aber es ist ein Merkmal von Intelligenz – und damit meine ich jetzt nicht die menschliche Intelligenz, die ist nur ein Spezialfall dieser natürlichen Intelligenz, der Intelligenz jeder Innenperspektive, von der ich hier spreche – es ist also ein Merkmal von Intelligenz, dass Muster erkannt werden. Eindrücke, die immer zusammen auftreten, werden auch als zusammengehörig empfunden. Zwischen den Erscheinungen entstehen Bedeutungen. Eine Erscheinung im Bewusstsein gibt einer anderen Erscheinung Bedeutung, indem das Erscheinen der einen die Erwartung erhöht, dass auch die andere erscheinen wird. So beginnt sich die Welt der unzusammenhängenden Erscheinungen im Wahrnehmungsstrom zu strukturieren. Einige Wahrnehmungen folgen aufeinander, und die Bedeutungen dieser Verbindungen erzeugen eine Vorstellung von Zeit. Einige Wahrnehmungen weisen auf ein Außen und ein Innen hin. Wenn das Baby in die Bettdecke beißt, passiert nichts, wenn es in den Daumen beißt, tut es weh. Die Wahrnehmungen beginnen sich vom Ort des Hier und Jetzt im Bewusstsein zu entfernen und ordnen sich in einem Raster von Zeit und Raum. Das sind nach Kant auch die Grundkategorien des Verstandes. In unserem Fall folgt das Trinkbedürfnis dem Nahrungsmangel im Körper und die Suche nach außen und die anschließende Befriedigung durch Trinken folgt dem Bedürfnis.

Wenn man es auf der rationalen Ebene beschreibt, kann man sagen, dass es ein Ungleichgewicht in der Homöostase des materiellen Systems gibt. Es ist zu wenig Wasser und Nahrung im System. Und dieser Mangel muss ausgeglichen werden. Das heißt, dieses notwendige Fließgleichgewicht ist aus dem tolerierbaren Bereich geraten, weil zu wenig Materie hinzugekommen ist, während auf der anderen Seite Materie den Körper verlassen hat. Deshalb gibt es diesen Mangel, der zu einer offenen Gestalt in unserem Geist führt, wie es in der Gestalttheorie heißt. Wir haben ein bestimmtes Bild im Kopf, das wir vervollständigen müssen. Und da scannen wir jetzt alle Informationen im Wahrnehmungsstrom ab, ob wir das Gegenbild dazu entdecken, das die Gestalt wieder schließt. Und diese Babyflasche kommt dann in unseren Fokus, wenn wir schon gelernt haben, dass da Milch drin ist. Das scheint genau das zu sein, was wir brauchen, um die offene Form zu schließen. Und damit können wir den Schmerz des Hungers und des Durstes beenden. Man erkennt also als in die Welt gesetztes Wesen, dass es Dinge gibt, die in der eigenen Macht liegen, die dem eigenen Willen unterliegen. Und dann gibt es Dinge, die scheinbar nichts mit mir zu tun haben. Die sind irgendwo anders. Und wenn ich da dran will, wenn ich diese Dinge manipulieren will, dann muss ich mir andere Strategien überlegen, weil das nicht direkt geht. Und damit haben wir eine erste Trennung zwischen innen und außen. Das ist eine räumliche Trennung. Und dann haben wir Vergangenheit und Zukunft. Denn Hunger und Durst sind ja die Erinnerung daran, dass unser Körper einen Mangel hat, weil wir in der Vergangenheit zu wenig getrunken haben. Das Bedürfnis zu trinken ist auf die Zukunft gerichtet. Das heißt, es gibt eine Zukunft, die anders ist als die Gegenwart, nämlich ohne Schmerz, ohne Hunger und Durst. Und das ist unsere Erwartung, unser Bedürfnis und manchmal auch unsere Angst, je nachdem. Aber es ist die Zukunft.

Und so kommen wir dazu, dass es neben dem Objekt Milchflasche auch ein Objekt Mutter gibt, im Außen. Es gibt nicht nur die Milchflasche, es gibt auch eine Mutter. Und diese Mutter hat ein Innenleben, das Subjekt Mutter. Und dieses Subjekt Mutter hat sich in der Vergangenheit gedacht, es könnte sein, dass mein Kind demnächst Hunger hat, ich mache schon mal vorsorglich die Milch warm. Das heißt, alles, was wir als Objekte im Außen vorfinden, hat seinen Grund in der Vergangenheit, in der Subjektivität dieser Objekte, die in der Vergangenheit schon da waren.

Damit haben wir die vier Quadranten. Die Struktur, die sich aus der Wiederholung solcher Bedeutungszusammenhänge ergibt, ist eine Bedeutungs-Raum-Zeit-Matrix. Wobei dieser Raum kein objektiver, kartesischer Raum mit drei Dimensionen ist, sondern eine Dualität von Innen und Außen. Die physische Bühne mit ihren drei Raum- und einer Zeitdimension hat sich viel früher als intersubjektive Gewohnheit der kleinsten Holons auf subatomarer Ebene herausgebildet. Wir sind in sie hineingestellt und finden sie als gegeben vor. Aber der Bedeutungsraum ist zweidimensional: *Erinnerung* und *Erwartung* auf einer Achse, *Selbst* und *Welt* auf der anderen.

In der Mitte gibt es einen Schnittpunkt zwischen Erinnerung und Erwartung, zwischen Ich und Welt. Und das ist das Hier und Jetzt. Das ist eigentlich das Einzige, was wir wirklich haben. Der Wahrnehmungsstrom findet ausschließlich im Hier und Jetzt statt. Aber wir projizieren die Information dieses Stroms in den Bedeutungsraum. Ist es das, was aus der Vergangenheit kommt? Ist es das, was wir in der Zukunft verändern wollen? Ist es im Außen? Spüre ich es in mir? Das sind Interpretationen. Und damit kommen wir zu einer Aufteilung, nicht von Geist und Materie auf der einen Seite und Individuum und Kollektiv auf der anderen Seite, wie in den Quadranten der integralen Theorie, sondern wir kommen zu einer Aufteilung, die heißt *Erinnerung* und *Erwartung* auf der einen Seite und *Selbst* und *Welt* auf der anderen Seite. Es handelt sich nicht mehr um eine objektive, physikalisch feststellbare, sondern um eine rein phänomenologische Quadranteneinteilung. So wie das kartesische Raum-Zeit-Modell die objektive Realität mathematisch erfasst, kann der Bedeutungsraum als Ergänzung dazu die subjektive Realität archetypisch erfassen und beschreiben.

Auf der einen Seite ist der eigene Körper nichts anderes als die Materie, die wir von innen her spüren und die als solche die Vergangenheit des Innenraums darstellt, die Manifestation dessen, was wir in der Vergangenheit erlebt haben. In Kombination von *Selbst* und *Erinnerung*.

Dann gibt es die Innenperspektive, also das, was unsere Intention, unsere geistige Imagination, unsere Selbstwahrnehmung und unsere Vorstellungen betrifft. Hier geht es um die Zukunft des *Selbst* in all seinen *Erwartungen*.

Als Drittes präsentiert sich uns die materielle Außenwelt. Sie ist die Summe all dessen, was wir draußen mit unseren Sinnen wahrnehmen. An diesen Dingen der *Welt* machen sich unsere *Erwartungen* fest.

Und dann gibt es die Innenperspektive dieser Außenwelt, die diese materielle Welt geschaffen hat, weil sie in der Vergangenheit bestimmte Absichten verwirklicht hat. Hier ist die *Erinnerung* der *Welt* gespeichert.

Phänomänologische Quadranten

Ob man nun links die Erinnerung und rechts die Erwartung zeichnet oder umgekehrt, ist nicht wichtig. Ich habe mich dafür entschieden, weil es auch psychologisch und von der künstlerischen Symbolik her unserem Empfinden entspricht. Das kann aber in Gesellschaften, die in ihren Schriftsystemen von rechts nach links schreiben, durchaus anders sein.

Wichtig ist, dass sich die materielle Außenwelt und die Materie des eigenen Körpers diagonal gegenüberstehen und nicht mehr auf einer Seite, wie bei den integralen Quadranten. Damit wird auch klar, warum die Kritik an den integralen Quadranten hier nicht greift. Denn hier wird deutlich, dass die Thematik eine ganz andere ist. Während es bei der materiellen Außenwelt tatsächlich um die vorgefundene Materie in der Raumzeit geht, hat man es auf der anderen Seite nicht einfach nur mit dem eigenen Körper als materiellem Objekt zu tun, sondern es geht um die Bereiche der objektiven Wirklichkeit, die ich von innen erlebe. Wenn ich meine Hand irgendwo hinlege, dann kann ich spüren, ob es kalt ist oder warm, ob es rau ist oder glatt, ob es weich ist oder hart. Und das kann ich, weil ich die Materie meiner Finger BIN! Ich erlebe sie von innen heraus. Denn wie genau funktioniert es, dass ich kalte von warmen Gegenständen unterscheiden kann? Ich lege meine Hand auf ein kaltes Metallstück und das Metall entzieht meinen Fingern die Wärme. Meine Finger werden kalt und DAS spüre ich. Wenn ich meine Hand auf ein Stück Styropor lege, das genauso kalt ist wie das Metallstück, spüre ich diese Kälte nicht, weil das Styropor die Wärme nicht so gut leitet und deshalb die Wärme nicht von meinen Fingern wegzieht. Alles, was ich fühle, fühle ich, weil sich mein Körper verändert. Wenn ich Licht sehe, spüre ich die Veränderungen auf meiner Netzhaut. Wenn ich einen Ton höre, spüre ich den Schalldruck an meinem Trommelfell. Ich nehme die Welt wahr, weil sie meinen Körper verändert. Und ich erlebe diesen Körper von innen heraus, weil ich dieser Körper bin. Und ich kann diesen Körper von innen her willentlich bewegen. Ich kann meine Finger von innen heraus bewegen, nur durch meinen Willen. Alles andere in der Welt kann ich nur indirekt bewegen, indem ich es irgendwie manipuliere. Und alles andere in der Welt erlebe ich nicht von innen. Ich erlebe es nur, weil von diesen Dingen Signale ausgehen, die meinen Körper verändern. Und das ist das entscheidende Kriterium, warum es legitim ist, den Körper und die materielle Außenwelt voneinander zu trennen, in zwei völlig isolierte Quadranten. Das wird übrigens auch dann relevant, wenn es einmal um das Thema Transhumanismus geht, der das, was man seinen Körper nennt, stark verändern kann.

Und noch etwas ist wichtig: Drei der vier Quadranten habe ich direkt in der Erfahrung. Das sind die Informationen, die ich direkt erhalte. Während ich den vierten Quadranten links oben, die Innenseite der Außenwelt, nur indirekt erfahren kann. Das muss ich mir erschließen, das muss ich mir erarbeiten. Das ist nichts, was mir direkt präsentiert wird. Ich komme nur durch indirekte Schlussfolgerungen darauf, dass es diesen Quadranten geben muss. Deshalb ist es für viele so schwer zu verstehen, dass die Trennung zwischen Totem und Lebendigem so willkürlich und unsinnig ist. Der Zugang zu diesem vierten Quadranten gelingt dem Menschen fast automatisch. Niemand denkt daran, dass die Gemüsehändlerin, die freundlich die Tomaten über die Theke reicht, kein Innenleben haben könnte. Bei Tieren ist das schon schwieriger, und je weiter etwas in seiner Ausdrucksform vom Menschen entfernt ist, desto eher wird ihm ein Innenleben abgesprochen. Das liegt daran, dass wir diesen vierten Quadranten nicht direkt erfahren können.

Um es noch einmal zu sagen: Die Einteilung der Quadranten erfolgt also nicht wie in der integralen Theorie nach Geist-Materie und Individuum-Kollektiv, sondern rein phänomenal nach Erinnerung-Erwartung und Selbst-Welt. Wobei sich Selbst und Welt darin unterscheiden, ob ich die Materie von innen erlebe oder von innen steuern kann.

Dieses Grundraster basiert also auf unserem inneren Erleben von Raum und Zeit. Und wenn wir von Raum und Zeit sprechen, können wir uns sehr gut vorstellen, was Raum ist. Auch wenn es hier um Innen- und Außenraum geht. Was aber ist Zeit? Wir haben schon bei der Diskussion über den Monismus gesehen, dass es sich um eine andere Form des Monismus handelt als die der Naturwissenschaften. Alles besteht aus Holozellen. Und Holozellen sind Muster, an die sich Subholons anlagern. Und natürlich ist auch das kleinste Holon, das Elementarteilchen, ein Holon. Aber diese Holons existieren nur mit unterschiedlichen Wahrscheinlichkeiten. Und deshalb muss ich jetzt einen kleinen Ausflug in die Quantentheorie machen. Denn die erklärt, was Zeit eigentlich ist.

Lambdoma als Kreisbild

Nun ist es Zeit, dass wir das Dreieck des Lambdomas als Kreis zeichnen, wie es uns phänomenologisch erscheint und wie es die Quadranten der individuellen Wirklichkeit abbildet:

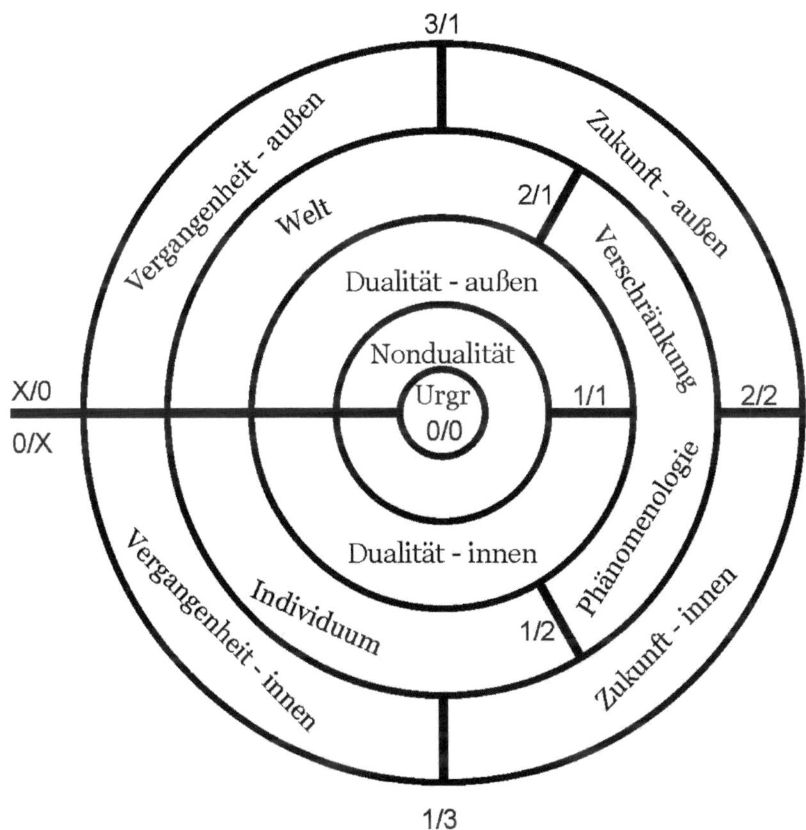

In diesem Bild fallen die Transzendenzen x/0 und 0/x in einer Linie zusammen. Der Urgrund ist im Hier und jetzt zu finden.

Anwendung der Ur-Matrix 2

Wir können diese Thematik auch als höhere Potenz der Individualisierung sehen (4=2*2):

0/0

0/2 – 1/1 – 2/0

0/4 – 1/3 – 2/2 – 3/1 – 4/0

Damit wird die 2/2 mit der Grenzlinie zwischen Figur und Hintergrund identifiziert, wie sie auf Ebene zwei emergierte. Gleichzeitig aber wird die Thematik „Figur und Hintergrund" aber auch auf die zwei Phasen 0/2 – 1/1 und 1/1 – 2/0 angewandt und bildet eine Differenzierung von Individuum und Rest der Welt ab:

Das Individuum spaltet die Hälfte von sich selbst ab, um es sehen zu können, um es sichtbar zu machen. Die Identifikation liegt nun auf dem „körperlichen Quadranten (individuelles ES)" 0/4 – 1/3. Sichtbar wird damit der ebenfalls zum Individuum gehörende „seelische Quadrant (ICH)". Der „Rest der Welt" spaltet sich dabei auf in den geistigen Quadranten „Geist als Abbild der materiellen Infrastruktur der – das Holon umgebenden – Außenwelt" und den „kausalen Quadranten", der Innenwelt dieser Außenwelt, die sich im menschlichen Kontext als kulturelles Paradigma manifestiert.

Diese Aufteilung können wir uns nun mit der Anwendung der Ur-Matrix erster Ordnung bestätigen und verfeinern lassen.

Thematiken der Metaebene – Identifikation – Projektion

0/3 – 1/2 – 2/1 – 3/0

0/4 – 1/3 – 2/2 – 3/1 – 4/0

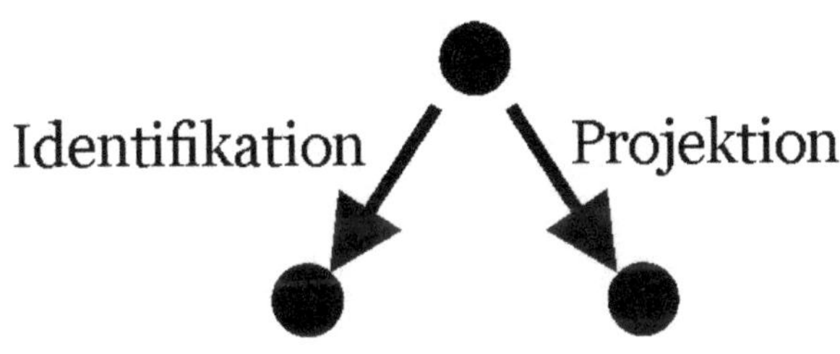

0/3

Projektion 0/3 → 1/3

Der Archetyp vom „Teil der Ganzheit" führt in der Projektion zum Grundgefühl des „Ich bin..." Das Teil bekommt eine Identität.

1/2

Aus der Einheit 1/2 wird die unbestimmte Zweiheit 1/3 – 2/2.

Identifikation 1/2 → 1/3

Die reine Wahrnehmung der Verschränkung von Innen- und Außenwelt differenziert sich zu einer Wahrnehmung von sich selbst. Indem, wie man auf die Signale einer Außenwelt reagiert, findet sich die Grundidentität des Teils dieser Ganzheit. Dabei rückt ein Bereich in die Wahrnehmung, der bisher unbewusst war. Dies ist die Grundlage der Reaktionen des Individuums auf die Wahrnehmung der Außenwelt und bildet damit die eigentliche Identität des Teils.

Projektion 1/2 → 2/2

Die reine Wahrnehmung der Verschränkung der Innen- und Außenwelt differenziert sich und ermöglicht dem Teil, zu erkennen, was die Außenwelt in ihm auslöst. Die Verschränkung wird damit differenziert und die Begegnungslinie mit der Außenwelt wird wahrnehmbar. Das Außen wird zu einem wahrnehmbaren Gegenüber und das Innere wird als Reflexion der Außenwelt erlebbar.

2/1

Aus der Einheit 2/1 wird die unbestimmte Zweiheit 2/2 – 3/1.

Identifikation 2/1 → 2/2

Das bisher unerkennbare Kollektiv identifiziert sich mit dem Einfluss auf das Indidivuum und wird zur Ursache der geistigen Ideen von dieser Außenwelt.

Projektion 2/1 → 3/1

Die Projektion des kulturellen Paradigmas öffnet ein Fenster in den bisher unbekannten Bereich und ermöglicht Vorstellungen von Hintergründen und Zusammenhängen.

3/0

Aus der Einheit 3/0 wird die unbestimmte Zweiheit 3/1 – 4/0.

Identifikation 3/0 → 3/1

Die Alleinheit identifiziert sich mit der Außenwelt des Teils und wird damit von der transzendenten und undifferenzierten Alleinheit zur Identität der Außenwelt reduziert. 3/1 ist das kulturelle Paradigma, das die Gesetze der Außenwelt enthält und versucht, nachzuzeichnen.

Archetypische Thematiken der neuen Ebene

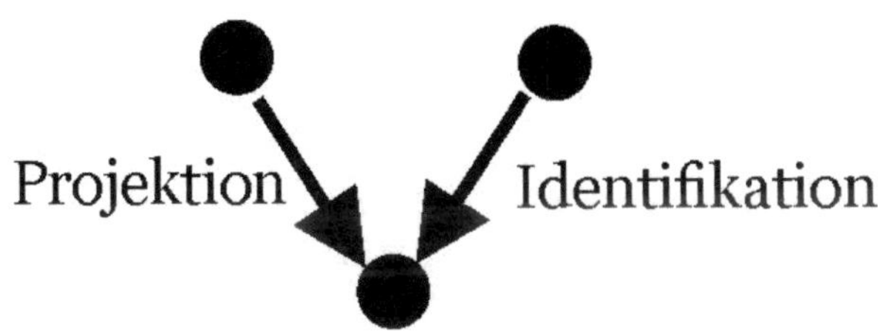

1/ 3

Projektion 0/3 → 1/3

Die Transzendenz des materiellen Archetyps von System und Kausalität führt zum Identitätsgefühl des Holns.

Identifikation 1/2 → 1/3

Die Wahrnehmung von sich selbst wird zur Grundidentität des Teils dieser Ganzheit.

2/2

Projektion 1/2 → 2/2

Die Verschränkung der Innen- und Außenwelt als Wahrnehmung der Welt stärkt den Archetypus der Grenze des Individuums (1/1), die Silhouette als Grenzlinie zwischen Figur und Hintergrund wieder neu.

Identifikation 2/1 → 2/2

Der Archetyp des Kollektivs stärkt durch Identifikation mit den Sinnesreizen die Grenze zwischen innen und außen.

3/1

Projektion 2/1 → 3/1

Die Projektion des kulturellen Paradigmas öffnet ein Fenster in den bisher unbekannten Bereich und ermöglicht Vorstellungen von Hintergründen und Zusammenhängen.

Identifikation 3/0 → 3/1

Der transzendente Archetyp der Ganzheit aus Teilen identifiziert sich mit dem kollektiven Kontext des Teils und wird zu dessen Schicksal als Gesetzmäßigkeit des kulturellen Paradigmas.

Emergenzen und Spannungsfelder

Auf dieser Stufe der Differenzierung wird eine neue, **emergente** Bedeutungsebene sichtbar. Die Grundidee der Ebene der 4 ist die Emergenz der phänomenalen Wahrnehmung des materiellen Seins. Somit ist es die Manifestation, die „Erschaffung" der Materie in der phänomenologischen Welt des Teils der Ganzheit, die hier entsteht.

1.	WAS	(Idee)
2.	WO	(Ort des Geschehens)
3.	WOMIT	(Daten)
4.	WIE	(Technik oder Methode - Identifikation)

Bottom-Up

1. Das *Was* der Kausalität.

Die Idee des materiellen Kosmos als phänomenologische Erscheinung liegt in der Körperlichkeit des Individuums. Diese Idee stellt die Grundlage dar, auf der das Individuum seine physische Realität und seine materielle Umwelt wahrnimmt und interpretiert. Die phänomenologische Erscheinung des Kosmos wird durch die Sinne und das Bewusstsein des Individuums vermittelt, wodurch die äußere Welt in eine innere Erfahrung übersetzt wird.

Die Körperlichkeit des Individuums ist somit der zentrale Punkt, an dem die materielle Realität manifest wird. Hierbei spielt die sensorische Wahrnehmung eine entscheidende Rolle. Die Sinne wie Sehen, Hören, Fühlen, Riechen und Schmecken liefern kontinuierlich Daten über die Umgebung, die das Gehirn verarbeitet und interpretiert. Diese sensorischen Informationen werden zu einem kohärenten Bild der physischen Welt zusammengefügt, das dem Individuum ermöglicht, sich in seiner Umwelt zurechtzufinden und mit ihr zu interagieren.

Darüber hinaus ist die Körperlichkeit nicht nur auf die sensorische Wahrnehmung beschränkt, sondern umfasst auch das gesamte physische Sein des Individuums. Dies beinhaltet die physische Präsenz, die Bewegungsfähigkeiten und die Interaktionen des Körpers mit der Umwelt. Die physischen Handlungen und Reaktionen des Körpers sind wesentliche Aspekte, durch die das Individuum seine materielle Existenz erfährt und gestaltet.

In diesem Zusammenhang wird die Körperlichkeit des Individuums zur Schnittstelle zwischen dem Innen und dem Außen. Sie ist der Ort, an dem die physische Welt in die subjektive Erfahrung integriert wird. Die phänomenologische Sichtweise betont dabei, dass die materielle Realität nicht unabhängig vom Bewusstsein existiert, sondern immer in Beziehung zum wahrnehmenden Subjekt steht.

Zusammengefasst liegt die Idee des materiellen Kosmos als phänomenologische Erscheinung in der Körperlichkeit des Individuums. Diese Körperlichkeit ermöglicht es, die physische Welt zu erfahren, zu interpretieren und darauf zu reagieren. Sie bildet die Grundlage für das Verständnis und die Interaktion mit der materiellen Realität und ist somit ein zentraler Aspekt der Kausalität auf dieser Ebene.

2. Das *Wo* der Kausalität.

Der Ort dieser Manifestation liegt in der Selbstwahrnehmung des Teils, in der das Bild der Welt Gestalt annimmt. Die Welt muss sich im Bewusstsein des Teils manifestieren. Diese Selbstwahrnehmung ist ein innerer Raum, in dem das Individuum seine eigenen Erfahrungen, Gedanken und Gefühle reflektiert und interpretiert. Hier entsteht das persönliche Weltbild, das die Grundlage für das Verständnis und die Interaktion mit der äußeren Realität bildet.

Die Selbstwahrnehmung ist der mentale Schauplatz, an dem die sensorischen Daten, die durch die Körperlichkeit gesammelt werden, verarbeitet und zu einem kohärenten Bild der Welt zusammengefügt werden. Dieser Prozess ist nicht nur passiv, sondern aktiv und konstruktiv. Das Individuum nutzt seine kognitiven Fähigkeiten, um die gesammelten Informationen zu analysieren, zu bewerten und zu interpretieren. Dadurch wird die äußere Welt in eine verständliche und sinnvolle innere Darstellung transformiert.

Dieser innere Raum der Selbstwahrnehmung ist stark geprägt von individuellen Erfahrungen, Erinnerungen und kulturellen Einflüssen. Diese Faktoren formen das Weltbild des Individuums und beeinflussen, wie es die äußere Realität wahrnimmt und darauf reagiert. Die Selbstwahrnehmung ist somit nicht statisch, sondern dynamisch und ständig im Wandel, da neue Erfahrungen und Informationen kontinuierlich integriert werden.

Die Manifestation der Welt im Bewusstsein des Teils bedeutet auch, dass das Individuum eine aktive Rolle bei der Gestaltung seiner Realität spielt. Durch bewusste Reflexion und Selbstbewusstsein kann es seine Wahrnehmungen und Interpretationen beeinflussen und modifizieren. Dies eröffnet die Möglichkeit zur persönlichen Entwicklung und Transformation, indem das Individuum lernt, seine inneren Zustände und Reaktionen zu erkennen und zu steuern.

Zusammengefasst liegt der Ort der Manifestation in der Selbstwahrnehmung des Teils, in der das Bild der Welt Gestalt annimmt. Diese Selbstwahrnehmung ist ein aktiver und dynamischer Prozess, in dem das Individuum seine sensorischen Daten verarbeitet und interpretiert, um ein kohärentes und sinnvolles Weltbild zu schaffen. Die Welt manifestiert sich im Bewusstsein des Individuums, das dadurch seine Realität aktiv mitgestaltet und beeinflusst.

3. Das *Womit* der Kausalität

Die Information, mit der sich dieses Weltbild gestaltet, kommt aus der materiellen Umgebung, dem manifestierten Kontext des Holons. Diese Informationen umfassen alle sensorischen Eindrücke, die das Individuum aus seiner physischen Umgebung aufnimmt. Dazu gehören visuelle, auditive, taktile, olfaktorische und gustatorische Reize, die zusammen ein umfassendes Bild der äußeren Welt erzeugen.

Die materielle Umgebung liefert kontinuierlich eine Fülle von Daten, die das Individuum empfängt und verarbeitet. Diese sensorischen Informationen sind die Grundlage für die Wahrnehmung der physischen Realität und werden durch die Sinnesorgane in elektrische Signale umgewandelt, die das Gehirn interpretiert. Dieser Prozess der Informationsaufnahme und -verarbeitung ist essenziell für das Verständnis und die Interaktion mit der Umwelt.

Der manifestierte Kontext des Holons bedeutet, dass diese Informationen nicht isoliert betrachtet werden, sondern im Rahmen eines größeren, systemischen Zusammenhangs. Ein Holon ist sowohl ein Ganzes als auch ein Teil eines größeren Systems, und die Informationen aus der Umgebung spiegeln diese komplexe Struktur wider. Das Individuum nimmt nicht nur isolierte Reize wahr, sondern versteht sie in ihrem Zusammenhang und ihrer Bedeutung innerhalb des größeren Systems.

Diese kontextualisierten Informationen formen das Weltbild des Individuums, indem sie ihm helfen, Muster und Zusammenhänge in der materiellen Welt zu erkennen. Durch die Interpretation dieser Muster kann das Individuum Vorhersagen treffen, Entscheidungen fällen und angemessen auf seine Umgebung reagieren. Die materielle Umgebung bietet somit die Datenbasis, die durch kognitive Prozesse in ein kohärentes und funktionales Weltbild transformiert wird.

Zusätzlich zu den direkten sensorischen Eindrücken spielen auch kulturelle und soziale Einflüsse eine Rolle bei der Gestaltung des Weltbildes. Die Art und Weise, wie Informationen interpretiert und integriert werden, wird stark von den kulturellen Normen, Werten und Überzeugungen geprägt, die das Individuum in seiner sozialen Umgebung erlernt hat. Diese Einflüsse erweitern und formen die Rohdaten aus der materiellen Umgebung zu einem komplexen, kulturell geprägten Verständnis der Welt.

Zusammengefasst gestaltet sich das Weltbild des Individuums durch die Informationen aus der materiellen Umgebung, dem manifestierten Kontext des Holons. Diese Informationen werden durch die Sinne aufgenommen, im Gehirn verarbeitet und in einem größeren systemischen Zusammenhang interpretiert. Kulturelle und soziale Einflüsse tragen ebenfalls zur Formung dieses Weltbildes bei, indem sie die Wahrnehmung und Interpretation der sensorischen Daten prägen.

4. Das *Wie* der Kausalität

Die Technik der Manifestation liegt im Gesamtkontext des Kosmos, der in seiner Grundform die Manifestation komplexer Systeme mit internen Regelkreisen erlaubt. Diese Technik bezieht sich auf die grundlegenden Prinzipien und Mechanismen, durch die das Universum organisiert ist und wie es funktioniert. Sie ermöglicht es, dass komplexe Systeme entstehen, die selbstregulierend und adaptiv sind.

Die internen Regelkreise, die in diesen komplexen Systemen wirken, sind Feedback-Mechanismen, die für die Stabilität und Anpassungsfähigkeit des Systems sorgen. Diese Regelkreise erlauben es den Systemen, auf Veränderungen in ihrer Umgebung zu reagieren und sich entsprechend anzupassen. Dadurch können sie überleben und sich weiterentwickeln, auch in dynamischen und oft unvorhersehbaren Umgebungen.

Die Technik der Manifestation umfasst auch die Summe aller Intentionen und das Innenleben der Ganzheit aus Teilen. Dies bedeutet, dass jedes Teil des Systems seine eigenen Ziele und Motivationen hat, die im Kontext des gesamten Systems koordiniert und integriert werden. Die Intentionen der Teile tragen zur Gesamtfunktionalität und Zielgerichtetheit des Systems bei, indem sie ihre individuellen Handlungen und Reaktionen in den größeren Zusammenhang einbringen.

Auf einer tieferen Ebene beinhaltet die Technik der Manifestation auch die Prozesse der Emergenz, durch die neue Eigenschaften und Fähigkeiten auf der Makroebene entstehen, die auf der Mikroebene der einzelnen Teile nicht vorhanden sind. Diese emergenten Eigenschaften sind das Ergebnis der komplexen Interaktionen und Synergien zwischen den Teilen des Systems, die durch die grundlegenden kosmischen Prinzipien ermöglicht werden.

Ein weiterer wichtiger Aspekt ist die Rolle der Selbstorganisation. Die Technik der Manifestation ermöglicht es Systemen, sich selbst zu strukturieren und zu organisieren, ohne dass eine zentrale Steuerung erforderlich ist. Durch Selbstorganisation können Systeme effizienter und flexibler auf Umweltveränderungen reagieren und sich kontinuierlich anpassen und weiterentwickeln.

Zusammengefasst liegt die Technik der Manifestation im Gesamtkontext des Kosmos, der die Entstehung und Funktion komplexer Systeme mit internen Regelkreisen ermöglicht. Diese Technik umfasst die grundlegenden Mechanismen der Selbstorganisation und Emergenz, sowie die Integration der Intentionen und Ziele der einzelnen Teile des Systems. Sie stellt sicher, dass die Systeme adaptiv, stabil und in der Lage sind, auf die Herausforderungen ihrer Umwelt zu reagieren und sich weiterzuentwickeln.

Top-Down

1. Das *Was* der Teleologie.

Die Idee der Teleologie ist die reale Manifestation der Teile, aus denen die Ganzheit besteht. Diese Idee betont, dass jedes Teil des Systems nicht nur für sich selbst existiert, sondern einen wesentlichen Beitrag zur Gesamtheit leistet. Jedes Teil ist eine konkrete Ausprägung eines übergeordneten Zwecks und trägt zur Verwirklichung der Ganzheit bei.

In der teleologischen Betrachtung wird davon ausgegangen, dass die Teile des Systems nicht zufällig oder isoliert existieren, sondern dass sie einer höheren Ordnung und einem gemeinsamen Ziel folgen. Diese Teile manifestieren sich in spezifischen Formen und Funktionen, die in das größere Gefüge des Systems integriert sind. Durch ihre Existenz und Interaktion tragen sie zur Realisierung des übergeordneten Ziels bei, das das System als Ganzes antreibt.

Die reale Manifestation der Teile bedeutet auch, dass die Teile aktiv und bewusst handeln, um zur Ganzheit beizutragen. Sie sind nicht passive Elemente, sondern dynamische Akteure, die ihre Intentionen und Fähigkeiten einbringen, um das System zu gestalten und voranzubringen. Jeder Teil ist sowohl ein Individuum mit eigenen Zielen als auch ein integraler Bestandteil des größeren Ganzen.

Diese teleologische Perspektive legt besonderen Wert auf die Zielgerichtetheit und Zweckmäßigkeit der Teile. Sie betrachtet die Teile nicht nur in ihrer aktuellen Form, sondern auch in ihrem Potenzial und ihrer Fähigkeit zur Weiterentwicklung. Durch die Verwirklichung ihrer individuellen Ziele und Fähigkeiten tragen die Teile zur evolutionären Entwicklung des gesamten Systems bei.

Ein weiterer wichtiger Aspekt der Teleologie ist die Harmonie und Kohärenz zwischen den Teilen und der Ganzheit. Die Teile sind so gestaltet, dass sie optimal zusammenwirken und sich gegenseitig ergänzen. Diese Harmonie ermöglicht es dem System, effizient und kohärent zu funktionieren und seine Ziele zu erreichen. Die Teleologie betont daher die Notwendigkeit einer integrativen und kooperativen Dynamik, bei der die Teile im Einklang mit dem Gesamtziel agieren.

Zusammengefasst ist die Idee der Teleologie die reale Manifestation der Teile, aus denen die Ganzheit besteht. Diese Manifestation ist zielgerichtet und zweckmäßig, wobei jeder Teil sowohl individuell als auch als Teil des größeren Ganzen existiert. Die Teile tragen aktiv zur Verwirklichung des übergeordneten Ziels bei, wodurch die Harmonie, Kohärenz und evolutionäre Entwicklung des Systems gefördert werden.

2. Das *Wo* der Teleologie

Der Ort der Manifestation ist die Vielfalt in der Welt der materiellen Holons. Diese Vielfalt ist der Raum, in dem sich die Teile des Systems entfalten und ihre spezifischen Rollen und Funktionen ausführen. Ein Holon ist dabei ein ganzheitliches System, das gleichzeitig ein Teil eines größeren Systems ist und in diesem Kontext sowohl als Ganzes als auch als Teil eines umfassenderen Ganzen agiert.

Die Vielfalt der materiellen Holons stellt die verschiedenen Ebenen und Dimensionen dar, in denen die Teile des Systems existieren und interagieren. Diese Vielfalt umfasst eine breite Palette von Formen, Strukturen und Funktionen, die in der physischen Welt manifestiert sind. Jeder Holon trägt zur Komplexität und Dynamik des gesamten Systems bei und spielt eine einzigartige Rolle in der Gesamtarchitektur des Kosmos.

Die materiellen Holons können auf verschiedenen Skalen und in unterschiedlichen Kontexten existieren. Sie reichen von subatomaren Partikeln über biologische Organismen bis hin zu sozialen Strukturen und technologischen Systemen. Jede dieser Ebenen stellt einen spezifischen Ausdruck der teleologischen Prinzipien dar, die das Verhalten und die Entwicklung der Holons leiten. Diese Ebenen interagieren miteinander und beeinflussen sich gegenseitig, wodurch ein Netzwerk von Beziehungen entsteht, das die Grundlage für die teleologische Entwicklung des Systems bildet.

Der Ort der Manifestation in der Vielfalt der materiellen Holons ist auch der Raum, in dem Evolution und Anpassung stattfinden. Die Holons entwickeln sich weiter, passen sich an ihre Umgebung an und reagieren auf interne und externe Einflüsse. Diese dynamische Entwicklung ist ein wesentlicher Bestandteil der teleologischen Prozesse, die das System als Ganzes vorantreiben. Durch diese ständige Anpassung und Evolution können die Holons ihre Funktionen optimieren und zur Stabilität und Resilienz des Systems beitragen.

Zusammengefasst ist der Ort der teleologischen Manifestation die Vielfalt in der Welt der materiellen Holons. Diese Vielfalt repräsentiert die verschiedenen Ebenen und Dimensionen, in denen die Teile des Systems existieren und interagieren. Die materiellen Holons sind die konkreten Ausdrucksformen der teleologischen Prinzipien und spielen eine entscheidende Rolle in der Entwicklung und Anpassung des Systems. Durch ihre Interaktionen und Evolution tragen sie zur Komplexität, Dynamik und Stabilität des gesamten Systems bei.

3. Das *Womit* der Teleologie

Die Information, mit der dies verwirklicht wird, findet sich in der Innenperspektive der Teile wieder, die aufgrund ihrer Identifizierung mit dem Teil, den sie darstellen, eine Intentionalität entwickeln, die den Prozess der Ganzheit am Laufen hält. Diese

Innenperspektive beinhaltet das subjektive Erleben, die Bewusstheit und die Selbstreflexion jedes Teils des Systems. Es ist der innere Raum, in dem Intentionen, Ziele und Motivationen entstehen und formuliert werden.

Die Identifizierung der Teile mit ihrer jeweiligen Rolle im System ist entscheidend für die Entwicklung dieser Intentionalität. Jedes Teil erkennt sich selbst als einzigartigen und integralen Bestandteil des größeren Ganzen, was ein Bewusstsein für seine spezifischen Aufgaben und Verantwortlichkeiten erzeugt. Durch diese Selbstidentifikation können die Teile zielgerichtete Handlungen unternehmen, die im Einklang mit den übergeordneten Zielen des Systems stehen.

Die Intentionalität, die in der Innenperspektive der Teile entsteht, ist der Motor für die dynamischen Prozesse, die die Ganzheit des Systems aufrechterhalten und vorantreiben. Diese Intentionen sind nicht statisch, sondern entwickeln sich ständig weiter, basierend auf neuen Informationen, Erfahrungen und Reflexionen. Sie ermöglichen es den Teilen, flexibel auf Veränderungen zu reagieren und kreative Lösungen für auftretende Herausforderungen zu finden.

Die Innenperspektive der Teile ist auch der Ort, an dem die Selbstorganisation und die Selbstregulation des Systems stattfinden. Durch die bewusste Reflexion ihrer eigenen Ziele und Handlungen können die Teile kontinuierlich Anpassungen vornehmen, um ihre Effizienz und Effektivität zu steigern. Dies trägt zur Stabilität und Resilienz des Systems bei, indem es sicherstellt, dass die Teile harmonisch zusammenarbeiten und auf ein gemeinsames Ziel hinarbeiten.

Zusammengefasst wird die Information, mit der die teleologischen Prozesse verwirklicht werden, in der Innenperspektive der Teile gefunden. Diese Innenperspektive ermöglicht es den Teilen, ihre Identität und Intentionalität zu entwickeln, wodurch sie zielgerichtet handeln und zum Erhalt und zur Entwicklung des gesamten Systems beitragen können. Die kontinuierliche Selbstreflexion und Anpassung der Teile fördern die Selbstorganisation und Resilienz des Systems, was es in die Lage versetzt, flexibel auf Veränderungen zu reagieren und seine übergeordneten Ziele zu verfolgen.

3. Das *Wie* der Teleologie

Die Technik, mit der dies geschieht, liegt in der materiellen Manifestation der Einzelteile, in ihrer Körperlichkeit innerhalb eines materiellen Kosmos. Diese Technik bezieht sich auf die physische Existenz und die konkreten Ausdrucksformen der Teile des Systems, die ihre Intentionen und Ziele durch ihre Körperlichkeit und physischen Handlungen verwirklichen.

Die materielle Manifestation der Einzelteile bedeutet, dass jedes Teil des Systems eine physische Form annimmt, die es ihm ermöglicht, im physischen Universum zu interagieren und zu agieren. Diese Körperlichkeit ist der Träger der Intentionen und Handlungen der Teile und bildet die Basis, auf der sie ihre Aufgaben und Funktionen ausführen können. Die physischen Eigenschaften und Fähigkeiten jedes Teils sind entscheidend für seine Rolle und Wirksamkeit innerhalb des Systems.

Innerhalb des materiellen Kosmos operieren die Teile des Systems durch verschiedene Mechanismen und Prozesse, die auf den grundlegenden physikalischen Gesetzen basieren. Diese Mechanismen umfassen chemische Reaktionen, biologische Prozesse, mechanische Bewegungen und energetische Interaktionen, die alle zur Umsetzung der Intentionen der Teile beitragen. Die Körperlichkeit der Teile ermöglicht es ihnen, diese Mechanismen zu nutzen, um ihre Ziele zu erreichen und auf die Anforderungen ihrer Umgebung zu reagieren.

Ein zentraler Aspekt dieser Technik ist die Wechselwirkung zwischen den physischen Teilen des Systems. Diese Interaktionen sind oft komplex und multidimensional, wobei die Teile miteinander kommunizieren, Ressourcen austauschen und gemeinsam auf Ziele hinarbeiten. Durch diese Kooperation und Synergie können die Teile des Systems ihre individuellen Fähigkeiten maximieren und zum kollektiven Erfolg beitragen.

Die materielle Manifestation der Teile ist auch eng mit der Idee der Selbstorganisation verbunden. Die Teile sind in der Lage, sich selbst zu organisieren und zu regulieren, indem sie auf Feedback aus ihrer Umgebung reagieren und ihre Handlungen entsprechend anpassen. Diese Selbstorganisation ermöglicht es dem

System, flexibel und adaptiv zu bleiben, auch in einer sich ständig verändernden Umwelt.

Zusammengefasst liegt die Technik der Teleologie in der materiellen Manifestation der Einzelteile, in ihrer Körperlichkeit innerhalb eines materiellen Kosmos. Durch ihre physische Existenz und die Nutzung grundlegender physikalischer Mechanismen können die Teile ihre Intentionen verwirklichen und zur Gesamtfunktionalität des Systems beitragen. Die Interaktionen und die Selbstorganisation der Teile fördern die Resilienz und Anpassungsfähigkeit des Systems, wodurch es in der Lage ist, seine teleologischen Ziele zu erreichen.

Thema und Ergebnis

Die Idee dieser Ebene 4 liegt in der Methode der Realisierung einer Vielfalt der Welt. Diese Methode betont die Entstehung und Ausformung der physischen Realität durch die Interaktion und Manifestation der Einzelteile. Das Ergebnis ist der materielle Kosmos, ein komplexes und dynamisches System, in dem die materiellen und energetischen Prozesse in einer harmonischen Weise koexistieren und interagieren.

Bottom-Up

Innerhalb des Holons entsteht eine Vorstellung einer materiellen Außenwelt, in die das Holon eingebettet ist und innerhalb derer es Handeln und Interagieren muss, um seine Intentionen umzusetzen. Diese Vorstellung ist nicht nur eine passive Wahrnehmung, sondern eine aktive Konstruktion, die auf den sensorischen Eindrücken und kognitiven Prozessen des Holons basiert. Durch diese Vorstellung kann das Holon seine Umgebung interpretieren und darauf reagieren. Es entwickelt Strategien und Handlungspläne, um seine Ziele zu erreichen und auf die Herausforderungen der Umwelt zu antworten. Diese Interaktionen fördern das Wachstum und die Anpassungsfähigkeit des Holons und ermöglichen eine dynamische Koexistenz mit der materiellen Welt.

Die aktive Interaktion mit der materiellen Umwelt erfordert von den Teilen des Holons, ständig Informationen zu sammeln, zu verarbeiten und zu nutzen, um ihre Handlungen zu optimieren. Dies beinhaltet die Fähigkeit zur Problemlösung, zur Anpassung an neue Bedingungen und zur Innovation. Das Holon muss lernen, Ressourcen effizient zu nutzen und nachhaltige Praktiken zu entwickeln, um seine langfristige Stabilität und Resilienz zu gewährleisten.

Top-Down

Innerhalb der Ganzheit entsteht der kollektive Traum des göttlichen Cyberspace, in dem alle beinhalteten Teile ihre Intentionen wie Erwartungen und Befürchtungen zu einer einheitlichen Wirklichkeit überlagern. Diese kollektive Vision wird durch die gemeinsame Ausrichtung und die synchronisierte Zusammenarbeit der Teile geschaffen. Jeder Teil bringt seine einzigartigen Perspektiven und Beiträge ein, um ein kohärentes und integriertes Ganzes zu formen. Diese Überlagerung der individuellen

Intentionen schafft eine reiche und vielfältige Realität, die durch die kollektive Kreativität und Zusammenarbeit gestärkt wird.

Der göttliche Cyberspace ist ein symbolischer Ausdruck für die grenzenlosen Möglichkeiten und die kreative Potenz der Gesamtheit. In diesem Raum der unbegrenzten Potenzialität können die Teile ihre kühnsten Visionen und tiefsten Ängste projizieren und transformieren. Durch die kollektive Imagination und das gemeinsame Handeln wird eine Wirklichkeit erschaffen, die sowohl die spirituellen als auch die materiellen Aspekte des Seins umfasst.

Zusammengefasst betont die Ebene 4 die Methode der Realisierung einer vielfältigen und dynamischen Welt durch die aktive Interaktion der Einzelteile mit ihrer materiellen Umwelt (Bottom-Up) und die kollektive Vision eines harmonischen und integrierten Ganzen (Top-Down). Diese duale Perspektive ermöglicht ein tiefes Verständnis der Entstehung und Entwicklung des materiellen Kosmos und fördert die nachhaltige und kreative Koexistenz der Teile innerhalb der Ganzheit.

Die Ur-Matrix vierter Ordnung

Aus dieser Darstellung lässt sich eine neue Schablone ableiten. Die Ur-Matrix vierter Ordnung. Dabei werden die Zwischenebenen ausgeblendet:

(0/1 – 1/0)
0/4 – 1/3 – 2/2 – 3/1 – 4/0

Legt man diese Schablone an, wird aus jeder Thematik eine metaphorische Manifestation in

„Idee der Körperlichkeit" – „Ort der Identität" – „Information der Gedanklichen Abbilder" – „Methode der Maifestation / kausale Bestimmungen / kulturelle Paradigmen"

Diese Schablone kommt dann ebenfalls im Band zwei zum Einsatz, wenn es um die detailliertere Differenzierung der Archetypen geht.

Ebene 5 – Reflexion der Wirklichkeit

Die Anwendung des Prinzips auf die nächste Ebene, ausgehend von den Quellen 0/4, 1/3, 2/2, 3/1 und 4/0 führt zu einer tieferen Schicht der Analyse. Diese Zahlverhältnisse werden dabei jeweils zur Meta-Einheit des Urprinzips und die Prozesse Identifikation und Projektion verweben sich aufs Neue zu differenzierteren Bedeutungen.

Thematiken der Metaebene – Identifikation – Projektion

0/4 – 1/3 – 2/2 – 3/1 – 4/0

0/5 – 1/ 4 – 2/ 3 – 3/2 – 4/1 – 5/0

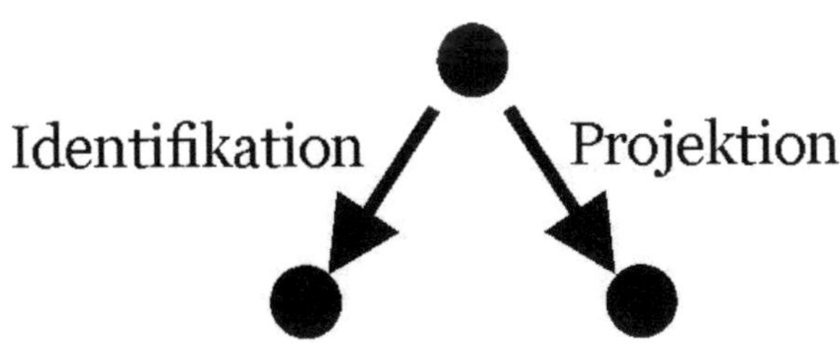

1/3

Aus der Einheit 1/3 wird die unbestimmte Zweiheit 1/4 – 2/3.

Identifikation 1/3 → 1/4

Die Grenzlinie der Körperlichkeit (1/3) identifiziert sich mit den systemischen Prozessen im Holon, die für die Aufrechterhaltung der Homöostase sorgen. Ein Teil dieser Körperlichkeit wird der bewussten Kontrolle überlassen und damit aus der Automatisierung schlichte Reiz-Reaktionsmusster befreit. Damit sind neue Bewegungsmuster und neue Ideen möglich. Der Freiheitsgrad wird vergrößert. Diese erweiterte Kontrolle ermöglicht nicht nur eine flexible Anpassung an die Umwelt, sondern auch die Fähigkeit, auf unerwartete Herausforderungen kreativ zu reagieren.

Projektion 1/3 → 2/3

Die Körperlichkeit projiziert einige Funktionen in den seelischen Bereich. Der sich öffnende Raum entkonditioniert die Handlungsmuster und führt zur Basis kreativer Prozesse durch Gefühle und Emotionen, die als solche wahrgenommen werden können. Diese Projektion ermöglicht es, tiefere Schichten des Unbewussten zu erreichen und dort schlummernde Potenziale freizusetzen. Emotionen werden nicht mehr nur als Reaktionen auf äußere Reize gesehen, sondern als dynamische Kräfte, die den kreativen Prozess befeuern und zu neuen, intuitiven Einsichten und Inspirationen führen können. Dadurch entsteht eine symbiotische Beziehung zwischen Körper und Seele, in der beide Bereiche miteinander interagieren und sich gegenseitig bereichern.

2/2

Aus der Einheit 2/2 wird die unbestimmte Zweiheit 2/3 – 3/2.

Identifikation 2/2 → 2/3

Die Grenzlinie zwischen dem seelischen Innenraum und der objektiven Außenwelt wird geöffnet und fasst neue Informationen zusammen. Der objektive Kontext ist nicht mehr allein verantwortlich für das innerseelische Empfinden. Diese Öffnung ermöglicht eine wechselseitige Durchdringung, bei der das innere Erleben und die äußere Realität in einen dynamischen Dialog treten. Emotionale Resonanzen können nun bewusster wahrgenommen und interpretiert werden, was zu einer tieferen Integration von Erfahrungen führt. Dadurch wird das subjektive Erleben reicher und vielfältiger, da es nicht nur von äußeren Ereignissen, sondern auch von inneren Prozessen geprägt wird. Die Grenze zwischen Innen und Außen wird durchlässiger, was zu einem erweiterten Bewusstsein und einer gesteigerten Fähigkeit zur Selbstreflexion und Empathie führt.

Projektion 2/2 → 3/2

Was gerade noch als neutrale Information zwischen innen und Außen ausgetauscht wurde, bekommt mehr Tiefe, indem die Ursachen der Interpretationen im innen und Außen in Erscheinung treten. Diese vertiefte Projektion ermöglicht es, die zugrunde liegenden Mechanismen und Muster sowohl des eigenen Inneren als auch der äußeren Umwelt klarer zu erkennen. Dadurch entsteht eine erweiterte Perspektive, in der die Wechselwirkungen zwischen inneren Zuständen und äußeren Ereignissen besser verstanden und bewusst gestaltet werden können. Diese tiefere Ebene der Wahrnehmung fördert nicht nur ein intensiveres Bewusstsein für die eigenen Emotionen und Gedanken, sondern auch ein tieferes Verständnis für die komplexen Zusammenhänge und Ursachen, die das Leben beeinflussen. So wird die Integration von Innen- und Außenwelt auf einer neuen, bewussteren Ebene möglich, was zu einem reicheren und erfüllteren Leben führt.

3/1

Aus der Einheit 3/1 wird die unbestimmte Zweiheit 3/2 – 4/1.

Identifikation 3/1 → 3/2

Die Grenzlinie zwischen objektivem Kontext und dem kulturellen Innenleben der Außenwelt öffnet sich und mach Platz für soziale und philosophische Gedanken. Die materiellen Manifestationen noosphärischer Konstruktionen werden sichtbar. Man sieht die Ursachen für viele materiellen Dinge im Außen nun in den sozialen Verbindungen gemeinsamer Weltbilder. Diese Offenbarung ermöglicht eine tiefere Einsicht in die kollektiven Dynamiken, die unsere Gesellschaften formen. Philosophische Diskurse und soziale Strukturen beginnen, sich als treibende Kräfte hinter den physischen Realitäten zu zeigen. Diese Erkenntnis fördert ein Bewusstsein für die Macht von Ideen und kollektiven Überzeugungen, die nicht nur abstrakte Konzepte bleiben, sondern sich konkret in der Welt manifestieren. Dadurch wird der Einfluss kultureller und sozialer Konstrukte auf die materielle Welt deutlicher, was wiederum zu einer bewussteren Gestaltung und Veränderung dieser Strukturen anregt. Die Interdependenz von Kultur und Materie wird so zu einem zentralen Element des Verständnisses und der Transformation unserer gemeinsamen Realität.

Projektion 3/1 → 4/1

Durch ein besseres Verständnis der Ursachen materieller Prozesse wird eine Neuorientierung ermöglicht, welche ein angepassteres Verhalten an unabänderliche Gegebenheiten bewirkt. Damit wird die Möglichkeit der Steuerung des Kontextes größer. Dieses tiefere Verständnis eröffnet zudem neue Wege zur proaktiven Gestaltung der eigenen Umgebung, indem systemische und langfristige Auswirkungen von Handlungen berücksichtigt werden. Es entsteht eine Fähigkeit zur strategischen Anpassung, die nicht nur reaktiv auf Veränderungen reagiert, sondern auch präventiv agiert, um zukünftige Herausforderungen zu meistern. So wird eine harmonischere Koexistenz mit den gegebenen Umständen möglich, die sowohl individuelle als auch kollektive Entwicklungspotenziale freisetzt und zur Stabilität und Nachhaltigkeit des sozialen Gefüges beiträgt.

4/0

Aus der Einheit 4/0 wird die unbestimmte Zweiheit 4/1 – 5/0.

Identifikation 4/0 → 4/1

Die Einheit des umfassenden Bewusstseins (4/0) differenziert sich und öffnet sich für die spezifischen Aspekte der spirituellen und materiellen Welt. Durch diese Differenzierung wird der spirituelle Bereich in den Kontext der materiellen Manifestationen integriert. Diese Integration führt zu einer Verfeinerung der

Wahrnehmung, in der spirituelle Einsichten und materielle Realitäten in einen produktiven Dialog treten können. So wird der Einfluss spiritueller Prinzipien auf die materielle Welt klarer und bewusster erfahrbar. Dadurch wird die Grundlage für eine tiefere harmonische Koexistenz und ein tieferes Verständnis der wechselseitigen Durchdringung von Materie und Geist geschaffen, was letztlich zu einer neuen Ebene des Bewusstseins führt. Diese Integration stellt die Ursache kreativer Prozesse in der gesamten Wirklichkeit dar, indem sie neue Möglichkeiten und Perspektiven eröffnet, die sowohl spirituelle als auch materielle Dimensionen einbeziehen.

Archetypische Thematiken der neuen Ebene

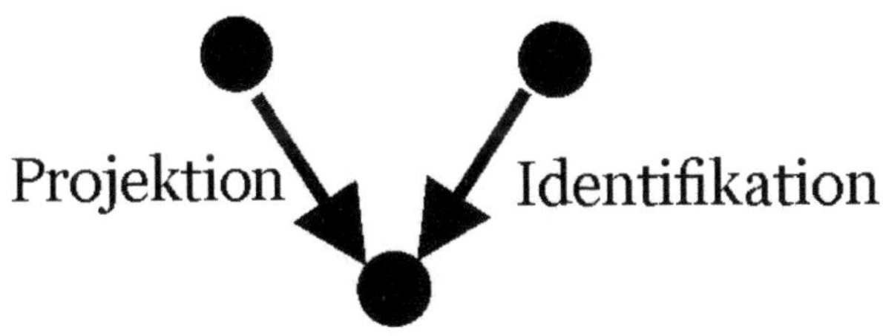

1/ 4

Identifikation 1/3 → 1/4

In der Identifikation von 1/3 zu 1/4 wird die innere Differenzierung weiter vertieft, wodurch das Individuum ein höheres Maß an Selbstwahrnehmung und Selbststeuerung erlangt. Dies führt zu einer dynamischeren und bewussteren Interaktion mit den eigenen inneren Prozessen, was wiederum die Basis für fortgeschrittene kreative und innovative Handlungen bildet. So wird das innere Potenzial des Individuums kontinuierlich erweitert und verfeinert.

2/3

Projektion 1/3 → 2/3

In diesem Prozess projiziert die Körperlichkeit bestimmte Funktionen in den seelischen Bereich, wodurch ein Raum entsteht, der die Entkonditionierung von Handlungsmustern ermöglicht. Dies bildet die Grundlage für kreative Prozesse, die durch Gefühle und Emotionen genährt werden können. Diese Projektion öffnet den Zugang zu tieferen Schichten des Unbewussten, wodurch verborgene Potenziale aktiviert werden. Emotionen werden nun nicht mehr nur als einfache Reaktionen auf äußere

Reize wahrgenommen, sondern als dynamische Kräfte, die den kreativen Prozess antreiben und zu neuen, intuitiven Erkenntnissen und Inspirationen führen. Dadurch entwickelt sich eine symbiotische Beziehung zwischen Körper und Seele, bei der beide Bereiche miteinander interagieren und sich gegenseitig bereichern.

Identifikation 2/2 → 2/3

Die Grenze zwischen dem seelischen Innenraum und der objektiven Außenwelt wird durchlässiger, wodurch neue Informationen integriert werden können. Das innere Empfinden hängt nun nicht mehr ausschließlich vom äußeren Kontext ab. Diese Öffnung ermöglicht einen dynamischen Austausch zwischen innerem Erleben und äußerer Realität. Emotionale Resonanzen werden bewusster wahrgenommen und interpretiert, was eine tiefere Integration der Erfahrungen zur Folge hat. Dadurch wird das subjektive Erleben reicher und vielfältiger, da es sowohl durch äußere Ereignisse als auch durch innere Prozesse beeinflusst wird. Die durchlässige Grenze zwischen Innen und Außen führt zu einem erweiterten Bewusstsein und einer verbesserten Fähigkeit zur Selbstreflexion und Empathie.

3/2

Projektion 2/2 → 3/2

Informationen, die bisher als neutral zwischen Innen und Außen ausgetauscht wurden, erhalten nun mehr Tiefe, indem die zugrunde liegenden Ursachen der Interpretationen sichtbar werden. Diese vertiefte Projektion ermöglicht ein klareres Verständnis der Mechanismen und Muster sowohl des inneren Erlebens als auch der äußeren Umwelt. Dadurch entsteht eine erweiterte Perspektive, die es erlaubt, die Wechselwirkungen zwischen inneren Zuständen und äußeren Ereignissen besser zu erkennen und bewusst zu gestalten. Diese tiefere Wahrnehmungsebene fördert nicht nur ein intensiveres Bewusstsein für die eigenen Emotionen und Gedanken, sondern auch ein umfassenderes Verständnis der komplexen Zusammenhänge und Ursachen, die das Leben prägen. So wird die Integration von Innen- und Außenwelt auf einer neuen, bewussteren Ebene möglich, was letztlich zu einem reicheren und erfüllteren Leben führt.

Identifikation 3/1 → 3/2

Die Grenze zwischen dem objektiven Kontext und dem kulturellen Innenleben der Außenwelt wird durchlässig, wodurch Raum für soziale und philosophische Überlegungen geschaffen wird. Die konkreten Auswirkungen geistiger Konstruktionen werden erkennbar, und die Ursachen vieler materieller Erscheinungen im Außen werden in den sozialen Systemen und in gemeinsamen Weltbildern sichtbar. Diese Einsicht ermöglicht ein tieferes Verständnis der kollektiven Dynamiken, die unsere Gesellschaften prägen. Soziale Strukturen und philosophische Diskurse treten als treibende Kräfte hinter den materiellen Realitäten hervor. Diese Erkenntnis hebt die Bedeutung von Ideen und kollektiven Überzeugungen hervor, die sich nicht nur als abstrakte Konzepte, sondern auch als konkrete Realitäten manifestieren. Dadurch wird der Einfluss kultureller und sozialer Konstrukte auf die physische Welt deutlicher, was zu einer bewussteren Gestaltung und Veränderung dieser Strukturen führt. Das Wechselspiel zwischen Kultur und Materie wird so zu einem zentralen

Aspekt des Verständnisses und der Transformation unserer gemeinsamen Realität.

4/1

Projektion 3/1 → 4/1

Ein vertieftes Verständnis der zugrunde liegenden Ursachen materieller Prozesse ermöglicht eine Neuorientierung, die ein angepasstes Verhalten an unveränderliche Gegebenheiten zur Folge hat. Dies führt zu einer größeren Fähigkeit, den Kontext bewusst zu steuern. Durch dieses tiefere Verständnis entstehen neue Möglichkeiten, die eigene Umgebung proaktiv zu gestalten, wobei systemische und langfristige Auswirkungen von Handlungen einbezogen werden.

Diese Erkenntnis fördert die Entwicklung einer strategischen Anpassungsfähigkeit, die nicht nur auf Veränderungen reagiert, sondern auch präventiv Maßnahmen ergreift, um zukünftigen Herausforderungen zu begegnen. Es entsteht eine Art vorausschauendes Handeln, das die Kontinuität und Stabilität des sozialen Gefüges unterstützt. Dadurch wird eine harmonischere Koexistenz mit den bestehenden Umständen erreicht, was sowohl individuelle als auch kollektive Entwicklungspotenziale freisetzt.

Diese proaktive Haltung ermöglicht es, gezielte Veränderungen herbeizuführen, die nicht nur die aktuelle Situation verbessern, sondern auch die Grundlage für nachhaltiges Wachstum und langfristige Stabilität schaffen. Durch die Integration dieses Wissens in das tägliche Handeln wird eine Kultur der Achtsamkeit und Weitsicht gefördert, die dazu beiträgt, soziale Strukturen resilienter und anpassungsfähiger zu machen. So wird die Fähigkeit gestärkt, nicht nur mit den gegenwärtigen Gegebenheiten in Einklang zu leben, sondern auch die Zukunft aktiv und bewusst zu gestalten.

Emergenzen und Spannungsfelder

Auf dieser Stufe der Differenzierung wird eine neue, **emergente** Bedeutungsebene sichtbar. Das Thema dieser Ebene liegt in der Prozesshaftigkeit der Systeme. Alles ist ständig im Wandel. Die statische Manifestation der Ebene 4 war eine Illusion, eine Momentaufnahme. Auf der Ebene 5 emergiert die Erkenntnis der Stabilität durch permanente Bewegung. Das Ergebnis ist ein kreativer, sich ständig wandelnder Dialog zwischen Innenwelt und Außenwelt, der immer neue Herausforderungen bietet und immer neue Ideen erfordert, um die Stabilität der Prozesse zu gewährleisten.

1. WAS (Idee)
2. WO (Ort des Geschehens)
3. WOMIT (Nahrung, Energie)
4. WIE (Technik oder Methode - Identifikation)
5. WOHIN (Neuschöpfung, Transformation)

Bottom-Up

1. Das *Was* der Kausalität.

Die systemische Basis dieser Ebene liegt in den fundamentalen Prozessen und Strukturen, die das System als Ganzes formen und aufrechterhalten. Hierbei geht es um die grundlegenden Mechanismen, die die Interaktionen zwischen den einzelnen Teilen des Systems regulieren und koordinieren. Diese Basis bildet das Rückgrat aller kausalen Abläufe innerhalb des Systems, indem sie die Bedingungen schafft, unter denen Prozesse ablaufen können. Sie umfasst die Grundregeln und -prinzipien, die sicherstellen, dass die einzelnen Teile des Systems miteinander in einem harmonischen und kohärenten Zusammenhang stehen. Auf dieser Ebene erkennen wir, dass die Stabilität des Systems nicht durch statische Zustände, sondern durch dynamische, sich ständig anpassende und entwickelnde Prozesse gewährleistet wird. Diese systemische Basis ist der Ausgangspunkt für das Verständnis der kontinuierlichen Veränderung und Anpassung, die notwendig ist, um die Resilienz und Nachhaltigkeit des gesamten Systems zu sichern. So wird deutlich, dass die Stabilität des Systems aus der Fähigkeit entsteht, flexibel auf interne und externe Veränderungen zu reagieren und sich kontinuierlich weiterzuentwickeln.

2. Das *Wo* der Kausalität.

Die gefühlte Orientierung bezieht sich auf die subjektive Wahrnehmung und das Erleben der Position und Bewegung innerhalb des Systems. Es geht darum, wie die einzelnen Teile des Systems ihre Umgebung und ihre Stellung darin wahrnehmen und interpretieren. Diese Orientierung ist nicht nur eine rein kognitive Erfassung von Raum und Lage, sondern umfasst auch die emotionalen und intuitiven Aspekte, die das Handeln und die Interaktionen der Teile beeinflussen.

Gefühlte Orientierung bedeutet, dass sich die Teile des Systems nicht nur anhand objektiver Parameter orientieren, sondern auch durch innere Zustände und Empfindungen geleitet werden. Dies kann die Wahrnehmung von Sicherheit und Unsicherheit, von Nähe und Distanz, von Verbundenheit und Isolation einschließen. Diese gefühlte Orientierung ist entscheidend für die Anpassungs- und Reaktionsfähigkeit des Systems, da sie den Teilen ermöglicht, flexibel und kreativ auf Veränderungen und Herausforderungen zu reagieren.

Durch die gefühlte Orientierung können die Teile des Systems ihre Handlungsstrategien kontinuierlich anpassen, basierend auf den ständig wechselnden inneren und äußeren Bedingungen. Diese dynamische Anpassung sorgt dafür, dass das System als Ganzes resilient bleibt und sich in einem ständigen Fluss befindet. Die gefühlte Orientierung schafft somit die Grundlage für ein harmonisches Zusammenwirken der Teile und unterstützt die kontinuierliche Entwicklung und Stabilität des Systems.

3. Das *Womit* der Kausalität

Die interaktive Begegnung mit der Umwelt als Austausch von Sinneseindrucken und Handlungsoptionen. Hierbei geht es um die Mittel und Wege, durch die die Teile des Systems Informationen aus ihrer Umgebung aufnehmen und darauf reagieren. Dieser Austausch ist ein dynamischer Prozess, bei dem Sinneseindrücke gesammelt, interpretiert und in Handlungen umgesetzt werden.

Die Sinneseindrücke sind die grundlegenden Informationen, die über verschiedene Kanäle wie Sehen, Hören, Fühlen, Riechen und Schmecken aufgenommen werden. Diese Eindrücke liefern eine kontinuierliche Flut von Daten, die das Bewusstsein der Teile über ihre Umgebung informieren und ihnen helfen, sich zu orientieren und zu navigieren.

Handlungsoptionen entstehen als Reaktionen auf diese Sinneseindrücke. Sie umfassen die verschiedenen Möglichkeiten, wie ein Teil auf die wahrgenommenen Reize reagieren kann. Diese Optionen sind vielfältig und können von einfachen reflexartigen Reaktionen bis hin zu komplexen, überlegten Handlungen reichen. Der Austausch von Sinneseindrücken und Handlungsoptionen ist daher ein fortlaufender Zyklus, in dem Wahrnehmung und Aktion ständig aufeinander einwirken und sich gegenseitig beeinflussen.

Dieser Prozess ist nicht statisch, sondern entwickelt sich ständig weiter, da die Teile des Systems neue Erfahrungen sammeln und daraus lernen. Durch diesen kontinuierlichen Lernprozess können sie ihre Handlungsstrategien verfeinern und anpassen, um effektiver auf ihre Umwelt zu reagieren. So entsteht eine lebendige Interaktion, die sowohl die Anpassungsfähigkeit als auch die Resilienz des Systems stärkt. Der Austausch von Sinneseindrücken und Handlungsoptionen ist somit ein wesentlicher

Mechanismus, durch den die Teile des Systems ihre Umwelt gestalten und von ihr beeinflusst werden.

4. Das *Wie* der Kausalität

Die inneren Modelle der objektiven Außenwelt bestehen aus den Ideen und Gedanken, die die Teile des Systems über ihre Umgebung entwickeln. Diese Modelle sind mentale Repräsentationen der äußeren Realität, die es den Teilen ermöglichen, ihre Erfahrungen zu strukturieren und zu interpretieren. Sie dienen als kognitive Landkarten, die helfen, die Komplexität der Welt zu navigieren und sinnvoll zu gestalten.

Diese inneren Modelle entstehen durch einen ständigen Prozess der Wahrnehmung, Reflexion und Anpassung. Indem die Teile des Systems ihre Erfahrungen sammeln und verarbeiten, entwickeln sie immer differenziertere und genauere Vorstellungen von der Außenwelt. Diese Vorstellungen beeinflussen, wie sie auf neue Informationen reagieren und welche Handlungsstrategien sie wählen.

Ideen und Gedanken über die Welt formen die Art und Weise, wie die Teile des Systems auf ihre Umgebung reagieren. Sie bieten eine Grundlage für Planung und Vorhersage, indem sie helfen, zukünftige Ereignisse und deren mögliche Auswirkungen abzuschätzen. Durch diese inneren Modelle können die Teile des Systems proaktive Entscheidungen treffen, anstatt nur reaktiv auf unmittelbare Reize zu antworten.

Die inneren Modelle sind jedoch nicht statisch; sie sind dynamisch und anpassungsfähig. Wenn neue Informationen oder Erfahrungen die bestehenden Modelle in Frage stellen, können diese Modelle aktualisiert und verfeinert werden. Dieser Prozess des kontinuierlichen Lernens und Anpassens ermöglicht es den Teilen des Systems, flexibel auf Veränderungen in ihrer Umwelt zu reagieren und neue Herausforderungen zu meistern.

Indem die Teile des Systems ihre inneren Modelle verfeinern, tragen sie zur Stabilität und Resilienz des gesamten Systems bei. Diese kognitiven Landkarten unterstützen nicht nur das individuelle Überleben und Gedeihen, sondern fördern auch die kollektive Fähigkeit des Systems, sich in einer komplexen und sich ständig verändernden Welt zu orientieren und erfolgreich zu agieren. So wird das ‚Wie' der Kausalität zu einem zentralen Element der systemischen Dynamik, das die Interaktion zwischen innerem Erleben und äußerer Realität kontinuierlich neu gestaltet.

5. Das *wohin* der Kausalität

Die kreative Anpassung des Verhaltens der Teile an die Anforderungen des Ökosystems beschreibt das Ziel und die Richtung, in die sich das System entwickelt. Diese Anpassung ist nicht nur eine bloße Reaktion auf Umweltbedingungen, sondern ein aktiver, kreativer Prozess, der Innovation und Veränderung umfasst.

Die Teile des Systems entwickeln ständig neue Strategien und Verhaltensweisen, um sich den Herausforderungen und Möglichkeiten ihrer Umgebung anzupassen. Diese Anpassungsprozesse sind durch ihre Kreativität und Flexibilität gekennzeichnet, was es dem System ermöglicht, nicht nur zu überleben, sondern auch zu gedeihen. Durch diese fortlaufende Evolution wird das System widerstandsfähiger und anpassungsfähiger gegenüber zukünftigen Veränderungen.

Ein zentrales Element dieser kreativen Anpassung ist die Fähigkeit der Teile, ihre Umgebung aktiv zu gestalten und zu beeinflussen. Anstatt passiv auf externe Einflüsse zu reagieren, nehmen sie eine proaktive Rolle ein und gestalten ihre Umwelt gemäß ihren Bedürfnissen und Zielen. Dies kann durch Innovationen, neue Technologien oder soziale und kulturelle Veränderungen geschehen.

Die kreative Anpassung erfolgt auf verschiedenen Ebenen des Systems. Auf individueller Ebene entwickeln die Teile neue Fähigkeiten und Verhaltensweisen, die ihnen helfen, besser mit den spezifischen Bedingungen ihrer Umwelt umzugehen. Auf kollektiver Ebene arbeiten die Teile zusammen, um gemeinschaftliche Lösungen für gemeinsame Herausforderungen zu finden. Diese kollektiven Anstrengungen führen zu einem synergistischen Effekt, der das gesamte System stärkt und seine Entwicklung fördert.

Durch diese Prozesse entsteht eine dynamische Interaktion zwischen den Teilen des Systems und ihrer Umgebung, die zu einer kontinuierlichen Erneuerung und Transformation führt. Diese

Transformation ist nicht willkürlich, sondern zielgerichtet, da sie darauf abzielt, die Resilienz und Nachhaltigkeit des Systems zu erhöhen. So wird das Wohin der Kausalität zu einem Ausdruck der kreativen Kraft, die das System in Richtung eines höheren Grades an Komplexität, Integration und Anpassungsfähigkeit treibt.

Letztlich trägt diese kreative Anpassung dazu bei, dass das System als Ganzes harmonisch und nachhaltig funktioniert. Sie ermöglicht es den Teilen, ihre individuellen und kollektiven Potenziale voll auszuschöpfen und eine symbiotische Beziehung mit ihrer Umwelt zu entwickeln. Dies führt zu einer stabilen, aber dennoch flexiblen Struktur, die in der Lage ist, auf die vielfältigen Herausforderungen des Lebens zu reagieren und sich kontinuierlich weiterzuentwickeln.

Top-Down

1. Das *Was* der Teleologie.

Die Entwicklungsanforderungen des kollektiven Systems umfassen die Ziele und Bestrebungen, die das gesamte System als Einheit vorantreiben. Diese Anforderungen resultieren aus den übergeordneten Notwendigkeiten und Bestrebungen, die das kollektive Wachstum und die Evolution des Systems fördern.

Auf dieser Ebene wird deutlich, dass das kollektive System nicht nur aus den individuellen Teilen besteht, sondern auch eine eigene Dynamik und Richtung besitzt. Die Entwicklungsanforderungen zielen darauf ab, die Kohärenz und Integration der Teile zu verbessern, um die Gesamtleistung und Widerstandsfähigkeit des Systems zu erhöhen. Dies bedeutet, dass das kollektive System Mechanismen entwickelt, um die Zusammenarbeit und das Zusammenspiel der einzelnen Teile zu optimieren.

Ein zentraler Aspekt dieser Entwicklungsanforderungen ist die Förderung der Synergieeffekte, die entstehen, wenn die Teile des Systems zusammenarbeiten. Durch koordinierte Anstrengungen und gemeinschaftliche Ziele können die Teile des Systems größere Erfolge erzielen als durch isolierte Bemühungen. Dies erfordert jedoch eine klare Kommunikation und Abstimmung der Ziele und Strategien innerhalb des Systems.

Die Entwicklungsanforderungen des kollektiven Systems umfassen auch die Anpassung der Teile an externe Veränderungen und Herausforderungen. Dies bedeutet, dass sich das System als Ganzes weiterentwickeln muss. Diese Anpassungsfähigkeit ist entscheidend für die langfristige Stabilität und Nachhaltigkeit. Es geht um die Förderung von Innovation und Kreativität innerhalb des Systems. Die Entwicklungsanforderungen umfassen die Schaffung eines Umfelds, das neue Ideen und Ansätze begrüßt und unterstützt. Dies kann durch die Schaffung von Netzwerken und die Unterstützung von Lernprozessen innerhalb des Systems erreicht werden.

Zusammengefasst zielen die Entwicklungsanforderungen des kollektiven Systems darauf ab, die Effizienz, Anpassungsfähigkeit und Innovationsfähigkeit der Teile der Ganzheit zu maximieren.

Sie fördern die Schaffung eines kohärenten, integrierten und resilienten Systems, das in der Lage ist, kontinuierlich zu wachsen und sich zu entwickeln. Diese Anforderungen stellen sicher, dass das kollektive System eine höhere Ebene der Komplexität und Integration erreicht.

2. Das *Wo* der Teleologie

Die systemische Interaktion komplexer Ökosysteme bezieht sich auf die Orte und Räume, in denen die Entwicklungsprozesse des kollektiven Systems stattfinden. Diese Interaktionen sind nicht auf ein einzelnes Umfeld beschränkt, sondern erstrecken sich über verschiedene Ebenen und Dimensionen des Systems.

In diesen komplexen Ökosystemen interagieren verschiedene Teile und Subsysteme miteinander und schaffen ein Netzwerk von Beziehungen und Wechselwirkungen. Diese Interaktionen finden auf physischer, biologischer, sozialer und ökologischer Ebene statt. Beispielsweise umfasst dies die physische Umwelt, in der sich biologische Organismen entwickeln und miteinander interagieren, aber auch die sozialen und kulturellen Umgebungen, die menschliche Interaktionen und kollektive Entwicklungen prägen.

Ein zentraler Aspekt dieser systemischen Interaktionen ist das Verständnis, dass jedes Element des Ökosystems nicht isoliert, sondern als Teil eines größeren Ganzen betrachtet werden muss. Die Wechselwirkungen zwischen den einzelnen Teilen führen zu emergenten Eigenschaften und Verhaltensweisen, die das gesamte Ökosystem beeinflussen. Diese Emergenzen sind oft nicht vorhersehbar und resultieren aus den komplexen, dynamischen Interaktionen der Teile.

In den systemischen Interaktionen komplexer Ökosysteme spielt die Balance zwischen Stabilität und Veränderung eine entscheidende Rolle. Während das System insgesamt stabil bleiben muss, um seine Integrität zu bewahren, müssen die einzelnen Teile flexibel und anpassungsfähig sein, um auf Veränderungen und Störungen reagieren zu können. Diese Balance wird durch Mechanismen der Selbstregulation und Rückkopplungsschleifen aufrechterhalten, die sicherstellen, dass das System als Ganzes resilient bleibt.

Ein weiterer wichtiger Aspekt der systemischen Interaktionen ist die Rolle von Information und Kommunikation. Die Teile des Systems müssen in der Lage sein, Informationen effizient auszutauschen und zu verarbeiten, um koordinierte Handlungen und Entscheidungen zu ermöglichen. Dies umfasst nicht nur die physische Übertragung von Informationen, sondern auch die symbolische und kulturelle Kommunikation, die die sozialen und kulturellen Dimensionen des Systems prägt.

Zusammengefasst, das ‚Wo' der Teleologie beschreibt die vielfältigen Umgebungen und Ebenen, in denen die Teile des kollektiven Systems interagieren und sich entwickeln. Diese systemischen Interaktionen sind entscheidend für das Verständnis der Dynamik und Komplexität des Systems und spielen eine zentrale

Rolle in seiner Fähigkeit, sich kontinuierlich anzupassen und zu wachsen. Durch die Förderung einer tiefen Vernetzung und eines kontinuierlichen Austauschs innerhalb dieser Ökosysteme kann das kollektive System seine Entwicklungsziele erreichen und eine nachhaltige, resiliente Zukunft gestalten.

3. Das *Womit* der Teleologie

Die bewusste Interaktion der Teile mit dem materiellen Kontext auf der Basis ökologischer Anpassung bildet die Informationen, auf denen die kreativen Prozesse des Kollektivs beruhen. Diese Interaktion bedeutet, dass die Teile des Systems aktiv mit ihrer physischen Umgebung kommunizieren und von ihr lernen, um ihre Handlungen entsprechend anzupassen und zu optimieren.

Durch die bewusste Auseinandersetzung mit dem materiellen Kontext gewinnen die Teile wertvolle Erkenntnisse und Daten über ihre Umwelt. Diese Informationen umfassen Aspekte wie Ressourcenverfügbarkeit, Umweltbedingungen, ökologische Zusammenhänge und die Auswirkungen menschlicher Aktivitäten auf das Ökosystem. Indem die Teile diese Informationen sammeln und analysieren, können sie ein tieferes Verständnis für die natürlichen Prozesse entwickeln und ihre eigenen Handlungsweisen darauf abstimmen.

Die gesammelten Informationen dienen als Grundlage für die kreativen Prozesse des Kollektivs. Sie ermöglichen es den Teilen, innovative Lösungen zu entwickeln, die im Einklang mit den ökologischen Gegebenheiten stehen. Dies kann sich in Form von nachhaltigen Technologien, umweltfreundlichen Praktiken und ressourcenschonenden Methoden manifestieren, die sowohl die Umwelt schützen als auch die Effizienz und Produktivität des Systems steigern.

Ein zentraler Aspekt dieser kreativen Prozesse ist die Fähigkeit, aus der Natur zu lernen und natürliche Systeme nachzuahmen. Diese Praxis, bekannt als Biomimikry, erlaubt es den Teilen, funktionale und effiziente Lösungen zu entwickeln, die auf den bewährten Prinzipien der Natur basieren. Indem sie natürliche Prozesse und Strukturen nachahmen, können sie innovative Ansätze in Bereichen wie Architektur, Ingenieurwesen, Landwirtschaft und Energiegewinnung schaffen.

Die bewusste Interaktion und ökologische Anpassung erfordert auch kontinuierliches Lernen und Anpassungsfähigkeit. Die Teile müssen in der Lage sein, auf Veränderungen in ihrer Umwelt flexibel zu reagieren und ihre Strategien entsprechend anzupassen. Dies fördert eine Kultur der ständigen Verbesserung und Innovation, die für das langfristige Überleben und Gedeihen des Systems entscheidend ist.

Zusammengefasst bildet die bewusste Interaktion der Teile mit dem materiellen Kontext auf der Basis ökologischer Anpassung die essenziellen Informationen, auf denen die kreativen Prozesse des Kollektivs beruhen. Diese Prozesse tragen dazu bei, dass das System nachhaltig, resilient und innovativ bleibt, indem sie sicherstellen, dass die Handlungen der Teile im Einklang mit den ökologischen Bedingungen stehen und die natürlichen Ressourcen effektiv genutzt werden.

4. Das *Wie* der Teleologie

Die Methode des Kollektivs bedient sich der Intentionen der Teile als Reaktion auf die Anforderungen. Dies bedeutet, dass das kollektive System nicht durch eine zentralisierte Steuerung, sondern durch die koordinierten Handlungen der einzelnen Teile funktioniert. Jeder Teil des Systems bringt seine eigenen Ziele, Motivationen und Intentionen ein, die auf die spezifischen Anforderungen und Herausforderungen der Umwelt abgestimmt sind.

Diese dezentralisierte Methode ermöglicht eine flexible und adaptive Reaktion auf sich ändernde Bedingungen. Indem die Teile des Systems eigenverantwortlich und zielgerichtet handeln, können sie schnell auf neue Informationen und Situationen reagieren. Dies erhöht die Gesamtanpassungsfähigkeit und Resilienz des Kollektivs. Die Intentionen der Teile werden durch einen kontinuierlichen Dialog und Feedback-Prozess verfeinert, wodurch eine harmonische und kohärente Gesamtdynamik entsteht.

Ein zentraler Aspekt dieser Methode ist die Bedeutung der Kommunikation und Kooperation zwischen den Teilen. Durch den Austausch von Informationen und Erfahrungen können die Teile ihre Handlungen besser aufeinander abstimmen und Synergien erzeugen. Diese Zusammenarbeit fördert nicht nur die Effektivität individueller Handlungen, sondern stärkt auch das kollektive Bewusstsein und die gemeinsame Ausrichtung auf übergeordnete Ziele.

Die Methode des Kollektivs berücksichtigt auch die Bedeutung von Vertrauen und Selbstorganisation. Indem die Teile Vertrauen in ihre eigenen Fähigkeiten und in die Fähigkeiten der anderen entwickeln, entsteht eine Kultur der gegenseitigen Unterstützung und des gemeinsamen Lernens. Selbstorganisatorische Prinzipien ermöglichen es dem System, ohne ständige externe Eingriffe zu funktionieren, was zu einer nachhaltigeren und stabileren Struktur führt.

Darüber hinaus spielt die Reflexion eine wichtige Rolle in der Methode des Kollektivs. Die Teile müssen regelmäßig ihre Ziele und Handlungen überprüfen und anpassen, um sicherzustellen, dass sie im Einklang mit den sich verändernden Anforderungen und Bedingungen stehen. Diese kontinuierliche Selbstreflexion fördert eine Kultur der Achtsamkeit und des ständigen Wachstums, die für die langfristige Entwicklung des Kollektivs entscheidend ist.

Zusammengefasst bedient sich die Methode des Kollektivs der Intentionen der Teile, um auf Anforderungen zu reagieren. Durch dezentrale Steuerung, Kommunikation, Kooperation, Vertrauen und Selbstorganisation entsteht ein flexibles und anpassungsfähiges System, das in der Lage ist, auf Herausforderungen zu reagieren und kontinuierlich zu wachsen. Diese Methode fördert eine harmonische und kohärente Gesamtdynamik, die die Resilienz und Nachhaltigkeit des kollektiven Systems stärkt.

5. Das *Wohin* der Teleologie

Das Ziel der Teleologie auf dieser Ebene ist der kreative Entwicklungsprozess der materiellen Systeme der einzelnen Teile. Dieser Entwicklungsprozess ist nicht statisch, sondern dynamisch und fortlaufend, wobei jeder Teil des Systems bestrebt ist, sich ständig zu verbessern und weiterzuentwickeln.

Der kreative Entwicklungsprozess umfasst die kontinuierliche Innovation und Anpassung der materiellen Systeme an sich ändernde Bedingungen und Anforderungen. Dies bedeutet, dass die Teile des Systems ständig neue Wege suchen, um effizienter, nachhaltiger und effektiver zu funktionieren. Die Kreativität spielt hierbei eine zentrale Rolle, da sie es den Teilen ermöglicht, über herkömmliche Methoden hinauszugehen und innovative Lösungen zu entwickeln.

Ein wesentlicher Aspekt dieses Prozesses ist die Integration von Feedback und Lernen. Die Teile des Systems sammeln fortlaufend Daten und Erfahrungen, die in den Entwicklungsprozess einfließen. Durch Reflexion und Analyse dieser Informationen können sie ihre Strategien und Technologien anpassen, um bessere Ergebnisse zu erzielen. Diese Lernprozesse sind zyklisch und iterativ, was bedeutet, dass sie ständig verbessert und optimiert werden.

Die Entwicklung der materiellen Systeme zielt darauf ab, die Lebensqualität der einzelnen Teile zu verbessern und die Effizienz des gesamten Systems zu steigern. Dies kann durch technologische Innovationen, ökologische Nachhaltigkeit und soziale Verbesserungen erreicht werden. Die Teile des Systems arbeiten daran, Ressourcen effektiver zu nutzen, Abfall zu minimieren und ihre Umweltbelastung zu reduzieren. Gleichzeitig streben sie danach, ihre eigenen Fähigkeiten und Kapazitäten zu erweitern, um neue Möglichkeiten zu erschließen und auf zukünftige Herausforderungen vorbereitet zu sein.

Der kreative Entwicklungsprozess ist auch eng mit der Vision und den Zielen des kollektiven Systems verbunden. Die Teile des Systems richten ihre individuellen Entwicklungsanstrengungen auf gemeinsame Ziele und Werte aus, die das Gesamtwohl fördern. Dies fördert nicht nur die Kohärenz und Integration des Systems, sondern auch dessen langfristige Resilienz und Nachhaltigkeit.

Zusammengefasst ist das ‚Wohin' der Teleologie auf dieser Ebene der kreative Entwicklungsprozess der materiellen Systeme der einzelnen Teile. Dieser Prozess fördert kontinuierliche Innovation, Anpassung und Verbesserung, um den sich ständig ändernden Bedingungen gerecht zu werden und das Gesamtwohl des Systems zu fördern. Durch die Integration von Feedback, Lernen und kreativen Lösungen trägt dieser Prozess zur Effizienz, Nachhaltigkeit und Resilienz des kollektiven Systems bei.

Thema und Ergebnis

Die Idee dieser Ebene 5 liegt in der prozesshaften Entwicklung der Vielfalt der Welt. Dieser kreative Verlauf betont die Entstehung und Ausformung der evolutionären Realität durch die innovativen Interaktion der Einzelteile. Das Ergebnis ist der die spirituelle Entwicklung des Kosmos zu immer höherer Bewusstheit des Ganzen.

Bottom-Up

Die Grundlage dieser Ebene 5 liegt in den Prozessen und Strukturen des Teils der Ganzheit, die das gesamte System formen und aufrechterhalten. Dies zeigt sich im Thema dieser Ebene und im Individuum als *Wille zur Entwicklung*. Dabei geht es um die wesentlichen Mechanismen, die die Interaktionen zwischen den verschiedenen Teilen des Systems regulieren und koordinieren. Diese systemische Basis bildet das Rückgrat aller kausalen Abläufe innerhalb des Systems, indem sie die Rahmenbedingungen schafft, unter denen alle Prozesse ablaufen können. Sie umfasst die grundlegenden Prinzipien und Regeln, die gewährleisten, dass die einzelnen Teile des Systems in einem harmonischen und kohärenten Zusammenhang miteinander stehen. Auf dieser Ebene erkennen wir, dass die Stabilität des Systems nicht durch statische Zustände erreicht wird, sondern durch dynamische, sich ständig anpassende und entwickelnde Prozesse. Diese Basis ist der Ausgangspunkt für das Verständnis der kontinuierlichen Veränderung und Anpassung, die notwendig sind, um die Resilienz und Nachhaltigkeit des gesamten Systems zu sichern. So wird deutlich, dass die Stabilität des Systems aus der Fähigkeit resultiert, flexibel auf interne und externe Veränderungen zu reagieren und sich kontinuierlich weiterzuentwickeln.

Das Ergebnis dieser Ebene liegt in der kreativen Anpassung des Willens und des Verhaltens des Individuums an die Anforderungen des Ökosystems und beschreibt die Richtung und das Ziel, in die sich das System entwickelt. Diese Anpassung ist nicht nur eine bloße Reaktion auf Umweltbedingungen, sondern ein aktiver, kreativer Prozess, der Innovation und Veränderung umfasst. Die Teile des übergeordneten Systems, die einzelnen Individuen, entwickeln ständig neue Strategien und Verhaltensweisen, um sich den Herausforderungen und Möglichkeiten ihrer Umgebung anzupassen. Diese Anpassungsprozesse sind durch ihre Kreativität und Flexibilität gekennzeichnet, was es sowohl den Teilen des Systems als Subholone, als auch dem System selbst als Superholon ermöglicht, nicht nur zu überleben, sondern auch zu gedeihen. Durch diese fortlaufende Evolution wird das System widerstandsfähiger und anpassungsfähiger gegenüber zukünftigen Veränderungen.

Ein zentrales Element dieser kreativen Anpassung ist die Fähigkeit der Teile, ihre Umgebung aktiv zu gestalten und zu beeinflussen. Anstatt passiv auf externe Einflüsse zu reagieren, nehmen sie eine proaktive Rolle ein und gestalten ihre Umwelt gemäß ihren Bedürfnissen und Zielen. Dies kann durch Innovationen, neue Technologien oder soziale und kulturelle Veränderungen geschehen.

Die kreative Anpassung erfolgt auf verschiedenen Ebenen des Systems. Auf individueller Ebene entwickeln die Teile neue Fähigkeiten und Verhaltensweisen, die ihnen helfen, besser mit den spezifischen Bedingungen ihrer Umwelt umzugehen. Auf kollektiver Ebene arbeiten die Teile zusammen, um gemeinschaftliche Lösungen für gemeinsame Herausforderungen zu finden. Diese kollektiven Anstrengungen führen zu einem synergistischen Effekt, der das gesamte System stärkt und seine Entwicklung fördert.

Durch diese Prozesse entsteht eine dynamische Interaktion zwischen den Teilen des Systems und ihrer Umgebung, die zu einer kontinuierlichen Erneuerung und Transformation führt. Diese Transformation ist nicht willkürlich, sondern zielgerichtet, da sie darauf abzielt, die Resilienz und Nachhaltigkeit des Systems zu erhöhen. So wird das Ziel der Kausalität zu einem Ausdruck der kreativen Kraft, die das System in Richtung eines höheren Grades an Komplexität, Integration und Anpassungsfähigkeit treibt.

Letztlich trägt diese kreative Anpassung der Teile dazu bei, dass das System als Ganzes harmonisch und nachhaltig funktioniert. Sie ermöglicht es den Teilen, ihre individuellen und kollektiven Potenziale voll auszuschöpfen und eine symbiotische Beziehung mit ihrer Umwelt zu entwickeln. Dies führt zu einer stabilen, aber dennoch flexiblen Struktur, die in der Lage ist, auf die vielfältigen Herausforderungen des Lebens zu reagieren und sich kontinuierlich weiterzuentwickeln.

Top-down

Aus der Perspektive der Ganzheit umfassen die Entwicklungsanforderungen des kollektiven Systems die Ziele und Bestrebungen, die das gesamte System als Einheit vorantreiben. Das Thema dieser Ebene besteht daher für die Ganzheit in den Anforderungen, die aus den übergeordneten Notwendigkeiten und Bestrebungen entstehen, die das kollektive Wachstum und die Evolution des Systems fördern. Das kollektive System besitzt eine eigene Dynamik und Richtung, die darauf abzielt, die Kohärenz und Integration der Teile zu verbessern. Dadurch wird die Gesamtleistung und Widerstandsfähigkeit des Systems erhöht. Mechanismen werden entwickelt, um die Zusammenarbeit und das Zusammenspiel der einzelnen Teile zu optimieren, wodurch Synergieeffekte entstehen, die größere Erfolge ermöglichen. Dies erfordert eine klare Kommunikation und Abstimmung der Ziele und Strategien innerhalb des Systems. Die Entwicklungsanforderungen umfassen auch die Anpassung der Teile an externe Veränderungen und Herausforderungen, was entscheidend für die langfristige Stabilität und Nachhaltigkeit ist. Innovation und Kreativität werden gefördert, indem ein Umfeld geschaffen wird, das neue Ideen und Ansätze begrüßt und unterstützt. Dies wird durch die Schaffung von Netzwerken und die Unterstützung von Lernprozessen erreicht. Zusammengefasst zielen die Entwicklungsanforderungen darauf ab, die Effizienz, Anpassungsfähigkeit und Innovationsfähigkeit der Teile der Ganzheit zu maximieren und ein kohärentes, integriertes und resilientes System zu schaffen, das kontinuierlich wächst und sich entwickelt.

Das Ziel der Teleologie auf dieser Ebene ist deshalb der kreative Entwicklungsprozess der materiellen Systeme der einzelnen Teile. Dieser Prozess ist dynamisch und fortlaufend, wobei jeder Teil des Systems bestrebt ist, sich ständig zu verbessern und weiterzuentwickeln. Die kontinuierliche Innovation und Anpassung der materiellen Systeme an sich ändernde Bedingungen und Anforderungen stehen im Mittelpunkt. Die Teile suchen ständig neue Wege, um effizienter, nachhaltiger und effektiver zu funktionieren. Kreativität spielt hierbei eine zentrale Rolle, da sie es den Teilen ermöglicht, innovative Lösungen zu entwickeln, die über herkömmliche Methoden hinausgehen. Ein wesentlicher Aspekt dieses Prozesses ist die Integration von Feedback und Lernen. Die Teile sammeln fortlaufend Daten und Erfahrungen, die in den Entwicklungsprozess einfließen. Durch Reflexion und Analyse dieser Informationen können Strategien und Technologien angepasst werden, um bessere Ergebnisse zu erzielen. Diese Lernprozesse sind zyklisch und iterativ, was bedeutet, dass sie ständig verbessert und optimiert werden.

Die Entwicklung der materiellen Systeme zielt darauf ab, die Lebensqualität der einzelnen Teile zu verbessern und die Effizienz des gesamten Systems zu steigern. Technologische Innovationen, ökologische Nachhaltigkeit und soziale Verbesserungen spielen hierbei eine zentrale Rolle. Die Teile des Systems arbeiten daran, Ressourcen effektiver zu nutzen, Abfall zu minimieren und die Umweltbelastung zu reduzieren. Gleichzeitig streben sie danach, ihre eigenen Fähigkeiten und Kapazitäten zu erweitern, um neue Möglichkeiten zu erschließen und auf zukünftige Herausforderungen vorbereitet zu sein. Der kreative Entwicklungsprozess ist eng mit der Vision und den Zielen des kollektiven Systems verbunden. Die Teile richten ihre individuellen Entwicklungsanstrengungen auf gemeinsame Ziele und Werte aus, die das Gesamtwohl fördern. Dies fördert nicht nur die Kohärenz und Integration des Systems, sondern auch dessen langfristige Resilienz und Nachhaltigkeit. Zusammengefasst ist das ‚Wohin' der Teleologie auf dieser Ebene der kreative Entwicklungsprozess der materiellen Systeme der einzelnen Teile. Dieser Prozess fördert kontinuierliche Innovation, Anpassung und Verbesserung, um den sich ständig ändernden Bedingungen gerecht zu werden und das Gesamtwohl des Systems zu fördern. Durch die Integration von Feedback, Lernen und kreativen Lösungen trägt dieser Prozess zur Effizienz, Nachhaltigkeit und Resilienz des kollektiven Systems bei.

Die Ur-Matrix fünfter Ordnung

Aus dieser Darstellung lässt sich eine neue Schablone ableiten. Die Ur-Matrix fünfter Ordnung. Dabei werden vier Zwischenebenen ausgeblendet:

0/0

0/5 – 1/4 – 2/3 – 3/2 – 4/1 – 5/0

Legt man diese Schablone an, wird aus jeder Thematik eine metaphorische Manifestation in „systemische Basis“ – „gefühlte Orientierung“ – „Dialog mit dem Außen“ – „objektive Vorstellungen“ – „kreative Anpassung“

Diese Schablone kommt dann ebenfalls im Band zwei zum Einsatz, wenn es um die detailliertere Differenzierung der Archetypen geht.

Ebene 6 – Energie der Schöpfung

Die Anwendung des Prinzips auf die nächste Ebene, ausgehend von den Quellen 0/5, 1/4, 2/3, 3/2, 4/1 und 5/0 führt zu einer tieferen Schicht der Analyse. Diese Zahlverhältnisse werden dabei jeweils zur Meta-Einheit des Urprinzips und die Prozesse Identifikation und Projektion verweben sich aufs Neue zu differenzierteren Bedeutungen. Diese Ebene zeigt den Kraftfluss, der die Prozesse des Lebens in Bewegung hält.

Thematiken der Metaebene – Identifikation – Projektion

0/5 – 1/ 4 – 2/ 3 – 3/2 – 4/1 – 5/0
0/6 – 1/5 – 2/4 – 3/3 – 4/2 – 5/1 – 6/0

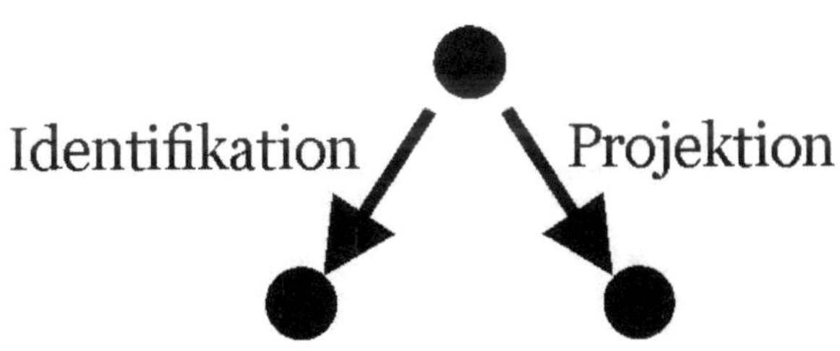

1/4

Aus der Einheit 1/4 wird die unbestimmte Zweiheit 1/5 – 2/4.

Identifikation 1/4 → 1/5

Der Zeuge zieht sich weiter zurück und öffnet die Bewusstwerdung der Grenzlinie zwischen den körperlichen Funktionen als Basis der Kommunikation mit der Umwelt und der Wahrnehmung dieser Umwelt sowie der Steuerung des Körpers. Diese Rücknahme des Zeugen ermöglicht eine tiefere Einsicht in die

Schnittstelle, an der der Körper als Instrument der Interaktion mit der äußeren Welt dient und gleichzeitig als Plattform für die innere Wahrnehmung und geistige Steuerung fungiert.

Die Identifikation verläuft nun entlang der Grenze zwischen dem unbewussten Willen, der sich in der Körperlichkeit manifestiert, und der Kraft des Geistes. Hierbei geht es um die Fähigkeit, Wahrnehmungen zu interpretieren und zu verstehen, was durch das Gedächtnis unterstützt wird, welches Assoziationen bildet und Informationen speichert. Diese gedanklichen Verknüpfungen und Erinnerungen ermöglichen es uns, Ideen miteinander zu verbinden und daraus unsere Identität zu entwickeln.

Auf dieser Ebene der Identifikation wird der Prozess differenzierter. Der unbewusste Wille, der automatisch die körperlichen Funktionen steuert, wird durch den bewussten Geist ergänzt, der die eingehenden sensorischen Informationen interpretiert. Das Gedächtnis spielt eine wesentliche Rolle, indem es Erfahrungen speichert und es uns ermöglicht, auf vergangene Ereignisse zurückzugreifen, um gegenwärtige Wahrnehmungen zu verstehen und zukünftige Handlungen zu planen.

Die Fähigkeit, Ideen zu assoziieren und zu integrieren, führt zu einer kohärenten Identität. Diese Identität ist nicht statisch, sondern dynamisch und ständig im Wandel, basierend auf neuen Erfahrungen und Erkenntnissen. Die Grenzlinie zwischen Körper und Geist wird zu einem aktiven Feld, in dem kontinuierlich Informationen ausgetauscht und integriert werden. Diese Wechselwirkung zwischen körperlichen und geistigen Prozessen fördert das Wachstum und die Entwicklung des Individuums.

Zusammengefasst öffnet sich durch die Identifikation 1/4 → 1/5 eine neue Bewusstseinsstufe, auf der die körperlichen Funktionen als Basis für die Kommunikation und Wahrnehmung der Umwelt erkannt werden. Gleichzeitig wird die Steuerung dieser Funktionen durch den unbewussten Willen und die geistigen Kräfte der Interpretation, des Gedächtnisses und der Ideenbildung wahrgenommen. Diese neue Ebene der Identifikation ermöglicht eine tiefere Integration von Körper und Geist und trägt zur fortlaufenden Entwicklung einer dynamischen und kohärenten Identität bei.

Projektion 1/4 → 2/4

Die ursprüngliche körperlich-intentionale Basis der Kreativität projiziert die Fähigkeit, seine Realität durch seinen Willen zu beeinflussen, in die Sichtbarkeit des individuellen Selbst. Auf dieser Stufe wird der kreative Akt des Individuums nicht mehr nur als innerer Impuls wahrgenommen, sondern manifestiert sich in konkreten Handlungen und Entscheidungen, die die äußere Realität gestalten und verändern.

Diese Projektion bedeutet, dass das Individuum beginnt, seine innere Kraft und seine kreativen Fähigkeiten nach außen zu tragen. Die Intentionen und der Wille, die zuvor hauptsächlich intern und unbewusst agierten, werden nun sichtbar und bewusst eingesetzt, um die eigene Lebenswelt aktiv zu formen. Diese

Sichtbarkeit des individuellen Selbst ist ein Ausdruck der Fähigkeit, die eigenen Vorstellungen und Wünsche in die äußere Welt zu projizieren und dort Realität werden zu lassen.

Durch diesen Prozess wird das Individuum sich seiner eigenen Macht bewusst, die Realität durch bewusste Entscheidungen und Handlungen zu beeinflussen. Es erkennt, dass seine Gedanken, Wünsche und Ziele nicht nur innerlich bleiben, sondern durch konkrete Maßnahmen in der physischen Welt manifestiert werden können. Diese Bewusstwerdung stärkt das Selbstbewusstsein und die Selbstwirksamkeit des Individuums.

Die Projektion 1/4 → 2/4 erweitert somit die ursprüngliche kreative Basis um eine neue Dimension der Sichtbarkeit und Wirksamkeit. Die körperlich-intentionale Kreativität, die im Inneren beginnt, wird nach außen projiziert und formt die Welt um das Individuum herum. Dies ermöglicht eine tiefere Verbindung zwischen inneren Wünschen und äußeren Realitäten, wodurch das Individuum eine aktive Rolle in der Gestaltung seiner Umwelt übernimmt.

Diese Ebene der Projektion betont auch die Verantwortung, die mit der Fähigkeit, die Realität zu beeinflussen, einhergeht. Das Individuum muss lernen, seine kreativen Kräfte weise und bewusst einzusetzen, um positive Veränderungen herbeizuführen und die Harmonie in seiner Umgebung zu wahren. Durch die bewusste Projektion und Manifestation seiner Intentionen trägt das Individuum zur kontinuierlichen Schöpfung und Transformation seiner Welt bei.

Zusammengefasst erweitert die Projektion 1/4 → 2/4 die körperlich-intentionale Basis der Kreativität um die Fähigkeit, die eigene Realität durch bewussten Willen sichtbar und wirksam zu gestalten, indem die Dinge bei ihrem Namen genannt werden können. Diese Projektion führt zur Bewusstwerdung der eigenen kreativen Kräfte und der Verantwortung, diese Kräfte zur positiven Gestaltung der äußeren Welt einzusetzen. Sie ermöglicht eine tiefere Verbindung zwischen inneren Intentionen und äußeren Manifestationen und fördert die aktive Teilnahme des Individuums an der Schöpfung seiner Realität.

2/3

Aus der Einheit 2/3 wird die unbestimmte Zweiheit 2/4 – 3/3.

Identifikation 2/3 → 2/4

Die Fähigkeit, die Grenzen zwischen sozialer Identität und persönlichem Selbst zu erkennen (2/3), führt in dieser Ebene zur Selbstwahrnehmung und zur Ausbildung eines Ichbewusstseins. Diese Identifikation bedeutet, dass das Individuum lernt, sich selbst als eigenständiges Wesen zu sehen, das sowohl von seiner sozialen Umgebung beeinflusst wird als auch seine eigene, innere Realität besitzt.

Auf dieser Ebene beginnt das Individuum, die verschiedenen Facetten seiner Identität zu differenzieren. Es erkennt, dass seine soziale Identität – das Bild, das andere von ihm haben – nicht immer mit seinem inneren Selbstbild übereinstimmt. Diese Erkenntnis führt zu einer tiefen Selbstreflexion, in der das Individuum die Aspekte seiner Persönlichkeit, die durch äußere Einflüsse geformt wurden, von den authentischen Teilen seines Selbst unterscheidet.

Diese Selbstwahrnehmung ist ein dynamischer Prozess, der das Individuum dazu befähigt, seine eigene Identität bewusst zu gestalten. Es entwickelt ein Ichbewusstsein, das nicht nur auf den Erwartungen und Normen der Gesellschaft basiert, sondern auch auf den eigenen Überzeugungen, Werten und Erfahrungen. Das Individuum beginnt, seine Rolle in der sozialen Struktur zu hinterfragen und neu zu definieren, indem es seine eigenen Bedürfnisse und Wünsche in den Vordergrund stellt.

Durch die Identifikation 2/3 → 2/4 wird auch die Fähigkeit gestärkt, zwischen verschiedenen sozialen Rollen zu wechseln und sich flexibel an unterschiedliche Kontexte anzupassen. Das Individuum lernt, dass es verschiedene Aspekte seiner Identität hervorheben kann, je nach den Anforderungen und Erwartungen seiner Umgebung, ohne dabei seine innere Integrität zu verlieren. Diese Flexibilität ermöglicht eine harmonische Interaktion mit der sozialen Umwelt und fördert gleichzeitig die persönliche Authentizität.

Die Entwicklung des Ichbewusstseins auf dieser Ebene führt zu einem tieferen Verständnis der eigenen Motive und Handlungen. Das Individuum wird sich seiner inneren Welt bewusster und erkennt, wie diese mit der äußeren Realität interagiert. Diese Bewusstwerdung ermöglicht es, bewusste Entscheidungen zu treffen und das eigene Leben proaktiv zu gestalten, anstatt nur auf äußere Einflüsse zu reagieren.

Zusammengefasst führt die Identifikation 2/3 → 2/4 zur Selbstwahrnehmung und zur Ausbildung eines Ichbewusstseins, das es dem Individuum ermöglicht, die Grenzen zwischen sozialer Identität und persönlichem Selbst zu erkennen und zu navigieren. Diese Identifikation fördert die Entwicklung eines authentischen Selbstbildes und stärkt die Fähigkeit, flexibel und bewusst in verschiedenen sozialen Kontexten zu agieren, während die innere Integrität gewahrt bleibt.

Projektion 2/3 → 3/3

Auf dieser Ebene wird die Erkenntnis der sozialen Identität differenziert und genauer festgestellt, wo der Kontext diese Identität in jeder Begegnung neu prägt. Diese Projektion bedeutet, dass das Individuum beginnt, die dynamische Natur seiner sozialen Identität vollständig zu verstehen. Es erkennt, dass seine Identität nicht statisch ist, sondern sich in jeder sozialen Interaktion und in jedem Kontext verändert und neu formt.

Diese Differenzierung führt zu einem tieferen Verständnis dafür, wie verschiedene soziale Umgebungen und Interaktionen die Art und Weise beeinflussen, wie das Individuum sich selbst sieht und wie es von anderen gesehen wird. Das Individuum beginnt zu erkennen, dass seine soziale Identität eine Projektion ist, die von den Erwartungen, Normen und Werten der jeweiligen sozialen Gruppe geprägt wird. Diese Erkenntnis ermöglicht es dem Individuum, bewusster mit diesen Projektionen umzugehen und sie aktiv zu gestalten.

Die Projektion 2/3 → 3/3 bringt eine Bewusstwerdung darüber, wie stark der Kontext die Identität formt. In unterschiedlichen sozialen Settings wie Familie, Freundeskreis, Arbeitsplatz oder öffentlichen Räumen zeigt das Individuum verschiedene Facetten seiner Persönlichkeit. Diese Facetten sind nicht willkürlich, sondern reflektieren die spezifischen Anforderungen und Erwartungen, die in diesen Kontexten herrschen. Das Individuum lernt, diese Anpassungen bewusst zu beobachten und zu steuern, um authentisch zu bleiben, während es gleichzeitig den sozialen Erwartungen gerecht wird.

Diese Ebene der Projektion fördert auch die Fähigkeit zur sozialen Reflexion. Das Individuum wird sich bewusst, wie es in verschiedenen sozialen Situationen wirkt und wie es seine Interaktionen beeinflussen kann, um gewünschte Ergebnisse zu erzielen. Diese Reflexion führt zu einer erhöhten sozialen Intelligenz und Empathie, da das Individuum lernt, sich in die Perspektiven anderer hineinzuversetzen und seine Kommunikationsstrategien entsprechend anzupassen.

Die differenzierte Erkenntnis der sozialen Identität auf dieser Ebene trägt zur persönlichen und sozialen Entwicklung bei. Das Individuum wird flexibler und anpassungsfähiger, indem es lernt, seine Identität in verschiedenen Kontexten zu modulieren. Gleichzeitig stärkt es sein authentisches Selbst, indem es versteht, welche Aspekte seiner Identität unveränderlich sind und welche durch den sozialen Kontext geformt werden können.

Zusammengefasst bedeutet die Projektion 2/3 → 3/3, dass das Individuum die dynamische und kontextabhängige Natur seiner sozialen Identität vollständig erkennt. Diese Erkenntnis führt zu einer bewussteren Gestaltung der eigenen Identität in verschiedenen sozialen Kontexten und fördert die Entwicklung von sozialer Intelligenz und Empathie. Das Individuum lernt, seine Identität flexibel zu modulieren, während es gleichzeitig seine Authentizität bewahrt und seine soziale Wirksamkeit erhöht.

3/2

Aus der Einheit 3/2 wird die unbestimmte Zweiheit 3/3 – 4/2.

Identifikation 3/2 → 3/3

Die prägenden Ursachen des systemischen Kontextes werden aufgespalten. Dabei kommt es zur Identifikation mit den gegenwärtigen Begegnungen, unabhängig von den Ritualen und traditionellen Verhaltensmustern. Auf dieser Ebene wird die Identifikation weniger durch die traditionellen und kulturellen Rahmenbedingungen bestimmt und mehr durch die unmittelbaren Erfahrungen und Interaktionen des Individuums in der Gegenwart.

Diese Aufspaltung bedeutet, dass das Individuum beginnt, sich von den tief verwurzelten, systemischen Ursachen zu lösen, die seine sozialen und kulturellen Handlungen bisher geprägt haben.

Anstatt automatisch den Ritualen und traditionellen Verhaltensmustern zu folgen, entwickelt das Individuum die Fähigkeit, jede Begegnung und jede Situation auf ihre eigenen Bedingungen und Dynamiken hin zu betrachten.

Die Identifikation mit den gegenwärtigen Begegnungen fördert eine Flexibilität und Anpassungsfähigkeit, die es dem Individuum ermöglicht, authentisch und spontan auf seine Umwelt zu reagieren. Diese Ebene der Identifikation erfordert ein hohes Maß an Achtsamkeit und Präsenz, da das Individuum lernt, jede Situation neu zu bewerten und sich auf die spezifischen Anforderungen und Möglichkeiten zu konzentrieren, die sie bietet.

Durch diese Fokussierung auf das Hier und Jetzt wird das Individuum in die Lage versetzt, seine Handlungen und Reaktionen bewusster zu steuern, anstatt auf vorgegebene Muster zurückzugreifen. Dies führt zu einer tieferen und authentischeren Interaktion mit der Umwelt, da das Individuum in der Lage ist, sich vollständig auf die gegenwärtigen Umstände einzulassen und entsprechend zu handeln.

Zusätzlich fördert diese Identifikation eine Unabhängigkeit von den traditionellen und kulturellen Zwängen, die bisher das Verhalten des Individuums beeinflusst haben. Es entwickelt die Fähigkeit, seine eigenen Werte und Überzeugungen zu hinterfragen und neu zu definieren, basierend auf den unmittelbaren Erfahrungen und Erkenntnissen, die es in der Gegenwart sammelt. Dies führt zu einer authentischen Selbstbestimmung und einem stärkeren Gefühl der persönlichen Integrität.

Zusammengefasst führt die Identifikation 3/2 → 3/3 zur Aufspaltung der prägenden Ursachen des systemischen Kontextes und zur Fokussierung auf die gegenwärtigen Begegnungen. Das Individuum löst sich von traditionellen Ritualen und Verhaltensmustern und entwickelt die Fähigkeit, flexibel und authentisch auf die spezifischen Dynamiken jeder Situation zu reagieren. Diese Ebene der Identifikation fördert eine tiefere Achtsamkeit, Präsenz und Unabhängigkeit, was zu einer authentischeren und selbstbestimmteren Interaktion mit der Umwelt führt.

Projektion 3/2 → 4/2

Die prägenden Ursachen des systemischen Kontextes werden in umfassendere, konsistente Weltbilder zusammengefasst, die von außen betrachtet und analysiert werden können. Auf dieser Ebene der Projektion beginnt das Individuum, die komplexen und vielfältigen Einflüsse, die seine Wahrnehmung und Interaktionen geprägt haben, in größere und zusammenhängendere Strukturen zu integrieren.

Diese Projektion bedeutet, dass das Individuum in der Lage ist, über die unmittelbaren und oft fragmentierten Erfahrungen hinauszugehen und sie in ein kohärentes und verständliches Weltbild zu überführen. Dies erfordert ein hohes Maß an Reflexion und die Fähigkeit, Verbindungen zwischen verschiedenen Erfahrungen und Erkenntnissen herzustellen. Die prägenden

Ursachen des systemischen Kontextes, die zuvor isoliert betrachtet wurden, werden nun in umfassendere Zusammenhänge eingebettet, die es dem Individuum ermöglichen, tiefere Einsichten und ein ganzheitlicheres Verständnis der Realität zu entwickeln.

Durch diese Integration entstehen konsistente Weltbilder, die sowohl die individuellen als auch die kollektiven Erfahrungen und Erkenntnisse berücksichtigen. Diese Weltbilder sind nicht starr, sondern dynamisch und offen für Anpassungen und Weiterentwicklungen. Das Individuum kann sie von außen betrachten und analysieren, was eine kritische Auseinandersetzung mit den eigenen Überzeugungen und Annahmen ermöglicht. Diese Fähigkeit zur Metaperspektive erlaubt es, blinde Flecken zu erkennen und neue Perspektiven zu integrieren, was zu einem tieferen und umfassenderen Verständnis der eigenen und der kollektiven Realität führt.

Die umfassenderen Weltbilder, die auf dieser Ebene entstehen, bieten einen stabilen Rahmen, innerhalb dessen das Individuum seine Erfahrungen und Erkenntnisse einordnen kann. Sie dienen als Orientierungspunkte, die helfen, komplexe und chaotische Informationen zu strukturieren und sinnvolle Muster zu erkennen. Durch diese Strukturierung wird das Individuum in die Lage versetzt, fundiertere Entscheidungen zu treffen und seine Handlungen bewusst und zielgerichtet zu gestalten.

Zusätzlich fördert diese Projektion die Fähigkeit zur Kommunikation und zum Austausch mit anderen. Konsistente Weltbilder bieten eine gemeinsame Basis, auf der Diskussionen und Kooperationen stattfinden können. Sie ermöglichen es dem Individuum, seine Erkenntnisse und Erfahrungen klarer zu artikulieren und mit anderen zu teilen, was zu einer kollektiven Weiterentwicklung und einem tieferen gemeinsamen Verständnis beiträgt.

Zusammengefasst führt die Projektion 3/2 → 4/2 zu einer Gesamtschau der prägenden Ursachen des systemischen Kontextes in umfassendere und konsistente Weltbilder. Diese Weltbilder ermöglichen es dem Individuum, seine Erfahrungen und Erkenntnisse in größere Zusammenhänge zu integrieren, sie von außen zu betrachten und kritisch zu analysieren. Diese Ebene der Projektion fördert ein tieferes Verständnis der Realität, die Fähigkeit zur Metaperspektive und die Möglichkeit zur klareren Kommunikation und Kooperation mit anderen.

4/1

Aus der Einheit 4/1 wird die unbestimmte Zweiheit 4/2 – 5/1.

Identifikation 4/1 → 4/2

Die 4/1 bietet eine Anleitung zur Integration der archaischen Triebkräfte in die vorhandenen Regeln der kollektiven Struktur. Diese Integration bedeutet, dass die grundlegenden, instinktiven Impulse des Individuums in eine Form gebracht werden, die innerhalb der gesellschaftlichen Normen und Regeln funktionieren kann. Auf diese Weise können archaische Triebkräfte harmonisch in das kollektive Bewusstsein integriert werden, ohne Konflikte mit bestehenden Strukturen zu verursachen.

Diese Funktion reduziert nun ihre Identifikation auf die Vorstellungen von einer hypothetischen Wirklichkeit und ermöglicht eine bewusstere Betrachtung der Gesetze, die nicht immer unabänderlich vorgegeben sein müssen. Das bedeutet, dass das Individuum beginnt, die bestehenden Regeln und Normen kritisch zu hinterfragen und zu erkennen, dass diese oft auf hypothetischen Annahmen basieren, die veränderbar und anpassungsfähig sind.

Durch diese neue Perspektive wird es möglich, die Regeln und Gesetze nicht als starre, unveränderliche Vorgaben zu betrachten, sondern als flexible Richtlinien, die weiterentwickelt und an neue Erkenntnisse und Bedürfnisse angepasst werden können. Diese Bewusstwerdung fördert eine offenere und kreativere Auseinandersetzung mit den gesellschaftlichen Strukturen und ermöglicht es, innovative Ansätze zur Verbesserung und Anpassung dieser Strukturen zu entwickeln.

Die Identifikation 4/1 → 4/2 führt auch zu einer bewussteren Betrachtung der eigenen archaischen Triebkräfte und ihrer Rolle innerhalb der kollektiven Struktur. Das Individuum lernt, diese Kräfte nicht zu unterdrücken oder zu verleugnen, sondern sie bewusst zu integrieren und zu nutzen, um eine tiefere und authentischere Verbindung zur eigenen Natur und zu den kollektiven Prozessen zu entwickeln. Diese Integration fördert eine harmonischere und ausgewogenere Existenz, in der individuelle Bedürfnisse und kollektive Anforderungen im Einklang stehen.

Zusammengefasst bietet die Identifikation 4/1 → 4/2 eine Anleitung zur Integration der archaischen Triebkräfte in die kollektive Struktur und ermöglicht eine bewusstere Betrachtung der bestehenden Regeln und Gesetze. Diese Funktion reduziert die Identifikation auf hypothetische Vorstellungen und fördert eine offenere, kritischere und kreativere Auseinandersetzung mit den gesellschaftlichen Strukturen. Dadurch wird eine harmonischere Integration individueller und kollektiver Bedürfnisse erreicht und die Möglichkeit zur Weiterentwicklung und Anpassung der sozialen Regeln und Normen eröffnet.

Projektion 4/1 → 5/1

Die kreative Fähigkeit zur Integration des individuellen Willens in die vorgegebenen Strukturen wird nun geteilt und es wird eine Schicksalskraft nach außen projiziert, in die nur schwer gestaltend eingegriffen werden kann. Diese Schicksalskraft repräsentiert die äußeren Einflüsse und Ereignisse, die sich dem direkten Einfluss des Individuums entziehen und oft als unveränderbar oder vorbestimmt wahrgenommen werden. Sie zeigt sich nur in überraschenden Inspirationen, deren Quelle man nicht versteht, in karmischen Schicksalslenkungen und in einer spirituellen Ahnung von göttlicher Fügung und Führung.

Auf dieser Ebene erkennt das Individuum, dass nicht alle Aspekte seiner Realität durch bewusste Kontrolle und Planung geformt werden können. Stattdessen existiert eine tiefere, oft mysteriöse Kraft, die das Leben lenkt und formt. Diese Kraft manifestiert sich in Momenten unerwarteter Eingebungen und kreativer Durchbrüche, die wie aus dem Nichts auftauchen und das Potenzial haben, die Richtung des Lebens grundlegend zu verändern.

Die Projektion 4/1 → 5/1 verdeutlicht auch das Konzept des Karmas, bei dem vergangene Handlungen und Entscheidungen das gegenwärtige Schicksal beeinflussen. Diese karmischen Schicksalslenkungen werden als eine Form von spiritueller Gerechtigkeit gesehen, bei der das Universum auf eine Weise reagiert, die oft jenseits des menschlichen Verständnisses liegt. Das Individuum wird sich der Auswirkungen seiner Taten bewusst und erkennt, dass es in einem größeren kosmischen Zusammenhang eingebettet ist.

Eine weitere Dimension dieser Schicksalskraft ist die spirituelle Ahnung von göttlicher Fügung und Führung. Das Individuum spürt eine tiefe Verbindung zu einer höheren Macht oder einem göttlichen Plan, der sein Leben leitet und unterstützt. Diese spirituelle Dimension gibt dem Individuum Trost und Zuversicht, dass es einen tieferen Sinn und eine höhere Ordnung gibt, die auch in den chaotischsten und herausforderndsten Zeiten Bestand hat.

Diese Projektion führt zu einem Bewusstsein für die Grenzen der eigenen Kontrolle und die Notwendigkeit, sich dem Fluss des Lebens hinzugeben. Es fordert das Individuum auf, Vertrauen in den größeren Plan und die verborgenen Kräfte zu entwickeln, die das Leben lenken. Diese Akzeptanz der Unvorhersehbarkeit und des Mysteriums des Lebens kann zu einer tieferen spirituellen Reife und einem Gefühl der inneren Ruhe führen.

Zusammengefasst projiziert die Projektion 4/1 → 5/1 die kreative Fähigkeit zur Integration des individuellen Willens in die vorgegebenen Strukturen als eine Schicksalskraft nach außen, die nur schwer gestaltend beeinflusst werden kann. Diese Kraft zeigt sich in überraschenden Inspirationen, karmischen Schicksalslenkungen und einer spirituellen Ahnung von göttlicher Fügung und Führung. Diese Projektion fördert das Bewusstsein für die Grenzen der eigenen Kontrolle und die Notwendigkeit, Vertrauen in den größeren Plan und die verborgenen Kräfte des Lebens zu entwickeln.

Emergenzen und Spannungsfelder

Auf dieser sechsten Stufe der Differenzierung wird eine neue, **emergente** Bedeutungsebene sichtbar. Das übergeordnete Thema ist der Energiefluss, der diese gesamte Struktur mit dem Hauch des Lebendigen infiltriert.

1. WAS (Idee)
2. WO (Ort des Geschehens)
3. WOMIT (Nahrung, Energie)
4. WIE (Technik oder Methode - Identifikation)
5. WOHIN (Neuschöpfung, Transformation)
6. WODURCH (Energiefluss)

Bottom-Up

1. Das *Was* der Kausalität.

Phase 1: LICHTKRAFT

Lichtkraft ist die Idee der ständig fließenden Energie, die sich durch Licht und Hitze manifestiert. Diese Energie ist der treibende Impuls, der das Leben aus den tiefen Fluten der Ganzheit emporhebt und es ins Dasein bringt. Sie ist die ursprüngliche Schöpferkraft, die alles Leben durchdringt und es zur Entfaltung bringt. Lichtkraft ist das Symbol für die Lebendigkeit und Dynamik, die jedem Teil des Universums innewohnt.

Diese Kraft ermöglicht es dem Individuum, sich als integralen Teil der Welt zu erkennen. In der Lichtkraft offenbart sich die tiefere Verbindung zwischen dem Individuum und dem Universum, die beide durch einen stetigen Energiefluss miteinander verbunden sind. Es ist diese Energie, die das Individuum befähigt, sich selbst zu erkennen und seine Existenz bewusst zu erleben.

Lichtkraft ist nicht nur der physische Ausdruck von Energie in Form von Licht und Wärme, sondern auch eine metaphorische Darstellung des geistigen Erwachens und der Bewusstwerdung. Sie repräsentiert die Klarheit und Erleuchtung, die entstehen, wenn das Individuum seine wahre Natur und seine Verbindung zur Welt erkennt. Durch die Lichtkraft wird das Individuum in die Lage versetzt, seine Umgebung bewusst wahrzunehmen und mit ihr zu interagieren.

Die Idee der Lichtkraft umfasst auch das Konzept des ständigen Wandels und der Transformation. Energie ist immer in Bewegung, und so ist auch das Leben ein kontinuierlicher Prozess des Werdens und Vergehens. Diese Dynamik ist es, die das Individuum dazu antreibt, sich ständig weiterzuentwickeln und neue Ebenen des Seins zu erreichen. Durch die Lichtkraft wird das Streben nach Wissen, Wachstum und Selbstverwirklichung entfacht.

Zusammengefasst ist die Lichtkraft die grundlegende Idee der ständig fließenden Energie, die das Leben aus der Ganzheit emporhebt und es zur Entfaltung bringt. Sie ist es, die ständig aus den Urfluten der Informationsmatrix aufsteigt und durch das Individuum strömt, um es als körperliches System mit Willen und Intention zu durchfließen und lebendig zu erhalten.

2. Das *Wo* der Kausalität.

Phase 2: GEISTESKRAFT

Geisteskraft ist die Kraft, die auf der körperlichen Basis als Ort der Wahrnehmung ruht und den Gedanken als stabile Grundlage der Identität nutzt. Diese Kraft ermöglicht die Entfaltung des Lebens, indem sie dem Individuum die Fähigkeit verleiht, seine Umgebung wahrzunehmen, zu interpretieren und bewusst zu benennen. Hier findet die eigentliche Manifestation der phänomenalen Wirklichkeit des Individuums statt.

Die körperliche Basis ist der Ursprungspunkt, von dem aus alle sensorischen Informationen aufgenommen werden. Die Sinne fungieren als Brücke zwischen dem inneren Erleben und der äußeren Welt, indem sie kontinuierlich Daten liefern, die vom Geist verarbeitet werden. Diese Wahrnehmungen bilden das Fundament, auf dem das Individuum seine Identität aufbaut und seine Realität konstruiert.

Der Gedanke, der den flüchtigen Dingen Namen verleiht, ist die stabile Grundlage der Identität. Das bedeutet, dass die mentale Verarbeitung der Wahrnehmungen zu einem kohärenten Selbstbild führt. Diese Gedankenstrukturen geben dem Individuum ein Gefühl der Kontinuität und Beständigkeit, das über die flüchtigen Sinneseindrücke hinausgeht. Gedanken helfen, Erfahrungen zu organisieren, zu interpretieren und in einen sinnvollen Kontext zu stellen.

Mit Hilfe der Geisteskraft kommt es zur Entfaltung des Lebens. Diese Entfaltung geschieht durch die bewusste Benennung und Kategorisierung der wahrgenommenen Welt. Indem die Dinge beim Namen genannt werden, schafft das Individuum eine geordnete und verständliche Welt, in der es navigieren kann. Diese sprachliche und gedankliche Strukturierung ermöglicht es, komplexe Zusammenhänge zu erkennen und zu verstehen.

Die Geisteskraft ist auch der Ort, an dem sich die phänomenale Wirklichkeit des Individuums manifestiert. Diese phänomenale Wirklichkeit ist das subjektive Erleben der Welt, das durch die Interaktion von Wahrnehmung und Gedanke entsteht. Hier treffen die äußere Realität und die innere Interpretation aufeinander und bilden die einzigartige Erfahrung des Individuums.

Diese Phase der Kausalität betont die Rolle des Geistes bei der Gestaltung der Realität. Der Geist filtert und interpretiert die eingehenden Sinnesdaten und formt daraus eine kohärente Weltanschauung. Durch die Geisteskraft wird das Individuum fähig, bewusst zu reflektieren, Entscheidungen zu treffen und seine Existenz zu gestalten.

3. Das *Womit* der Kausalität

Phase 3: SELBSTKRAFT

Selbstkraft ist die Motivation, der Wille und der Selbstausdruck. Diese Kraft repräsentiert den inneren Antrieb, der das Individuum dazu befähigt, seine Gedanken und Ideen in die Tat umzusetzen und seine einzigartige Identität in der Welt zu manifestieren. Hier findet das Leben zu seinem vollen Ausdruck, indem die neue Idee der Lichtkraft mit dem bestehenden Ort der Geisteskraft eine Synthese eingeht und die Selbstkraft hervorbringt.

Die Motivation ist die treibende Kraft, die das Individuum dazu anspornt, seine Ziele zu verfolgen und Hindernisse zu überwinden. Sie ist der innere Antrieb, der aus den tiefsten Wünschen und Bedürfnissen des Individuums entspringt und ihm die Energie verleiht, aktiv zu werden und seine Visionen zu verwirklichen.

Der Wille ist die Fähigkeit, Entscheidungen zu treffen und gezielt zu handeln. Er ermöglicht es dem Individuum, seine Ziele konsequent zu verfolgen und seine Handlungen bewusst zu steuern. Durch den Willen kann das Individuum seine inneren Kräfte bündeln und fokussieren, um seine Pläne in die Realität umzusetzen.

Der Selbstausdruck ist die Art und Weise, wie das Individuum seine inneren Gedanken, Gefühle und Ideen nach außen hin manifestiert. Dies kann durch verschiedene kreative und kommunikative Mittel geschehen, wie Sprache, Kunst, Musik oder andere Formen der Selbstentfaltung. Der Selbstausdruck ist essenziell für die Entwicklung und Darstellung der eigenen Identität in der Welt.

In der Phase der Selbstkraft findet das Leben seinen vollen Ausdruck, indem die Lichtkraft als neue Idee und die Geisteskraft als bestehender Ort zusammenkommen und eine Synthese eingehen. Diese Synthese ermöglicht es dem Individuum, seine innere Vision in die äußere Welt zu projizieren und aktiv zu gestalten. Die Lichtkraft bringt Inspiration und Kreativität, während die Geisteskraft Struktur und Klarheit bietet. Zusammen bilden sie die Grundlage für die Selbstkraft, die das Individuum zur Schöpfung und Manifestation befähigt.

Im Bewusstsein des Selbst vervollständigt sich die Identität zu einer planvoll agierenden Persönlichkeit. Das Individuum wird sich seiner selbst bewusst und entwickelt ein kohärentes Selbstbild, das es ihm ermöglicht, zielgerichtet und verantwortungsvoll zu handeln. Diese planvolle Persönlichkeit ist in der Lage, ihre eigenen Stärken und Schwächen zu erkennen, sich realistische Ziele zu setzen und effektiv auf ihre Umgebung zu reagieren.

4. Das *Wie* der Kausalität

Phase 4: GEDANKENKRAFT

Gedankenkraft ist die Magie der Vorstellungen des Geistes. Sie repräsentiert die Fähigkeit des Geistes, Visionen zu erschaffen und diese in die Realität umzusetzen. Gedankenkraft ist die Technik und Methode der Verwirklichung, die es dem Individuum ermöglicht, seine inneren Vorstellungen und Ideen in die äußere Welt zu projizieren und zu manifestieren.

In dieser Phase kommt es zur Begegnung mit der Ganzheit, die eine tiefgreifende Reorientierung zur Folge hat. Das Individuum erkennt, dass der Weg, der es bisher von der Ganzheit wegführte, nun wieder zur Ganzheit hinführt. Diese Umkehrung des Weges bedeutet eine Rückkehr zu den grundlegenden Prinzipien und Verbindungen, die das Individuum mit der Ganzheit des Universums verbinden.

Die Begegnung mit der Außenwelt spielt eine zentrale Rolle in diesem Prozess. Durch die Interaktion mit der äußeren Welt wird das Individuum mit neuen Erfahrungen, Erkenntnissen und Herausforderungen konfrontiert, die es dazu veranlassen, seine bisherigen Vorstellungen und Überzeugungen zu überdenken und neu auszurichten. Diese Begegnung erzeugt eine Sehnsucht nach Integration und Harmonie mit der Ganzheit, die den Willen zur Rückkehr und Wiedervereinigung stärkt.

Gedankenkraft ermöglicht es dem Individuum, diese Sehnsucht und diesen Willen in konkrete Schritte zur Integration umzusetzen. Durch die Macht der Gedanken kann das Individuum neue Wege und Lösungen finden, um sich wieder mit der Ganzheit zu verbinden und ein harmonisches Gleichgewicht zwischen Innen und Außen herzustellen. Diese Technik der Verwirklichung nutzt die kreativen und intellektuellen Fähigkeiten des Geistes, um eine Brücke zwischen der individuellen Existenz und der universellen Ganzheit zu schlagen.

Diese Phase der Reorientierung ist gekennzeichnet durch eine tiefe innere Transformation, die das Individuum dazu befähigt, seine Rolle und seinen Platz innerhalb der größeren Ganzheit neu zu definieren. Es entwickelt ein erweitertes Bewusstsein für die Verbindungen und Beziehungen, die es mit der Welt umgeben, und erkennt die Bedeutung der Integration und Harmonie für sein eigenes Wohlbefinden und Wachstum.

Zusammengefasst ist die Gedankenkraft die Magie der Vorstellungen des Geistes und die Methode der Verwirklichung. Diese Phase führt zur Begegnung mit der Ganzheit und zur Reorientierung des Individuums. Der Weg, der bisher von der Ganzheit wegführte, kehrt sich um und führt nun wieder zur Ganzheit hin. Die Begegnung mit der Außenwelt erzeugt die Sehnsucht und den Willen zur Integration in die Ganzheit, was zu einer tiefen inneren Transformation und einem erweiterten Bewusstsein führt. Gedankenkraft ermöglicht es dem Individuum, diese Sehnsucht in konkrete Schritte zur Wiedervereinigung mit der Ganzheit umzusetzen und ein harmonisches Gleichgewicht zwischen Innen und Außen herzustellen.

5. Das *Wohin* der Kausalität

Phase 5: FRAKTALKRAFT

Fraktalkraft repräsentiert die Phase der kreativen Transformation der Idee, bei der die Konzepte und Energien, die zuvor entwickelt und erkannt wurden, in konkrete Strukturen und Muster überführt werden. In dieser Phase entstehen die fraktalen Wege, auf denen die Energie fließen wird, und die gesamte Dynamik des Systems wird in eine geordnete Form gebracht.

Diese fraktalen Wege sind selbstähnliche Muster, die sich auf verschiedenen Ebenen und Skalen wiederholen. Sie schaffen eine kohärente Struktur, die sowohl die Komplexität als auch die Harmonie des Systems bewahrt. Durch die Schaffung dieser Wege wird die Energie in Bahnen gelenkt, die Effizienz und Stabilität fördern.

Die Hauptaufgabe in dieser Phase besteht in der Koordination der Kräfte. Das Individuum spielt eine zentrale Rolle, indem es versucht, die Außenwelt zu ordnen und zu strukturieren. Dies geschieht durch einen bewussten Prozess des Überblicksverschaffens, bei dem das Individuum die vorhandenen Elemente und Dynamiken in der Welt analysiert und versteht. Durch diese Analyse kann es erkennen, welche Strukturen und Regeln notwendig sind, um ein harmonisches und funktionales Ganzes zu schaffen.

Das Individuum entwickelt Strategien, um die bestehenden Ordnungen zu verbessern und neue Regeln hinzuzufügen, die das System stabilisieren und optimieren. Dies erfordert ein tiefes Verständnis der Interaktionen und Beziehungen zwischen den verschiedenen Teilen des Systems sowie die Fähigkeit, flexibel und kreativ auf Veränderungen und Herausforderungen zu reagieren.

Die Koordination der Kräfte beinhaltet auch die Integration von Wissen und Erfahrungen aus verschiedenen Bereichen, um eine ganzheitliche und nachhaltige Ordnung zu schaffen. Dies bedeutet, dass das Individuum in der Lage sein muss, verschiedene Perspektiven und Ansätze zu berücksichtigen und miteinander zu verbinden, um eine kohärente und umfassende Strategie zu entwickeln.

Zusammengefasst führt die Phase der Fraktalkraft zur kreativen Transformation der Idee in konkrete Strukturen und Muster. Es werden fraktale Wege geschaffen, die die Energie in geordnete Bahnen lenken. Die Hauptaufgabe besteht in der Koordination der Kräfte, bei der das Individuum die Außenwelt ordnet, einen Überblick über die vorhandenen Elemente verschafft und Strategien entwickelt, um die bestehenden Ordnungen zu verbessern und neue Regeln hinzuzufügen. Dies fördert die Stabilität, Effizienz und Harmonie des Systems und ermöglicht eine nachhaltige und ganzheitliche Entwicklung.

6. Das *wodurch* der Kausalität

Phase 6: LEBENSKRAFT

Lebenskraft ist die Phase, in der die Verbindung zwischen Individuum und Ganzheit vollständig hergestellt ist. Diese Verbindung ermöglicht es der Energie, frei zu fließen und das Tor zur Ganzheitlichkeit zu öffnen. Die Lebenskraft repräsentiert die Essenz des Lebens und die Dynamik, die das gesamte System durchdringt und belebt.

Durch die Lebenskraft wird die Synergie der Ganzheitlichkeit aktiviert, die die lebendige Vielfalt des Universums bewegt und harmonisiert. Diese Synergie bedeutet, dass alle Teile des Systems miteinander in Wechselwirkung treten und gemeinsam eine kohärente und dynamische Ganzheit bilden. Die Lebenskraft sorgt dafür, dass die Energie in einem ständigen Fluss bleibt und das Leben in all seinen Formen unterstützt und nährt.

Das Endergebnis dieser Ebene für das Individuum liegt in der Integration des individuellen Willens in einen ganzheitlichen Zusammenhang. Dies bedeutet, dass das Individuum nicht mehr isoliert agiert, sondern seine Absichten und Handlungen in Einklang mit dem größeren Ganzen bringt. Der individuelle Wille wird Teil des kollektiven Willens, und das Individuum erkennt seine Rolle und Verantwortung innerhalb der größeren Ordnung.

Die Energie fließt nun als schicksalhaft-karmischer Zusammenhang des Teils mit der Ganzheit. Dieser karmische Zusammenhang betont die wechselseitige Beziehung zwischen dem Individuum und dem Universum, in der jede Handlung und Entscheidung des Individuums Auswirkungen auf das Ganze hat und umgekehrt. Das Individuum wird sich der Konsequenzen seiner Taten bewusst und versteht, dass es in einem komplexen Netz von Beziehungen und Abhängigkeiten lebt.

Diese Phase der Lebenskraft ermöglicht es dem Individuum, eine tiefere Verbindung zu seiner inneren Natur und zur äußeren Welt zu entwickeln. Es erkennt, dass seine Energie und sein Wille Teil eines größeren Flusses sind, der das gesamte Universum durchdringt. Diese Erkenntnis führt zu einem Gefühl der Einheit und Verbundenheit, das das Individuum dazu befähigt, harmonischer und bewusster zu leben.

Zusammengefasst ist die Lebenskraft die Phase, in der die Verbindung zwischen Individuum und Ganzheit hergestellt ist und die Energie frei fließt. Diese Synergie der Ganzheitlichkeit bewegt die lebendige Vielfalt und integriert den individuellen Willen in einen ganzheitlichen Zusammenhang. Die Energie fließt als schicksalhaft-karmischer Zusammenhang des Teils mit der Ganzheit, was das Individuum zu einem bewussteren und harmonischeren Leben führt.

Top-Down

1. Das *Was* der Teleologie.

Der Cyberspace des göttlichen Traums ist die übergeordnete Idee hinter dem Kosmos, die alles darin zum Leben erweckt. Die Informationsmatrix ist ein metaphysischer Raum, in dem die gesamten Informationen und Potenziale des Universums gespeichert sind und aus dem die Realität schöpft. Es ist ein Bereich, in dem alle Möglichkeiten existieren und von dem aus die physische Welt kontinuierlich erschaffen und erneuert wird.

Das Bewusstsein Gottes, das in jedem Individuum als Zeuge erscheint, ist die Lebenskraft, welche die Simulation der Welt aus der Matrix des Informationsraumes heraus bewegt. Diese Lebenskraft ist der treibende Motor des Lebens, der die statischen Informationen der Matrix in dynamische Prozesse umwandelt, die die phänomenale Welt erzeugen. Sie ist die Essenz, die den Zyklus von Schöpfung, Erhaltung und Transformation antreibt.

In jedem Individuum manifestiert sich ein Aspekt des göttlichen Bewusstseins, das als innerer Zeuge fungiert. Dieser Zeuge ist sich der Verbindung zu der größeren Ganzheit bewusst und erkennt die Rolle des Individuums innerhalb des göttlichen Traums. Durch diese Verbindung wird das individuelle Bewusstsein zu einem Kanal für die göttliche Lebenskraft, die die persönliche und kollektive Realität beeinflusst und formt.

Der Cyberspace des göttlichen Traums kann als ein Netzwerk von Informationsstrukturen verstanden werden, die durch die Lebenskraft in ständige Bewegung und Interaktion versetzt werden. Diese Bewegung erzeugt die komplexen Muster und Dynamiken, die das Universum kennzeichnen. In diesem Kontext ist die Lebenskraft nicht nur eine metaphysische Idee, sondern auch eine praktische Kraft, die die materielle Welt durchdringt und belebt.

Die Lebenskraft ermöglicht es den Individuen, ihre eigenen Schöpferkräfte zu erkennen und zu nutzen. Indem sie sich ihrer Rolle als Ausdrucksformen des göttlichen Bewusstseins bewusst werden, können sie aktiv an der Gestaltung ihrer Realität teilnehmen. Diese Teilnahme ist sowohl ein kreativer Akt als auch ein spiritueller Prozess, der das Individuum mit der größeren kosmischen Ordnung verbindet.

Der Ursprung der Teleologie des Cyberspace, des göttlichen Traums, ist die Idee hinter dem Kosmos, die alle Dinge zum Leben erweckt. Das Bewusstsein Gottes, das in jedem Individuum als Zeuge erscheint, ist die Lebenskraft, die die Welt aus der Matrix des Informationsraumes heraus bewegt und das Schicksal aller Teile zu einem funktionierenden, harmonischen Ganzen koordiniert. Diese Lebenskraft ermöglicht die ständige Schöpfung und Transformation der physischen Welt und verbindet das Individuum mit der größeren Ganzheit des Universums.

2. Das *Wo* der Teleologie

Diese Idee des Traumes verwirklicht sich durch die Emergenz von Gesetzen auf jeder neuen Integrationsstufe. Diese emergenten Gesetze sind die fundamentalen Prinzipien, nach denen sich der kosmische Traum entfaltet und manifestiert. Sie sind die unsichtbaren Fäden, die die Struktur und Dynamik des Universums zusammenhalten, und bilden den Ort, an dem sich der göttliche Traum realisieren kann.

Diese Regeln und Gesetze sind nicht starr oder unveränderlich, sondern entwickeln sich weiter, während das Universum zu immer höheren Stufen der Komplexität und Integration voranschreitet. Jede neue Integrationsstufe bringt eine neue Ebene von Gesetzen hervor, die die bestehenden Muster und Strukturen erweitern und vertiefen. Diese Gesetze bestimmen, wie die Teile des Universums miteinander interagieren und wie neue Formen und Ordnungen entstehen.

Die Fraktalkraft bildet den Rahmen des ganzen Geschehens. Sie ist das Prinzip, das die Selbstähnlichkeit und Wiederholbarkeit der Muster und Strukturen auf verschiedenen Skalenebenen gewährleistet. Durch die Fraktalkraft entstehen komplexe, aber dennoch kohärente und harmonische Strukturen, die den Cyberspace des göttlichen Traumes kristallisieren lassen. Diese fraktalen Muster sind die architektonischen Grundbausteine, die die physische und metaphysische Realität durchdringen und gestalten.

Die Fraktalkraft sorgt dafür, dass die gleichen grundlegenden Muster und Prinzipien auf allen Ebenen des Seins wirken, vom Mikrokosmos bis zum Makrokosmos. Dies schafft eine tiefe innere Konsistenz und Harmonie im Universum, die es ermöglicht, dass das Individuum und die Ganzheit miteinander in Einklang stehen. Durch die fraktale Natur des Kosmos können die individuellen Teile die Ganzheit widerspiegeln und sich gleichzeitig in ihre eigene Einzigartigkeit entfalten.

Zusammengefasst verwirklicht sich die Idee des göttlichen Traumes durch die Emergenz von Gesetzen auf jeder neuen Integrationsstufe. Diese Regeln, nach denen der Traum spielt, sind der Ort, an dem sich der Traum realisieren kann. Die Fraktalkraft bildet den Rahmen des ganzen Geschehens, entlang dessen der Cyberspace kristallisiert. Diese fraktalen Muster schaffen eine harmonische und kohärente Struktur, die die kontinuierliche Schöpfung und Evolution des Universums ermöglicht und das Zusammenspiel von Individuum und Ganzheit unterstützt.

3. Das *Womit* der Teleologie

Der Stoff, aus dem der göttliche Traum gewebt wird, ist die Vielfalt der Dinge, die in ihrer Innenperspektive jeweils Vorstellungen und Erwartungen von den anderen Dingen haben. Jedes Ding im Universum trägt seine eigenen einzigartigen inneren Bilder, Ideen und Erwartungen in sich, die seine Wahrnehmung und Interaktion mit der Welt bestimmen. Diese Innenperspektiven sind die grundlegenden Bausteine, die den kosmischen Traum formen und ihm Leben verleihen.

Die Interaktionen zwischen diesen Dingen sind geprägt von ihren Erwartungen und inneren Vorstellungen. Diese wechselseitigen Erwartungen und Interaktionen schaffen ein dynamisches Netz von Beziehungen, das den stabilen, materiellen Kosmos bildet. Es ist wie eine komplexe Matrix, in der sich die Gedanken und Vorstellungen überlagern und zu einer kohärenten Realität verdichten. Dieses Netz ist ständig in Bewegung und passst sich den Veränderungen in den Innenperspektiven der Dinge an.

Die Gedankenkraft wirkt wie ein magisches Substrat, aus dem der Kosmos seine Formen aufbaut. Diese Kraft ist die kreative Energie, die die Vorstellungen und Ideen der Dinge in konkrete Formen und Strukturen umsetzt. Gedankenkraft ist die Quelle der Schöpfung, die es ermöglicht, dass die inneren Bilder und Erwartungen in der physischen Welt manifest werden. Sie ist die Magie, die die materiellen und immateriellen Aspekte des Universums miteinander verbindet und sie in eine harmonische Einheit integriert.

Gedankenkraft ist nicht nur ein passiver Prozess, sondern eine aktive, schöpferische Kraft. Sie formt die Realität, indem sie die inneren Vorstellungen und Erwartungen der Dinge in eine gemeinsame, materielle Struktur bringt. Diese Kraft ermöglicht es dem Kosmos, sich ständig zu erneuern und weiterzuentwickeln, indem sie die kreativen Potenziale der Innenperspektiven der Dinge freisetzt und sie in die äußere Welt projiziert.

Durch die Gedankenkraft entsteht eine stabile, aber dennoch dynamische und flexible materielle Welt. Diese Welt ist das Ergebnis der kontinuierlichen Interaktion und Überlagerung der Vorstellungen und Erwartungen der Dinge. Sie ist ein lebendiges Geflecht von Bedeutungen und Beziehungen, das ständig in Bewegung ist und sich anpasst.

Zusammengefasst ist der Stoff, aus dem der göttliche Traum gewebt wird, die Vielfalt der Dinge und ihre Innenperspektiven. Diese Interaktionen, geprägt von Erwartungen und Vorstellungen, überlagern sich zu einer Matrix, die einen stabilen, materiellen Kosmos formt. Die Gedankenkraft wirkt wie ein magisches Substrat, aus dem der Kosmos seine Formen aufbaut, und ermöglicht die ständige Schöpfung und Erneuerung der Realität durch die kreative Energie der Innenperspektiven der Dinge.

4. Das *Wie* der Teleologie

Die Selbstkraft als Bewusstsein der Einzelteile ist die Methode, mit der sich der kollektive Traum des Cyberspace verwirklicht. Diese Selbstkraft ist die individuelle Bewusstheit und Achtsamkeit jedes einzelnen Teils des Kosmos, die zusammen die Grundlage für die Manifestation der gemeinsamen Realität bilden.

Nur innerhalb der bewussten Aufmerksamkeit der Teile entspinnt sich die vielfältige Intention, die die Grundlage einer gemeinsamen Außenwelt bildet. Jede bewusste Einheit trägt durch ihre Wahrnehmung, Gedanken und Absichten zur kollektiven Realität bei. Diese bewussten Beiträge verflechten sich zu einem komplexen Netz von Intentionen, das die Struktur und Dynamik des kollektiven Traums formt.

Das Bewusstsein der Teile ist die Methode des Kollektivs, den göttlichen Traum zu realisieren. Erst durch das individuelle Erleben und die Reflexion jedes Einzelnen kann die gemeinsame

Realität entstehen und sich weiterentwickeln. Diese Methode betont die Bedeutung der individuellen Perspektive und ihren Einfluss auf das Ganze. Die Selbstkraft erlaubt es jedem Teil, aktiv und bewusst an der Schöpfung der Realität teilzunehmen.

Durch die Selbstkraft wird das kollektive Bewusstsein zu einem kreativen Prozess, bei dem die individuellen Erfahrungen und Einsichten in das größere Bild integriert werden. Dieser Prozess erfordert Achtsamkeit, Selbstreflexion und die Fähigkeit zur bewussten Ausrichtung der eigenen Intentionen. Das kollektive Bewusstsein entsteht nicht durch bloßen Zufall, sondern durch die bewusste und koordinierte Interaktion der Einzelteile.

Die Methode der Selbstkraft fördert die Einheit in der Vielfalt. Während jedes Individuum seine eigene, einzigartige Perspektive einbringt, trägt diese Vielfalt zur Bereicherung und Komplexität des kollektiven Traums bei. Durch die bewusste Zusammenarbeit und das Teilen von Erfahrungen entsteht eine harmonische und kohärente Realität, die sowohl die Individualität als auch die Ganzheit reflektiert.

Zusammengefasst ist die Selbstkraft als Bewusstsein der Einzelteile die Methode, mit der sich der kollektive Traum des Cyberspace verwirklicht. Durch die bewusste Aufmerksamkeit und Intention jedes einzelnen Teils entsteht eine gemeinsame Außenwelt. Diese Methode betont die Bedeutung des individuellen Bewusstseins und dessen Einfluss auf das kollektive Ganze, wodurch eine harmonische und kohärente Realität geschaffen wird.

5. Das *Wohin* der Teleologie

Die kreative Neuschöpfung geschieht in der Identität der Teile und in deren Vorstellung von der Außenwelt. In jedem Individuum entstehen neue Ideen und kreative Impulse, die die bestehende Realität erweitern und transformieren. Diese Neuschöpfungen sind Ausdruck der Geisteskraft, die im Individuum wohnt und ständig nach neuen Formen und Möglichkeiten strebt.

Die Geisteskraft im Individuum erzeugt alle kreativen Neuschöpfungen, die für die ständige Weiterentwicklung der Ganzheit des Cyberspace unerlässlich sind. Diese Kraft ist die Quelle der Innovation und der schöpferischen Energie, die das Individuum dazu befähigt, seine Umwelt aktiv zu gestalten und zu verändern. Durch die Geisteskraft entstehen neue Konzepte, Visionen und Entwürfe, die die kollektive Realität bereichern und weiterentwickeln.

In der Identität der Teile manifestiert sich die kreative Neuschöpfung als persönlicher Ausdruck und als Beitrag zur gemeinsamen Wirklichkeit. Jedes Individuum bringt seine einzigartigen Perspektiven und Fähigkeiten ein, die zusammen ein vielfältiges und dynamisches Ganzes bilden. Diese Identität ist nicht statisch, sondern ständig im Fluss, beeinflusst von neuen Erfahrungen und Einsichten.

Die Vorstellung von der Außenwelt spielt eine entscheidende Rolle in diesem Prozess. Die Art und Weise, wie das Individuum die Welt wahrnimmt und interpretiert, prägt seine kreativen Neuschöpfungen. Durch die Geisteskraft wird diese Vorstellung kontinuierlich erweitert und vertieft, was zu einer fortlaufenden Transformation der Realität führt. Die äußere Welt wird dadurch nicht nur als gegebene Tatsache gesehen, sondern als lebendiger Raum, der durch menschliches Bewusstsein und Kreativität ständig neu gestaltet wird.

Die kreative Neuschöpfung fördert die Evolution der kollektiven Realität. Jede neue Idee und jeder kreative Impuls trägt dazu bei, dass der Cyberspace, der göttliche Traum, sich weiterentwickelt und wächst. Diese fortlaufende Schöpfung ist ein Zeichen der Lebendigkeit und Dynamik des Universums, das sich durch die schöpferischen Kräfte seiner Teile ständig erneuert.

Zusammengefasst geschieht die kreative Neuschöpfung des Cyberspace innnerhalb der Identität der Teile und in deren Vorstellung von der Außenwelt. Die Geisteskraft im Individuum ist die treibende Kraft hinter allen kreativen Neuschöpfungen, die die Ganzheit des Cyberspace ständig weiterentwickeln. Durch diese kreative Dynamik trägt jedes Individuum zur fortlaufenden Evolution und Transformation der kollektiven Realität bei, indem es seine einzigartigen Ideen und Visionen einbringt und die Welt aktiv mitgestaltet.

6. Das *Wodurch* der Teleologie

Der göttliche Cyberspace verwirklicht sich durch die LICHTKRAFT in den Teilen, die gemeinsam über ihre unbewussten

Intentionen die Vielfalt der Welt erträumen. Diese Lichtkraft ist die treibende Energie, die alles durchdringt und die Grundlage für die Manifestation der physischen und metaphysischen Realität bildet.

Die Lichtkraft in jedem Teil des Kosmos ist eine schöpferische Energie, die aus den tiefsten Ebenen des Seins stammt. Sie ist die Quelle der Inspiration und des Lebens, die das Universum mit Lebendigkeit und Dynamik erfüllt. Diese Kraft ermöglicht es den Teilen, ihre inneren Visionen und Ideen in die äußere Welt zu projizieren und zu manifestieren.

Gemeinsam, durch ihre unbewussten Intentionen, träumen die Teile die Vielfalt der Welt. Diese unbewussten Intentionen sind die tieferen Wünsche, Sehnsüchte und Träume, die in jedem Individuum schlummern und die kollektive Realität formen. Durch das kollektive Träumen entstehen die vielfältigen Formen und Strukturen, die die Welt ausmachen. Diese Träume sind nicht zufällig, sondern Ausdruck der tiefen Verbindung aller Teile mit der Lichtkraft.

Die Lichtkraft ermöglicht es den Teilen, über ihre individuellen Grenzen hinauszugehen und eine gemeinsame Realität zu erschaffen. Diese gemeinsame Realität ist ein komplexes und harmonisches Geflecht von Beziehungen und Interaktionen, die durch die Lichtkraft zusammengehalten und belebt werden. Sie ist der Ausdruck des göttlichen Traums, der durch die kreativen Kräfte der Teile verwirklicht wird.

In dieser Phase wird deutlich, dass die Lichtkraft nicht nur eine metaphysische Energie ist, sondern auch eine praktische Kraft, die die materielle Welt gestaltet. Sie ist die treibende Kraft hinter allen phänomenalen Erscheinungen und der Grund, warum die Welt in ihrer Vielfalt und Schönheit existiert. Durch die Lichtkraft verwirklicht sich der göttliche Cyberspace und bringt die unendlichen Möglichkeiten und Potenziale des Universums zum Ausdruck.

Zusammengefasst verwirklicht sich der göttliche Cyberspace durch die Lichtkraft in den Teilen, die gemeinsam über ihre unbewussten Intentionen die Vielfalt der Welt erträumen. Diese Lichtkraft ist die schöpferische Energie, die alles durchdringt und die Grundlage für die Manifestation der Realität bildet. Sie ermöglicht es den Teilen, ihre inneren Visionen zu projizieren und eine gemeinsame, harmonische Realität zu erschaffen, die Ausdruck des göttlichen Traums ist.

Thema und Ergebnis

Bottom-Up

Das Teil möchte sich immer differenzierter ausgestalten, um mit individuellen Strategien eine Wiederintegration in die Ganzheit zu erlangen. In diesem Prozess der Differenzierung entwickelt das Individuum einzigartige Fähigkeiten, Perspektiven und Strategien, die es ihm ermöglichen, seine Rolle und Bedeutung innerhalb der größeren Ganzheit zu verstehen und zu erfüllen. Dieser Weg der Differenzierung ist gekennzeichnet durch das Streben nach Selbsterkenntnis und Selbstverwirklichung, bei dem das Individuum seine besonderen Stärken und Talente entdeckt und weiterentwickelt.

Das Individuum arbeitet kontinuierlich daran, seine individuelle Identität zu formen und zu verfeinern. Durch das Sammeln von Erfahrungen und das Überwinden von Herausforderungen wächst das Bewusstsein und die Fähigkeit, komplexe Zusammenhänge zu erkennen und zu integrieren. Diese Entwicklung führt zu einem tieferen Verständnis der eigenen Natur und der Beziehung zur Umwelt. In diesem Prozess der Differenzierung entstehen individuelle Strategien, die darauf abzielen, eine harmonische und sinnvolle Verbindung zur Ganzheit herzustellen.

Die Wiederintegration in die Ganzheit bedeutet, dass das Individuum seine Einzigartigkeit nicht verliert, sondern sie als wesentlichen Bestandteil des größeren kosmischen Ganzen erkennt und einbringt. Diese Integration ist ein dynamischer Prozess, der sowohl die individuellen Bedürfnisse und Ziele als auch die kollektiven Anforderungen und Werte berücksichtigt. Durch die Differenzierung und die daraus resultierenden individuellen Strategien trägt jedes Teil zur Evolution und zum Wohlbefinden des gesamten Systems bei. Der Weg zur Wiederintegration ist geprägt von einem tiefen Verständnis und einer bewussten Annahme der eigenen Rolle innerhalb der Ganzheit.

Top-Down

Die Ganzheit will eine vielfältige Welt träumen, die sie als Zeuge in allen Individuen von innen erleben kann. Diese Vision der

Ganzheit ist von einem grundlegenden Wunsch nach Vielfalt und Komplexität geprägt, durch die das Universum seine Schönheit und Fülle ausdrückt. Die Ganzheit strebt danach, durch die vielen individuellen Perspektiven und Erfahrungen eine reichhaltige und dynamische Realität zu schaffen, die sie selbst durch die Augen der Einzelteile erleben kann.

Indem die Ganzheit in jedem Individuum als Zeuge gegenwärtig ist, wird eine tiefere Verbindung zwischen dem Einzelnen und dem Universum hergestellt. Diese innere Präsenz ermöglicht es der Ganzheit, die Welt in all ihren Facetten und Nuancen zu erfahren. Jedes Individuum trägt dazu bei, die Gesamtheit der Erfahrung zu bereichern, indem es seine einzigartigen Sichtweisen und Erlebnisse einbringt. Diese kollektive Vielfalt ist es, die die Ganzheit ständig wachsen und sich weiterentwickeln lässt.

Durch das Träumen einer vielfältigen Welt schafft die Ganzheit eine lebendige und dynamische Realität, die von ständiger Veränderung und Entwicklung geprägt ist. Diese Realität ist nicht statisch, sondern ein fortwährender Prozess der Schöpfung und Transformation. Die Ganzheit sieht in der Vielfalt eine Quelle der Stärke und Innovation, die es ihr ermöglicht, auf immer neue Weise zu existieren und zu blühen.

Zusammengefasst will die Ganzheit eine vielfältige Welt träumen, die sie als Zeuge in allen Individuen von innen erleben kann. Diese Vision der Vielfalt und inneren Erfahrung betont die Bedeutung der individuellen Perspektiven und Erlebnisse für das kollektive Ganze. Durch die Präsenz der Ganzheit in jedem Individuum wird eine tiefe und reichhaltige Realität geschaffen, die durch die fortwährende Schöpfung und Transformation der vielfältigen Teile geprägt ist.

Zusammenfassung der Ebene 6

Auf Ebene 6 entfaltet sich eine neue Bedeutungsebene, die durch den Druck der Kausalität von unten nach oben und den Sog der Teleologie von oben nach unten geprägt ist. Diese beiden Kräfte wirken zusammen, um die Welt aufzubauen und zur Ganzheit zu führen.

Druck der Kausalität von unten nach oben:

Phase 1: LICHTKRAFT
Die Lichtkraft repräsentiert die Idee der ständig fließenden Energie, die als Licht und Hitze manifestiert wird. Sie ist die ursprüngliche Schöpferkraft, die das Leben aus der Ganzheit emporhebt und den Impuls zum Dasein gibt.

Phase 2: GEISTESKRAFT
Geisteskraft ist die körperliche Basis und der Gedanke als stabile Grundlage der Identität. Durch diese Kraft entfaltet sich das Leben, da sie die Wahrnehmung und Identität des Individuums stabilisiert.

Phase 3: SELBSTKRAFT

Selbstkraft ist die Motivation, der Wille und der Selbstausdruck. Hier wird das Leben durch die Synthese von neuen Ideen und bestehenden Orten zum Ausdruck gebracht, was zur Entwicklung einer planvoll agierenden Persönlichkeit führt.

Phase 4: GEDANKENKRAFT

Gedankenkraft ist die kreative Magie der Vorstellungen des Geistes. Sie ist die Methode der Verwirklichung, die zur Begegnung mit der Ganzheit führt und eine Reorientierung bewirkt. Der zuvor abgewandte Weg zur Ganzheit kehrt sich um und strebt wieder zur Ganzheit hin.

Phase 5: FRAKTALKRAFT

In dieser Phase findet die kreative Transformation der Ideen statt. Fraktale Wege werden geschaffen, auf denen die Energie fließen kann. Die Hauptaufgabe besteht in der Koordination der Kräfte, um Ordnung und Struktur in die Welt zu bringen.

Phase 6: LEBENSKRAFT

Lebenskraft stellt die Verbindung zwischen Individuum und Ganzheit her. Sie lässt die Energie frei fließen und öffnet das Tor zur Ganzheitlichkeit. Die Synergie der Ganzheitlichkeit bewegt die lebendige Vielfalt und integriert den individuellen Willen in den kosmischen Zusammenhang.

Sog der Teleologie von oben nach unten:

Der Sog der Teleologie zieht die Welt zur Ganzheit, indem er die höheren Prinzipien und Ziele manifestiert.

Phase 1: LICHTKRAFT
Die Lichtkraft ist die Essenz, die die Simulation der Welt aus der Matrix des Informationsraumes bewegt. Sie stellt die Energie und Inspiration dar, die den göttlichen Traum lebendig macht.

Phase 2: GEISTESKRAFT
Geisteskraft als Prinzip formt die Wahrnehmung und Identität der Teile und ermöglicht es, dass sich das Leben entfaltet und die individuellen Teile sich bewusst werden.

Phase 3: SELBSTKRAFT
Selbstkraft als Bewusstsein der Einzelteile verwirklicht den kollektiven Traum. Die bewusste Aufmerksamkeit der Teile ermöglicht die Schaffung einer gemeinsamen Außenwelt.

Phase 4: GEDANKENKRAFT
Gedankenkraft wirkt als magisches Substrat, aus dem der Kosmos seine Formen aufbaut. Sie ermöglicht die kontinuierliche Schöpfung und Erneuerung der Realität.

Phase 5: FRAKTALKRAFT
Die Fraktalkraft bildet den Rahmen des ganzen Geschehens und schafft die Strukturen, durch die der göttliche Traum manifestiert wird.

Phase 6: LEBENSKRAFT
Lebenskraft verwirklicht sich durch die unbewussten Intentionen der Teile, die gemeinsam die Vielfalt der Welt erträumen. Sie ist die treibende Kraft hinter der dynamischen und harmonischen Entwicklung des Universums.

Zusammen führen der Druck der Kausalität von unten nach oben und der Sog der Teleologie von oben nach unten zur Schaffung einer komplexen, dynamischen und harmonischen Welt, in der individuelle Teile und die Ganzheit miteinander verbunden und in einem ständigen Prozess der Schöpfung und Erneuerung verwoben sind.

5. Finale

Prärationale Erzählungen und transrationale Narrative

In meinem 2010 veröffentlichten Buch „Evolutionärer Idealismus“ habe ich im letzten Abschnitt dargelegt, wie die Aussagen prärationaler Religionen in transrationale Narrative übertragen werden können. Sechs Jahre später, in meinem Werk „Die Welt von innen“, nahm ich den Schöpfungsmythos der abrahamitischen Religionen als Grundlage, um zu zeigen, wie er dem Narrativ des Lambdomas folgt. Das Kernproblem besteht nicht darin, dass die Menschen vergangener Zeiten die spirituelle Grundlage dieses Kosmos nicht erkannt hätten. Vielmehr liegt die Herausforderung darin, diese spirituellen Wahrnehmungen in eine allgemein verständliche Sprache zu übersetzen, die kulturell durch ein spezifisches Weltbild geprägt ist. Das Weltbild zur Zeit der Entstehung der Religionen war kein objektives, materialistisches und sachliches, sondern ein subjektives, lebendiges und spirituell ausgerichtetes Weltbild. Es war nicht rational auf die objektive Erkenntnis der materiellen Außenwelt ausgerichtet, sondern prärational auf die Bedeutung der Erscheinungen für das Individuums fokussiert. Das bedeutet jedoch nicht, dass es ein falsches Weltbild war. Es bot nur eine andere Perspektive, die heute falsch erscheint, wenn wir sie mit unserem rationalen Verstand betrachten.

Ein Beispiel hierfür sind die Erklärungen von Brunetto Latini (1220-1294), dem Lehrer von Dante Alighieri (1265-1321), zur Kugelform der Erde. Brunetto beschreibt die Erde als Sphäre, aber auf eine Weise, die für moderne Leser ungewöhnlich erscheint, nämlich in Begriffen einer „intrinsischen", nicht „extrinsischen" Geometrie. Anstatt zu sagen: „Die Erde ist wie ein runder Apfel", wie es ein äußerer Betrachter sehen würde, erklärt er: „Zwei Reiter, die in entgegengesetzter Richtung weit genug galoppieren, würden sich am Ende auf der anderen Seite treffen." Oder: „Ein Mann, der immer weiter wandert, würde letztlich zu seinem Ausgangspunkt zurückkehren, wenn die Meere ihn nicht daran hindern würden." Brunetto nimmt also stets einen inneren Standpunkt ein, den Blickwinkel eines beteiligten Beobachters, der über die Erde wandert, und nicht den eines Außenstehenden.

Für jemanden, der im rationalen Weltbild geschult ist, mag diese Beschreibung der Erdgestalt unnötig kompliziert erscheinen. Warum sagt Brunetto nicht einfach, dass die Erde eine Kugel ist? Aber bei genauerer Betrachtung wird diese Erklärung dem damaligen Weltbild mehr gerecht. Denn wenn zum Beispiel eine Ameise über eine Kugel läuft, muss sie irgendwann kopfüber laufen und sich festklammern, um nicht herunterzufallen. Ein Reisender, der über die Erde wandert, gerät jedoch niemals in eine solche Lage. Brunettos Beschreibungen trägt auch dieser subjektiven Erfahrung Rechnung.

Und für jemanden, dem beigebracht wurde, dass man bei einem Geradeausmarsch auf der Erde stets zum Ausgangspunkt zurückkehrt, ist es nicht schwer, sich im nächsten Schritt die Gestalt des gesamten Universums ähnlich vorzustellen. Genau dies geschieht in Dantes „Göttlicher Komödie“: Im Paradies zeigt Dante eine Vision des mittelalterlichen Weltbilds, das auf Aristoteles zurückgeht, mit einer kugelförmigen Erde im Zentrum, umgeben von Himmelssphären. Auf seiner fantastischen Jenseitsreise steigt Dante mit Beatrice in den Himmel auf bis zur äußersten Sphäre und blickt herab auf das Universum. Ganz unten steht die Erde im Zentrum, und über ihr rotieren die Himmelssphären. Dann blickt er weiter nach oben und sieht einen Lichtpunkt, umgeben von Engelskreisen, also eine weitere große Kugel, die den Himmel umfasst, wie dieser die anderen umschließt. Dies beschreibt eine mathematische 3-Sphäre. Aber was ist eine 3-Sphäre?

Seit Jahrtausenden fragen sich Menschen, ob das Universum unendlich ist oder eine Grenze hat. Beide Hypothesen bergen schwierige Probleme. Ein unendliches Universum erscheint unlogisch, da es nicht genügend Atomkombinationen gibt, um es vollständig zu füllen, was zu seltsamen Wiederholungen führen würde. Hat das Universum jedoch eine Grenze, stellt sich die Frage nach dem Sinn einer solchen Grenze mit dem Nichts dahinter. Albert Einstein löste dieses Dilemma: Ein endliches Universum kann ohne Grenze sein, so wie die Oberfläche der Erde endlich, aber ohne Grenze ist, vorausgesetzt, es gibt eine Krümmung. Dies trifft auf den Raum der Allgemeinen Relativitätstheorie zu. Folglich kann unser Universum endlich, aber unbegrenzt sein. Bewege ich mich auf der Erdoberfläche immer geradeaus, kehre ich zum Ausgangspunkt zurück. Ebenso könnte unser Universum beschaffen sein: Ein Raumschiff, das immer in eine Richtung fliegt, durchquert das Universum und kehrt von der anderen Seite zur Erde zurück. Ein solcher dreidimensionaler Raum wird als 3-Sphäre bezeichnet.

Diese Vorstellung hat bestimmte Implikationen, die wir uns an der Erdoberfläche, einer 2-Sphäre, verdeutlichen können: Wenn wir die Erdoberfläche auf einer Ebene darstellen, ergeben sich zwei Scheiben, wie es manchmal bei früher üblichen Weltkarten zu sehen ist. Wenn wir die Kartenausschnitte so wählen, dass jede Scheibe eine Halbkugel mit einem Pol in der Mitte darstellt, wird der Äquator zum Außenrand jeder der beiden Scheiben. Damit wird ein Bewohner der Südhalbkugel von der Nordhalbkugel „umgeben“, denn, egal welche Richtung er einschlägt, er geht immer in Richtung Nordhalbkugel (am Ende seiner Scheibe liegt immer der Äquator). Dies gilt auch umgekehrt. Jede Hemisphäre „umgibt“ die andere und wird von ihr umgeben. Analog dazu kann man sich die 3-Sphäre vorstellen: als zwei Kugeln, die an ihren Rändern aneinanderkleben. Verlässt man den Raum einer Kugel, gelangt man in die andere. Einstein postulierte, dass der Raum eine 3-Sphäre sein könnte: ein Gebilde mit endlichem Volumen, aber ohne Grenzen. Dies ist die Lösung für das Problem der Universumsgrenze, die Einstein 1917 vorschlug.

In Dantes „Göttlicher Komödie“ wird beschrieben, dass die eine Kugel von der „umschlossen“ wird, die sie „umhüllt“. Dante hat also eine klare geometrische Vorstellung von einer 3-Sphäre. Seine Sprache war jedoch die eines im Geschehen befindlichen

Akteurs, nicht eines rationalen, objektiven Betrachters, der sich aus dem Geschehen herausnimmt. Dies zeigt, dass präрrationale Erzählungen nicht zwangsläufig falsch sind, sondern oft nur in transrationale Narrative übersetzt werden müssen.

Eine völlig frei erfundene Schöpfungsgeschichte

In den ältesten Zeiten, als die Welt noch in den Nebeln des Ursprungs verborgen lag, existierte das Göttliche Numinos, das Undarstellbare, die Quelle allen Seins. Dieses mächtige Wesen versank eines Tages in einen tiefen Schlaf und aus seinem Schlummer entstand ein gewaltiger Traum, der die Schöpfung einleitete.

In diesem Traum wurde Numinos zu Genesia, dem Ur-Ei der Schöpfung, und zu Temporas, einem unschuldigen Kind, dem das Ei anvertraut war. Temporas, ahnungslos und voller kindlicher Freude, spielte mit dem Ei, als wäre es ein Ball. Der Himmel war erfüllt von seinem fröhlichen Lachen, und die Sterne funkelten im Rhythmus seines Spiels. Doch seine tiefe Versunkenheit ins Spiel erzeugte unbemerkt eine Zone aus Untiefen und Wirbeln, aus denen sich ein Gott manifestierte. Kron entstand, der Fluss der Zeit, und das Ei glitt nun unversehens in die kalten und dunklen Strömungen des Flusses.

„Oh nein!“, rief Temporas entsetzt und sprang hastig hinterher, um das Ei zu retten, bevor sein Vergehen entdeckt wurde. Die Strömungen des Kron erfassten ihn jedoch sofort und trieben ihn gnadenlos in die Tiefe. Das Kind kämpfte verzweifelt, aber der Fluss war unerbittlich und zog es immer weiter hinab.

Als Numinos dies sah, fühlte er tiefes Mitleid mit Temporas. Er begab sich zum Ufer des Kron, doch der Fluss sprach warnend:

„Numinos, dir ist der Eintritt verwehrt. Wenn du meine Gefilde betrittst, musst auch du meinen Regeln gehorchen. Du musst dich wandeln, wirst stumm sein und deine Allmacht verlieren. “

Numinos erkannte die Unausweichlichkeit dieser Bedingungen. Er verwandelte sich und wurde zum Gott Telos, um den Fluss Kron betreten zu können und Temporas zu retten. Dazu gab er seine Allmacht auf und verlor seine Stimme. Er tauchte hinab in die Tiefen des Kron und brachte Licht und Wärme mit sich, um das Kind zu trösten. Temporas erkannte ihn nicht, aber er sah das Licht und versuchte, das Ei zur Wärme zu rollen, um es vor dem Auskühlen zu bewahren. Doch Kron verkürzte den Weg hinter ihm und dehnte den Weg vor ihm, sodass er, egal wie schnell er sich auch bewegte, nie näher kam. Die Strömungen hielten ihn gefangen in einem ewigen Kreislauf.

„Warum ist mein Weg so schwer?“, fragte sich Temporas verzweifelt. „Habe ich so großes Unrecht getan?“ Doch er dachte dabei nicht an sich selbst, sondern an das Ur-Ei Genesia, das ihm anvertraut war und dem nichts passieren sollte. Numinos, nun in der Gestalt von Telos, sah den Kummer des Kindes, das nicht verstand, dass es den Weg nach unten gehen musste, um den Kreislauf zu vollenden und in die himmlischen Sphären zurückzukehren. Denn die Welt war vom Himmel umschlossen und umschloss gleichzeitig den Himmel. Der Weg nach oben war durch Kron versperrt. Nur der Weg nach unten führte in den Himmel zurück.

Telos war stumm, doch er sandte seine Wärme auf das Ei Genesia und ließ darin Paneros, den zweigeschlechtlichen Gott der Liebe, heranwachsen. Paneros machte das Ei schwerer, sodass es tiefer sank. In den Tiefen des Kron reifte das Ei durch die ständige Wärme und das sanfte Rollen. Schließlich teilte sich das Innere des Eis und daraus entstanden Lumidon, der alles sehende Gott, und Sentira, die alles erleidende Göttin.

Paneros, unsichtbar durch die Reflektion allen Lichts, sah zu, wie Lumidon und Sentira sich in ihr jeweiliges Spiegelbild in den Augen des anderen verliebten. Lumidon liebte Sentira und durchdrang sie. Sentira liebte Lumidon und umschlang ihn. In diesem Akt der Liebe verwoben sich ihre Körper und schufen durch ihr Liebespiel die ersten Naturgeister, zweigesichtige Dämonen und Engel, die wie Schweißperlen von ihren Körpern fielen.

Der Tanz der Schöpfung, angeleitet von Paneros, ließ das Ei Genesia pulsieren und schließlich aufbrechen. Aus der Schale formte sich Harmonia, die Essenz des Gleichgewichts. Harmonia leuchtete in einem sanften Glanz und breitete ihre Schwingen aus, um die Früchte der Liebe von Lumidon und Sentira zu durchdringen und zu umarmen.

„Möge das Gleichgewicht immer gewahrt bleiben", sagte Harmonia sanft und ihre Worte schienen die Dämonen und Engel zu beruhigen. Unter ihrem Einfluss begannen sie, eine symbiotische Beziehung zu entwickeln, in der sie zusammenarbeiteten, um die kosmische Ordnung zu bewahren. Und Paneros nutzte diesen Moment der Harmonie, um die Menschen zu erschaffen.

„Aus der Liebe und dem Licht erschaffe ich euch, Menschenkinder“, flüsterte Paneros. „Seid frei, zu lernen und zu wachsen.“

Neben den Menschen erschuf Paneros auch die Zwillingsgötter Mirra und Arrim, die Götter der Spiegelungen. Sie gaben jedem Wesen sein Gegenstück, sodass jedes Geschöpf sich selbst im anderen erkennen konnte. Mirra und Arrim hauchten den Menschen Bewusstsein ein und die Menschen begannen zu erwachen.

„Schaut in den Spiegel des anderen und erkennt euch selbst“, lehrten Mirra und Arrim. Die Menschen verstanden diese Lehre und begannen, in Harmonie mit ihrer Umgebung zu leben.

Sentira und Lumidon fanden zu dieser Zeit in ihren Spiegelbildern eine tiefergehende Erkenntnis und verwirklichen ihre Liebe, indem sie mit ihren Körpern den Torus der Welt formten, damit die Menschen eine Heimstatt haben würden. Sentira, mit dem Blick nach innen, gebar das Leben aus ihrem Schoß und entließ es in den Kreislauf des Torus, an dessen Wänden es hochstieg, bis es von Sentira wieder verschluckt und schließlich neu geboren wurde. Sie, die Göttin des Wassers und der Seefahrt, trug das Leben durch die Zeit. Lumidon, der nach außen blickte, um alles zu sehen, zog das Leben mit seinem Ehrgeiz osmotisch nach oben und wuchs mit jedem Wesen ein Stückchen mit. Deshalb triebt Lumidon, der Gott des Windes und des Krieges, jedes Wesen voran. Aber die Menschen wussten um ihre Vergänglichkeit und gleichzeitig auch um ihre Ewigkeit, denn Sentira und Lumidon hatten die ersten Palmen erschaffen und sie in den Torus gepflanzt, und ihre Blätter, die unten abfielen, um oben wieder neu zu wachsen, waren Symbolbilder der Reinkarnation.

Durch die Ausgewogenheit Harmonias, beleuchtet vom Licht von Telos, dem Spiegelraum Mirras und Arrims und dem schöpferischen Tanz von Paneros, war ein ruhiges Gleichgewicht entstanden. So hätte es auf ewig bleiben können.

Doch die Welt war noch nicht vollendet. Telos und Harmonia erinnerten sich an Numinos' Mission, Temporas aus dem Kron zu befreien. So erwachten die Essenzen von Khaotarch, dem Gott des Chaos, und Kreatia, der Göttin der Schöpfungskraft. Khaotarch störte ständig die bestehende Ordnung, während Kreatia unendliche Vielfalt von Formen und Farben in die Welt brachte.

„Lasst uns das Universum mit Leben erfüllen", rief Kreatia und aus ihrem Dialog mit Khaotarch entstanden lebendige Formen. Jede neue Schöpfung brachte Unruhe und Schönheit zugleich. Die Menschen aber erhielten durch Mirra und Arrim ebenfalls den Funken der Kreativität. „Ihr seid Schöpfer eurer eigenen Welten", verkündete Arrim. „Nutzt diesen Funken weise", fügte Mirra hinzu.

Doch inmitten dieses Chaos vergaßen die Menschen ihre Ewigkeit und beklagten ihre Vergänglichkeit. Da erwachte Metamorpha, die Göttin der Veränderung und Transformation, und brachte den Zyklus von Geburt, Wachstum, Tod und Wiedergeburt in die Welt. „Veränderung ist das Herz des Lebens", sprach Metamorpha. „Jeder Übergang ist eine neue Chance."

Metamorpha leitete die Wesen durch die Phasen ihres Daseins und half ihnen, aus ihren Erfahrungen zu lernen. So fanden die Geschöpfe die Freiheit, sich ständig weiterzuentwickeln.

In der höchsten Ebene der Schöpfung erwachte Nocturna, die Göttin der Weisheit und des Mysteriums. Sie brachte das tiefe Verständnis der kosmischen Gesetze in die Welt und erleuchtete die Dunkelheit des Unwissens. „Sucht die verborgenen Zusammenhänge", flüsterte Nocturna. „Erkennt die Weisheit des Universums." Und so erwachte neben Nocturna auch Helios, der Gott des Lichts und der Klarheit. Sein strahlendes Licht vertrieb alle Nebel. „Folgt meinem Licht zur höchsten Wahrheit", rief Helios.

Mit Helios und Nocturna erreichte die Schöpfung ihre Vollendung. Dadurch gebar die Welt Harmonius, den Gott des kosmischen Einklangs. Und Harmonius brachte das Gleichgewicht zwischen allen Dingen. „Durch mich wird die Balance bewahrt", sprach Harmonius.

„Durch das Ebenmaß von Harmonius, die Weisheit von Nocturna und das Licht von Helios", erklärte Telos, „werden die Menschen den Zustand der vollständigen Integration erreichen."

Die Menschen werden ihre göttliche Essenz erkennen und in ewiger Verbundenheit und innerem Frieden leben und Temporas wird mit jedem von ihnen erneut befreit werden und aus den Tiefen des Kron in seine Heimat bei Numinos zurückkehren. Und die Welt wird ihre Vollendung finden.

Epilog

In den ruhigen Momenten der Ewigkeit, wo das Licht von Helios und die Dunkelheit von Nocturna in perfektem Gleichgewicht existieren, finden die Götter Trost in dem Wissen, dass die Schöpfung niemals endet, sondern sich stets erneuert und entwickelt. Die Geschichte von Numinos, Temporas, Telos, und allen göttlichen Essenzen ist eine ewige Erinnerung daran, dass das Universum in einem unaufhörlichen Tanz der Schöpfung und Erneuerung lebt. Jede Seele, die diese Geschichte hört, trägt ein Stück dieser ewigen Wahrheit in sich und versteht, dass in jedem Moment der Möglichkeit und im Herzen des Chaos die Samen einer neuen Welt liegen.

Personenregister

Numinos → 0/0
Genesia → 0/1
Temporas → 0/1 – 1/0
Kron → 0/1 – 1/0
Telos → 1/0
Paneros → 1/1
Lumidon → 2/0
Sentira → 0/2
Zweigesichtige Dämonen und zweigesichtige Engel
→ 1/2 – 2/1
Harmonia → 0/4
Mirra → 3/1
Arrim → 1/3
Menschen → 2/2
Khaotarch → 0/5
Kreatia → 5/0
Anima → 1/4
Metamorpha → 2/3
Nocturna → 0/6
Helios → 1/5
Harmonius → 2/4

Die Entstehung von Religionen

Diese rein fiktive Schöpfungsgeschichte zeigt, wie der Druck der Kausalität von unten nach oben die Welt aufbaut, indem er das individuelle Bewusstsein des Teils formt und entwickelt, während der Sog der Teleologie von oben nach unten die Welt der Teile zur Ganzheit führt, indem er die höheren Prinzipien und Ziele manifestiert. So entsteht eine komplexe, dynamische und harmonische Welt, in der alle Teile und die Ganzheit miteinander verbunden sind und in einem ständigen Prozess der Schöpfung und Erneuerung existieren.

Es ist dabei völlig egal, welche Geschichte erzählt wird. Wichtig ist nur, dass das Narrativ der Archetypen eingehalten wird, das schließlich durch diese Geschichte durchschimmert. Aber im Normalfall sind Religionen mehr als nur Übersetzungen dieser archetypischen Narrative. Religionen haben die Menschheit seit ihren Anfängen tiefgreifend geprägt. Ihre Entstehung ist ein komplexer Prozess, der weit über reine spirituelle Erlebnisse, in denen diese Archetypen geschaut werden, hinausgeht. Zwar bilden mystische Erfahrungen oft den Kern religiöser Lehren, doch ihre letztendliche Manifestation und ihre erfolgreiche Verbreitung hängen von einer Vielzahl sekundärer Faktoren ab. Diese Faktoren umfassen historische, kulturelle, gesellschaftliche, technologische und ökologische Aspekte, die zusammen die Religion formen und bestimmen.

Der Ausgangspunkt vieler Religionen sind spirituelle Erlebnisse. Mystiker und Propheten haben in allen Kulturen intensive

Erfahrungen gemacht, die sie als Begegnungen mit dem Göttlichen oder Transzendenten interpretierten. Diese Erlebnisse sind jedoch oft jenseits der alltäglichen Sprache und müssen daher in Worte gefasst werden, die für die Gemeinschaft verständlich sind. Diese Übersetzung führt zwangsläufig zu Vereinfachungen und Missverständnissen, da die Alltagssprache die Tiefe und Komplexität spiritueller Erfahrungen nicht vollständig erfassen kann.

Ein weiterer entscheidender Faktor bei der Entstehung einer Religion ist der historische und kulturelle Hintergrund einer Gesellschaft. Jede Religion trägt die Spuren der Kultur, aus der sie hervorgegangen ist. Dies zeigt sich in den Symbolen, Mythen und Ritualen, die eine Religion prägen. So können die Werte und Weltanschauungen einer Kultur tief in ihre religiösen Ausdrucksformen eingebettet sein. Beispielsweise entwickelte sich der Monotheismus im Judentum aus den polytheistischen Traditionen der Region und wurde durch historische Ereignisse wie das babylonische Exil geformt.

Die gesellschaftliche Struktur spielt ebenfalls eine zentrale Rolle. Die Art und Weise, wie eine Gesellschaft organisiert ist, beeinflusst die Form und Funktion ihrer Religion. Egalitäre Gesellschaften von kleinen Familien oder Stämmen entwickeln oft schamanistische oder animistische Glaubenssysteme. Wird die Gemeinschaft größer, dann müssen arbeitsteilige Hierarchien gebildet werden und Religionen, die aus solchen Gemeinschaften entstehen, entwickeln oft ein stark ausgeprägtes Priestertum und ritualisierten Praktiken. Zudem prägt das technologische Verständnis einer Kultur ihre religiösen Vorstellungen. Fortschritte in der Wissenschaft und Technik können traditionelle religiöse Vorstellungen herausfordern und verändern.

Religionen spiegeln auch die ontologischen Paradigmen ihrer Zeit wider – die grundlegenden Vorstellungen darüber, was real ist und wie das Universum funktioniert. Diese Paradigmen verändern sich im Laufe der Geschichte und beeinflussen religiöse Weltbilder. Darüber hinaus spielt die Verfügbarkeit von Ressourcen eine Rolle. Gesellschaften in ressourcenreichen Umgebungen entwickeln andere religiöse Rituale und Götterpantheons als solche in kargen, ressourcenarmen Regionen. Dies zeigt sich etwa in der Bedeutung von Fruchtbarkeitsritualen und Göttern in landwirtschaftlich geprägten Kulturen.

Nicht zuletzt beeinflussen auch klimatische Bedingungen und Bedrohungen durch Feinde die Entwicklung von Religionen. Extreme Klimabedingungen können zu einer Betonung von Wetter- und Erntegöttern führen, während häufige Kriege und Bedrohungen die Entwicklung von Kriegsgöttern und schützenden Gottheiten begünstigen. Diese Aspekte spiegeln sich in den Mythen und Ritualen wider, die darauf abzielen, das Überleben und den Zusammenhalt der Gemeinschaft zu sichern.

Die Entstehung einer Religion ist ein multifaktorieller Prozess, der weit über individuelle mystische Erlebnisse hinausgeht. Historische, kulturelle, gesellschaftliche, technologische, ontologische, ökologische und klimatische Faktoren spielen alle eine wesentliche Rolle. Dieses komplexe Zusammenspiel führt zu den vielfältigen und reichen religiösen Traditionen, die wir in der Geschichte der Menschheit finden. Indem wir diese Faktoren verstehen, gewinnen wir tiefere Einblicke in die Natur der Religionen und ihre Bedeutung für die menschliche Zivilisation.

Trotzdem werden sich im Kern jeder Religion, wenn man diese sozialen Komponenten entfernt, immer auch diese archetypischen Narrative finden lassen. Was wir dabei aber immer beachten müssen ist, dass wir uns bei der Betrachtung von Archetypen innerhalb des Bewusstseins des Individuums befinden. Wir analysieren die Bedeutungen der Bewusstseinsinhalte und nicht die objektiven Fakten einer materiellen Welt. Wenn also eine Außenwelt beschrieben wird, dann ist es die Bedeutung dieser hypothetischen Außenwelt innerhalb des phänomenologischen Abbildes dieser Wirklichkeit im innerpsychischen Gesamtzusammenhang der persönlichen Seele.

Das Narrativ des Tierkreises

Nicht nur in den Schöpfungsmythen der Menschheit finden wir tiefgründige Einblicke in die archetypischen Muster des menschlichen Bewusstseins. Auch andere Überlieferungen und Systeme bieten archetypische Inhalte, die nicht zufällig entstanden sind. Eines davon ist der astrologische Tierkreis. Auch wenn er heute in Form von Zeitungshoroskopen sehr profan und in Astrologiebüchern oft sehr willkürlich erscheint und auch wenn er in seinem Zusammenhang als „magisches Denken" aus einer Zeit vor der Aufklärung stammend angesehen wird, steckt in seiner Struktur weit mehr als nur eine kindliche Interpretation astronomischer Konstellationen: Er entpuppt sich bei näherer Analyse als eine immense prämoderne Weisheit. Ich hatte ihn bereits in meinem Buch „Struktur der Ganzheit" aus dem Jahr 2010 thematisiert. Manmuss ihn zunächst nur völlig unabhängig davon betrachten, ob man überzeugt ist, dass Astrologie nur ein Hirngespinst ist, oder ob man meint, man könne an den Planetenständen Persönlichkeitsmerkmale und das Schicksal ablesen. Man sollte sich der Weisheit der inneren Struktur des Tierkreises nicht verschließen. Denn dieses System von zwölf Zeichen, repräsentiert ebenfalls archetypische Narrative, die sich aus dem Lambdoma ableiten lassen.

Ebenen und ihre Verschränkungen

Auf der Ebene drei des Lambdomas hat sich die Ganzheit bereits in die Dualität zwischen Individuum und Rest der Welt aufgeteilt und beide miteinander kommunikativ verschränkt. Es ist die Ebene der Information, der Synthese der dualistischen Gegensatzpaare „Selbst“ und „Welt“. Innerhalb des Individuums entsteht das phänomenale Abbild der Wirklichkeit, indem sich die Außenwelt mit der Innenwelt durch Sinneswahrnehmungen verbindet. Der kontinuierliche Austausch von sensorischen Eindrücken, emotionalen Zuständen, kognitiven Prozessen und sozialen Interaktionen erweitert das individuelle Bewusstsein. Die synthetische Verbindung integriert diese Informationen zu einem kohärenten Weltbild.

Dabei stellt der erste Bereich das Individuum dar.
(0/3 - 1/2 = **Idee** der phänomenalen Wirklichkeit)

Der zweite Bereich bildet die Verschränkung des Individuums mit der Außenwelt ab.
(1/2 – 2/1 = **Ort** der phänomenalen Wirklichkeit)

Und der dritte Bereich repräsentiert das Abbild der Außenwelt in der Phänomenologie des Individuums.
(2/1 – 3/0 = **Informationen** der phänomenalen Wirklichkeit)

Wenn wir nun jeden dieser drei Bereiche durch die Ur-Matrix vierter Ordnung differenzieren, erhalten wir die zwölf Teile der Ganzheit des Tierkreises. Dabei ist zu beachten, dass das Thema der dritten Ebene Information und Synthese ist und das Thema der vierten Ebene die Manifestation.

Damit entstehen im ersten Bereich (0/3 – 1/2) der dritten Ebene folgende vier Abschnitte:

1. Idee der Manifestation des Individuums.
2. Ort der Manifestation es Individuums.
3. Information zur Manifestation des Individuums.
4. Manifestation des Individuums.

Im zweiten Bereich (1/ 2 – 2/1) entstehen diese vier Abschnitte:

1. Idee der Manifestation der Verschränkung.
2. Ort der Manifestation der Verschränkung.
3. Information der Manifestation der Verschränkung.
4. Manifestation der Verschränkung.

Im dritten Bereich (2/1 – 3/0) befinden sich schließlich die folgenden vier Abschnitte:

1. Idee der Manifestation der phänomenalen Wirklichkeit.
2. Ort der Manifestation der phänomenalen Wirklichkeit.
3. Information der Manifestation der phänomenalen Wirklichkeit
4. Manifestation der phänomenalen Wirklichkeit.

Nun könnten wir das mit der Ebene vier und der Ur-Matrix dritter Ordnung wiederholen, dazu noch mit der Ebene zwei und der Ur-Matrix sechster Ordnung und umgekehrt. Damit erhält jeder der zwölf Abschnitte eine ureigenste Kombination von Bedeutungsverschränkungen. Sehen wir uns diese im Einzelnen nun an.

Widder

Da dieser erste Abschnitt des Tierkreises in jeder Aufteilung den Beginn repräsentiert, verkörpert er immer von allem die Idee und den ersten Impuls des Themas.

Der Widder ist das erste Zeichen im astrologischen Tierkreis (1 von 12) und repräsentiert den Beginn und den ersten Impuls in allen Bereichen des Lebens. Der Widder steht am Anfang der Reise durch den Tierkreis. Als erstes Zeichen symbolisiert er den initialen Funken, den Anfang von allem, den ersten Schritt in neue Erfahrungen und die Geburt neuer Ideen und Unternehmungen. Dieser Archetyp ist eng mit dem Konzept des Neuanfangs, der Initiative und dem Durchsetzungsvermögen verbunden. Der Widder wird oft als Krieger dargestellt, der mutig voranschreitet, Herausforderungen annimmt und neue Wege beschreitet.

Die Idee der Manifestation des Individuums

ERSTER QUADRANT INNERHALB DES ERSTEN DRITTELS

UNTERBEWUSSTES FEUER

Widder symbolisiert den Urimpuls der Manifestation. Es ist die erste Bewegung von innen nach außen, die Initialzündung, die das Individuum ins Dasein bringt. Diese Energie ist ungeduldig, direkt und oft impulsiv, da sie das Bedürfnis hat, sich sofort zu manifestieren und ihre Präsenz in der Welt zu behaupten.

Psychologisch verkörpert der Widder die Durchsetzungskraft und das Bedürfnis nach Selbstbehauptung. Er symbolisiert die

Initiative und die Unabhängigkeit, die Aktion anstatt der Reaktion. Widder ist der Archetyp des Drangs nach eigenen Wegen und neuen Projekten ohne lange Planung.

Die Idee der Information zur Körperlichkeit

ERSTES DRITTEL INNERHALB DES ERSTEN QUADRANTEN

KARDINALE KÖRPERLICHKEIT

Gleichzeitig repräsentiert der Widder die grundlegende Information, die den Körper in Aktion setzt. Es geht um die pure physische Energie, die Notwendigkeit, sich zu bewegen, zu kämpfen und zu überleben. Es ist die rohe Lebenskraft, die den Körper aktiviert und ihn zu Handlungen antreibt. Widder zeigt sich als Instinkt und Triebkraft verbunden mit hoher physischer Energie und dem impulsiven, starken Bedürfnis nach Aktivität und Bewegung was zu Abenteuerlust und der Bereitschaft zu hohen Risiken führt.

Die Idee der Dualität der Lichtkraft

ERSTE HÄLFTE INNERHALB DES ERSTEN SECHSTELS

AKTIVE LICHTKRAFT

Die Zweiteilung der sechs Kräfte zu insgesamt zwölf Zeichen bedeutet, dass immer ein Zeichen die aktive Kraft ist, die den Impuls setzt, während das darauffolgende Zeichen den passiven Ort symbolisiert, an dem diese Kraft ihre Wirkung entfaltet. Die „Idee der Dualität" bedeutet hier, dass im Widder aktiv jene Kräfte aufsteigen, die danach im Stier zur Anwendung gebracht werden. Der Wille zu existieren entsteht im Widderbereich. Der Stierbereich benennt die Körperlichkeit, die durch diese Willenskraft bewegt werden kann.

Psychologisch entspricht dies dem Erwachen des Willens zum Leben. Im Widder offenbart sich der Drang, sich auszuleben, sich zu verwirklichen, die eigenen Impulse in der Welt realisiert zu sehen.

Die Idee des Kraftflusses des Individuums

ERSTES SECHSTEL INNERHALB DER ERSTEN HÄLFTE

IDEE DER INDIVIDUALITÄT

Der Widder steht hier für den Impuls jener Lebensenergie, die das Individuum durchströmt und es antreibt, seine Umgebung zu beeinflussen. Es ist die dynamische Kraft, die Hindernisse überwindet und den Weg für neues Wachstum und neue Erfahrungen ebnet.

In psychologischer Hinsicht verkörpert der Widder damit die Fähigkeit, Hindernisse zu überwinden und eigene Wege zu finden. Hier liegt die Fähigkeit zum Pioniere und Anführer zu werden, der keine Angst davor hat, neue Territorien zu erkunden und seine Ziele entschlossen zu verfolgen.

Widder als der archetypische Impuls schlechthin (1 der 12) repräsentiert er den Anfang, den ersten Schritt und die grundlegende Lebenskraft. Er steht jeweils für die initiale Idee, die Energie des erwachenden Willens und den dynamischen Kraftfluss des Individuums. Psychologisch gesehen steht dieser Archetypus daher für Mut, Initiative, Unabhängigkeit und den unerschütterlichen Drang, sich selbst und seine Ziele durchzusetzen.

Beispielliste des Archetyps Widder:
Schwert - Symbolisiert Entschlossenheit und Mut.
Feuer - Steht für Energie und Leidenschaft.
Auto - Schnelligkeit und Unabhängigkeit.
Rot - Farbe der Kraft und Dynamik.
Sportausrüstung - Wettbewerbsgeist und körperliche Aktivität.
Schlagzeug - Ausdruck von Energie und Rhythmus.
Adrenalin - Erregung und Lebensfreude.
Pionier - Symbol für Entdeckerdrang und Neugier.
Krieger - Symbol für Kampfgeist und Durchsetzungsvermögen.
Hammer - Zeichen von Kraft und Handlungsfähigkeit.
Rennwagen - Schnelligkeit und Wettbewerbsorientierung.
Boxhandschuhe - Kämpferische Natur und Sportlichkeit.
Scharfes Messer - Klare Entscheidungen und Zielorientierung.

Diese Gegenstände und Attribute spiegeln die essenziellen Qualitäten des Widders wider, wie Mut, Energie, Entschlossenheit und einen starken Willen zur Führung und zum Wettbewerb.

Stier

Der Stier ist das zweite Zeichen im astrologischen Tierkreis (2 von 12) und repräsentiert Stabilität, Sinnlichkeit und das Bedürfnis nach Sicherheit und Besitz. Der Stier steht für das Konsolidieren und Stabilisieren dessen, was der Widder initiiert hat. Als Erdzeichen repräsentiert er Materie, Sinnlichkeit und die konkrete Manifestation von Ideen und Impulsen. Er ist das Zeichen, das sich mit dem Greifbaren, dem Körperlichen und dem Materiellen auseinandersetzt.

Der Ort der Manifestation des Individuums

ZWEITER QUADRANT INNERHALB DES ERSTEN DRITTELS

UNTERBEWUSSTE ERDE

Der Stier symbolisiert den Ort, an dem die Manifestation des Individuums stattfindet. Er ist der Boden, auf dem die Saat des Widders Wurzeln schlägt und wächst. Es geht um das tatsächliche In-die-Welt-Bringen und das Festigen der individuellen Existenz.

Psychologisch steht der Stier für das Bedürfnis nach Sicherheit, Beständigkeit und materiellem Wohlstand, die Suche nach Stabilität und ein Talent für Pragmatismus. Eigentlich steht der Archetypus für das Recht und die Fähigkeit, Materie – inklusive des eigenen Körpers – zu benutzen und zu steuern, aber in unserer Gesellschaftsform ist das gleichbedeutend mit Besitz von Komfort und eventuell harter Arbeit, um Ressourcen zu sichern und zu vermehren.

Der Ort der Information zur Körperlichkeit

ZWEITES DRITTEL INNERHALB DES ERSTEN QUADRANTEN

FESTE KÖRPERLICHKEIT

Hier repräsentiert der Stier den Ort, an dem körperliche Information gesammelt und integriert wird. Es geht um die sinnliche Wahrnehmung und die Erfahrung des Körpers in der physischen Welt.

Psychologisch zeigt sich das in Sinnlichkeit, Körperbewusstsein und einer tiefen Verbundenheit mit der Fähigkeit der Sinneswahrnehmung und den körperlichen Freuden des Lebens. Sie sind taktil, genießen gutes Essen, körperliche Nähe und ästhetische Erfahrungen.

Der Ort der Dualität der Lichtkraft

ZWEITE HÄLFTE INNERHALB DES ERSTEN SECHSTELS

PASSIVE LICHTKRAFT

Der „Ort der Dualität“ passive Seite der Kraft, in der sie zur Anwendung gelangt. Der Wille zu existieren entsteht zwar im Widderbereich aber erst im Stierbereich trifft sie auf jene Körperlichkeit, die durch seine Kraft verlebendigt und bewegt werden kann. Die Energie der Schöpfung, manifestiert sich in der greifbaren Realität in der Materie des eigenen Körpers.

Psychologisch entspricht dies dem sinnlichen Erleben der physischen Welt als Eindruck in der eigenen Körperlichkeit.

Durch den eigenen Körper lernt das Individuum die Schönheit und den Wert der physischen Welt zu schätzen

Der Ort des Kraftflusses des Individuums

ZWEITES SECHSTEL INNERHALB DER ERSTEN HÄLFTE

ORT DER INDIVIDUALITÄT

Der Stier steht hier für den Ort, an dem die individuelle Lebensenergie stabilisiert und manifestiert wird. Es ist die Kraft, die durch den Körper fließt und ihn nährt und unterstützt. Der Fokus liegt auf der gesunden Selbsterhaltung. Die Stabilisierung des Körpers.

Psychologisch steht dieser Archetyp damit für die Fähigkeit, Energie zu bewahren und zu nutzen, um das eigene Leben zu unterstützen und zu nähren. Das benötigt Geduld und Ausdauer und ein Gespür dafür, die Ressourcen effizient einzusetzen und die Werte von Beständigkeit und Zuverlässigkeit zu schätzen.

Der Stier als Archetyp (2 der 12) repräsentiert die Stabilisierung, die Konsolidierung und sinnliche Erfahrung des Lebens. Er ist der Ort der Manifestation, und steht für Beständigkeit, Sinnlichkeit, Sicherheit und die Fähigkeit, Ressourcen zu bewahren und zu nutzen.

Beispielliste des Archetyps Stier:

Wein - Genuss und Qualität.

Gold - als Symbol für Wertanlage und Stabilität.

Gemütlicher Sessel - Komfort und Bequemlichkeit.
Garten - Liebe zur Natur und Landbesitz.
Sparschwein - Symbol für finanzielle Sicherheit und Vorsorge.
Seidenstoff - Luxus und Sinnlichkeit.
Haus - Stabilität und Geborgenheit.
Duftkerze - Sinnliche Atmosphäre und Entspannung.
Sonnenuntergang - Naturschönheit und Ruhe.
Massagestuhl - Körperliche Entspannung und Genuss.
Schmuck - Wertschätzung von Schönheit und Qualität.
Blumenstrauß - Sinnlichkeit und Naturverbundenheit.
Kaminfeuer - Gemütlichkeit und Geborgenheit.
Samt - Luxus und Komfort.

Diese Gegenstände und Attribute spiegeln die essenziellen Qualitäten des Stiers wider, wie Sinnlichkeit, Genuss, Stabilität, Erdverbundenheit und eine Wertschätzung für Schönheit und Komfort.

Zwillinge

Der Zwilling ist das dritte Zeichen im astrologischen Tierkreis (3 von 12) und repräsentiert Kommunikation, Wissen und den Austausch von Ideen. Das Zeichen steht für Vielfalt, Anpassungsfähigkeit und intellektuelle Neugier. Als Luftzeichen repräsentiert es den Geist, die Kommunikation und die Bewegung von Gedanken und Ideen.

Die Information zur Manifestation des Individuums

DRITTER QUADRANT INNERHALB DES ERSTEN DRITTELS

UNTERBEWUSSTE LUFT

Die Zwillinge symbolisieren die Information und das Wissen, das notwendig ist, um das Individuum zu manifestieren. Es geht um die Informationen, die es ermöglichen, den Körper zu koordinieren und damit generell um Lernprozesse und die kommunikativen Fähigkeiten, die das Individuum formen und weiterentwickeln.

Psychologisch steht dieser Archetyp daher für Neugier und den Drang, Wissen zu erwerben und zu teilen. Im Mittelpunkt steht Kommunikation, Lernfreude und breit gestreutes Interesse an allem, was einem begegnet. Es impliziert ein starkes Bedürfnis nach Austausch und Interaktion mit der Umwelt.

Die Information zur Körperlichkeit

DRITTES DRITTEL INNERHALB DES ERSTEN QUADRANTEN

BEWEGLICHE KÖRPERLICHKEIT

Hier repräsentieren die Zwillinge die Information, die die Bewegungsfähigkeit und die körperliche Geschicklichkeit unterstützt. Es geht um die Koordination, Flexibilität und Anpassungsfähigkeit des Körpers. Psychologisch führt das zu einem Bewegungsdrang und Freude an körperlicher Aktivität, Agilität und Flexibilität.

Die Idee der Dualität der Geisteskraft

ERSTE HÄLFTE INNERHALB DES ZWEITEN SECHSTELS

AKTIVE GEISTESKRAFT

Diese Zuordnung verbindet die Zwillinge mit der Kraft des Wissens. Es geht um die Erkenntnis, dass Wissen und Intellekt aus der Auseinandersetzung mit Gegensätzen und der Synthese unterschiedlicher Perspektiven entstehen. Es ist die Kraft des Geistes, Wahrnehmungen zu interpretieren, die Kraft des Gedächtnisses, die Fähigkeit zu assoziieren und die Kraft, Informationen miteinander zu verbinden. Im Krebs wird sich daraus eine komplexe und kohärente Identität bilden können.

Psychologisch entspricht dies der Fähigkeit, verschiedene Perspektiven zu integrieren und intellektuelle Brücken zu bauen. Systemisch sorgt dieses ausgewogene Zusammenspiel verschiedener Kräfte für die Homöostase. Der Archetypus steht für geistige Flexibilität und die Fähigkeit, verschiedene Ideen und

Informationen schnell zu erfassen und zu verarbeiten, um zwischen unterschiedlichen Perspektiven zu synthetisch zu vermitteln.

Die Information im Kraftfluss des Individuums

DRITTES SECHSTEL INNERHALB DER ERSTEN HÄLFTE

INFORMATION DER INDIVIDUALITÄT

Der Zwillingsarchetypus steht hier für den Fluss von Informationen, die das Individuum in Bewegung halten. Es geht um den kontinuierlichen Austausch und die Weitergabe von Wissen und Erfahrungen, die das Leben bereichern und dynamisch gestalten.

Psychologisch verkörpert sich die Fähigkeit, ständig neue Informationen zu sammeln und zu verbreiten. Die notwendigen Tools dazu sind Neugier, Anpassungsfähigkeit und die Liebe zu Wissen und zu Kommunikation. Die synthetische Intension erzeugt die Knotenpunktepunkte zur Verteilung der Kräfte.

Die Zwillinge als astrologisches Zeichen und archetypischer Ausdruck repräsentieren den intellektuellen Austausch, die Beweglichkeit und die Vielseitigkeit des Lebens. Dieser Archetypus steht für Information, die Bewegungsfähigkeit, den Informationsfluss, sowie für Kommunikationsfähigkeit, intellektuelle Neugier, Anpassungsfähigkeit und die Freude am Wissensaustausch.

Beispielliste des Archetyps Zwilling:

Bücher - Wissensdurst und Neugier.

Smartphone - Kommunikation und Informationsaustausch.

Laptop - Vielseitigkeit und Flexibilität.
Zeitung - Interesse an aktuellen Nachrichten.
Stift und Notizblock - Ideen festhalten und kreatives Denken.
Fahrrad - Mobilität und Bewegung.
Kopfhörer - Musik und Hörbücher genießen.
Reisepass - Reiselust und Abenteuer.
Briefe - Schriftliche Kommunikation und Ausdruck.
Spielkarten - Geselligkeit und Spieltrieb.
Radio - Informationsaustausch und Unterhaltung.
Multitool - Vielseitige Fähigkeiten und Anpassungsfähigkeit.
Zeitschrift - Breites Interessenspektrum und Leichtigkeit.
Postkarte - Verbundenheit und Reisen.
Spielkonsole - Unterhaltung und Interaktivität.
Skizzenbuch - Kreativität und Ideenreichtum.

Diese Gegenstände und Attribute spiegeln die essenziellen Qualitäten der Zwillinge wider, wie Kommunikationsfreude, Wissensdurst, Vielseitigkeit, Mobilität und ein breites Interessensspektrum.

Krebs

Der Krebs ist das vierte Zeichen im astrologischen Tierkreis (4 von 12) und repräsentiert Emotionen, Fürsorglichkeit und die Verbindung zur inneren Welt. Der Krebs steht für die emotionale Tiefe, das Bedürfnis nach Geborgenheit und die Pflege von Beziehungen. Als Wasserzeichen repräsentiert er die emotionale und intuitive Dimension des Lebens.

Die Manifestation des Individuums

VIERTER QUADRANT INNERHALB DES ERSTEN DRITTELS

UNTERBEWUSSTES WASSER

Der Krebs symbolisiert die Manifestation des Individuums durch die emotionale Selbstwahrnehmung. Die innere Gestimmtheit erzeugt ein Identitäs- und Heimatgefühl. Das Individuum fühlt sich damit emotional an seinen unmittelbaren Kontext gebunden.

Psychologisch steht der Krebsarchetypus damit für das Bedürfnis nach Zugehörigkeit und emotionaler Sicherheit. Die Attribute sind Fürsorglichkeit, Häuslichkeit und eine starke Bindung an Familie und ein Zuhause. Die Identität wird durch Beziehungen und emotionalen Verbindungen, die in den ersten drei Archetypen das Individuum konditioniert haben, definiert.

Die Idee der Information der Selbstwahrnehmung

ERSTES DRITTEL INNERHALB DES ZWEITEN QUADRANTEN

KARDINALE INNERLICHKEIT

Hier repräsentiert der Krebsarchetypus die Idee der Selbstwahrnehmung und des inneren Wissens. Es geht, um die introspektive Fähigkeit, sich selbst und die eigenen emotionalen Bedürfnisse wahrzunehmen und zu verstehen. In psychologischer Hinsicht zeigt sich der Krebs als tiefes inneres Bewusstsein, als emotionale Sensibilität. Es geht um das affektive Verständnis des eigenen Seins und der damit verbundenen eigenen emotionalen Kräfte, sowie um eine instinktive Introspektion einer ausgeprägten emotionalen Intelligenz.

Der Ort der Dualität der Geisteskraft

ZWEITE HÄLFTE INNERHALB DES ZWEITEN SECHSTELS

PASSIVE GEISTESKRAFT

Der Archetypus des Krebses ist nun jener Ort, an dem sich die Kraft der Synthese unterschiedlicher Perspektiven, wie sie im Zwilling aufgestiegen ist, zu einer kohärenten Identität ausprägt. Hier zeigt sich nun die Fähigkeit, sowohl die rationalen als auch die intuitiven Aspekte des Wissens zu integrieren.

Psychologisch entspricht dies der Fähigkeit des Krebses, sowohl die Verfolgung linearer, monokausaler Logik als auch die Intuition ganzheitlicher Empfindungen zu nutzen und auszubalancieren. Das führt zu einem emotionalen Wissen, welches das eigene Sein bis in große Tiefen ausloten kann.

Die Manifestation des Kraftflusses des Individuums

VIERTES SECHSTEL INNERHALB DER ERSTEN HÄLFTE

METHODE DER INDIVIDUALITÄT

Der Krebsarchetypus steht hier für die Manifestation des energetischen Flusses innerhalb des Individuums, der als emotionale Energie die Identität konstruiert und steuert. Diese Selbstwahrnehmung führt zu intentionalen Kräften der praktischen Fürsorge und Unterstützung für andere.

Damit verkörpert der Krebs die Fähigkeit, emotionale Energie zu manifestieren und in fürsorgliches Handeln umzusetzen. Sich zu Kümmern und als Unterstützer in Gemeinschaften in Erscheinung zu treten, ist eine Form die eigene Identität zu bestätigen. Damit wird emotionale Energie eingesetzt, um anderen zu helfen und für ein unterstützendes Umfeld zu sorgen.

Der Krebs als astrologisches Zeichen und archetypischer Ausdruck repräsentiert die emotionale Tiefe, das Bedürfnis nach Geborgenheit und die Pflege von Beziehungen. Diese Art der Manifestation des Individuums ist ein Impuls zur Selbstwahrnehmung. Die Manifestation des emotionalen Kraftflusses wird zur emotionalen Sensibilität, Fürsorglichkeit, zu familiären Bindungen und zur Fähigkeit, tiefere Ebenen des Selbst zu erkunden.

Beispielliste des Archetyps Krebs:
Muschel - Symbol für Schutz und Rückzug.
Fotoalbum - Erinnerungen und Familienbande.
Kuscheldecke - Geborgenheit und Komfort.
Kerzenlicht - Romantik und sanftes Licht.
Schaukelstuhl - Gemütlichkeit und Nostalgie.
Tagebuch - Emotionale Reflexion und Ausdruck.
Kinderzeichnungen - Familienbindung und Fürsorge.
Haus am See - Nähe zum Wasser und Heimatgefühl.
Küchentisch - Ort der Zusammenkunft und Pflege.
Suppe - Wohlbefinden und Fürsorge.
Perlen - Schönheit aus dem Meer und Sanftheit.
Mond - Intuition und emotionale Tiefe.
Weiches Kissen - Komfort und Geborgenheit.
Zimmerpflanzen - Pflege und Naturverbundenheit.
Babyfotos - Elternschaft und Fürsorge.
Gemütliches Sofa - Heimeligkeit und Entspannung.
Haustier - Fürsorge und emotionale Bindung.

Diese Gegenstände und Attribute spiegeln die essenziellen Qualitäten des Krebses wider, wie Fürsorglichkeit, Emotionalität, Familienbindung, Heimeligkeit und eine starke Verbindung zur Vergangenheit und zur Heimat.

Löwe

Der Löwe ist das fünfte Zeichen im astrologischen Tierkreis (5 von 12) und repräsentiert Kreativität, Selbstbewusstsein und Ausdruckskraft. Der Löwe steht für Selbstentfaltung, den Ausdruck des individuellen Selbst und die schöpferische Kraft. Als Feuerzeichen repräsentiert er die Leidenschaft, das Selbstbewusstsein und die kreative Energie.

Die Idee der Manifestation der Verschränkung

ERSTER QUADRANT INNERHALB DES ZWEITEN DRITTELS

BEWUSSTES FEUER

Der Löwe symbolisiert als erstes Zeichen der Verschränkung, den Impuls und die Idee der Manifestation dieses Austausches mit der Umwelt. Dabei bringt sich das innere Selbst durch äußere Handlungen und Ausdrucksformen im Kontext ein. Es geht darum, wie die innere Identität und die äußere Welt nun miteinander interagieren und sich gegenseitig beeinflussen.

Psychologisch steht der Löwe für das Bedürfnis, das eigene Selbst nach außen zu tragen und in der Welt zu manifestieren. Dazu steht dem Individuum ein ausdrucksstarkes Charisma zur Verfügung, mit dem es Anerkennung für seine einzigartigen Fähigkeiten und Talente sucht. Angetrieben von dem starken Bedürfnis, ihr inneres Licht in die Welt zu bringen und sich kreativ zu verwirklichen.

Der Ort der Information zur Selbstwahrnehmung

ZWEITES DRITTEL INNERHALB DES ZWEITEN QUADRANTEN

FESTE INNERLICHKEIT

Die andere Teilung zeigt, dass der Löwe den Ort repräsentiert, an dem Informationen zur Selbstwahrnehmung gesammelt und verarbeitet werden. Es geht um das Bewusstsein des eigenen Selbst, das Verständnis der eigenen Identität und das Erkennen der eigenen Einzigartigkeit.

In psychologischer Hinsicht zeigt sich dies als starkes Selbstbewusstsein und einem klaren Selbstbild. Hier manifestiert sich ein ausgeprägtes Verständnis der eigenen Identität und der Stolz auf die eigene Individualität. Das wahre Selbst will nicht nur erkannt, sondern auch präsentiert werden.

Die Idee der Dualität der Selbstkraft

ERSTE HÄLFTE INNERHALB DES DRITTEN SECHSTELS

AKTIVE SELBSTKRAFT

Im Archetypus des Löwen tritt der Impuls und die Energie des bewussten Wunsches auf die Bühne. Die Fähigkeit eines Individuums, seine Realität durch seinen Willen zu beeinflussen wird hier aktiv geschult. Diese Kraft betont die Bedeutung von Klarheit und Stärke des persönlichen Willens für die Verwirklichung von Zielen.

Psychologisch entspricht dies der Fähigkeit des Löwen, seine Willenskraft zu nutzen, um seine Ziele zu erreichen und seine

Wünsche zu verwirklichen. Es beinhaltet Entschlossenheit und Zielgerichtetheit. Und es erfordert eine starke innere Energie, die dazu motiviert, Träume ambitioniert zu verfolgen.

Der kreative Prozess des Kraftflusses des Individuums

FÜNFTES SECHSTEL INNERHALB DER ERSTEN HÄLFTE

KREATIVITÄT DER INDIVIDUALITÄT

Der Löwe steht hier für den kreativen Prozess, bei dem die individuelle Kraft in schöpferische Aktivitäten kanalisiert wird. Es geht um die Transformation der inneren Energie in kreative Ausdrucksformen und künstlerische Werke. Kreative Prozesse erfordern, dass die dafür nötige Energie gesteuert und fein abgestimmt in kurvigen, mäandernden Bahnen verläuft, um jeden Winkel des Selbst zu beleben und das nötige Potenzial zu erwecken, neue Wege zu entdecken und überraschend kreative Lösungen zu finden.

In psychologischer Hinsicht verkörpert der Löwe damit die Fähigkeit, kreative Energie zu nutzen und in materielle oder künstlerische Formen umzusetzen. Dies zeigt sich als künstlerische Begabung und haben dem starken Bedürfnis, sich durch die eigene Kreativität individuell auszudrücken, um die Welt als Schöpfer, Künstler und Visionäre zu inspirieren.

Der Löwe als astrologisches Zeichen und archetypischer Ausdruck repräsentiert die Selbstentfaltung, den kreativen Ausdruck und das starke Selbstbewusstsein. Die Idee der Manifestation der Verschränkung von innen und außen ist der Ort der Selbstwahrnehmung und führt zum kreativen Prozess der individuellen Ausdruckskraft.

Beispielliste des Archetyps Löwe:

Krone - Symbol für Führung und Autorität.
Sonnenbrille - Selbstbewusstsein und Charisma.
Roter Teppich - Glamour und Aufmerksamkeit.
Goldschmuck - Luxus und Selbstwert.
Bühne - Bedürfnis nach Anerkennung und Applaus.
Löwenstatue - Stärke und Würde.
Trophäe - Erfolg und Anerkennung.
Kunst - Kreativer Ausdruck und Kunst.
Blitzlichtgewitter - Im Rampenlicht stehen.
Königlicher Thron - Majestät und Herrschaft.
Luxusauto - Status und Prestige.
Fanfare - Ankündigung und Aufmerksamkeit.
Sonnenschein - Wärme und Lebensfreude.

Diese Gegenstände und Attribute spiegeln die essenziellen Qualitäten des Löwen wider, wie Führung, Selbstbewusstsein, Kreativität, Bedürfnis nach Anerkennung und eine Vorliebe für das Dramatische und Glanzvolle.

Jungfrau

Die Jungfrau ist das sechste Zeichen im astrologischen Tierkreis (6 von 12) und repräsentiert Ordnung, Analyse und den Dienst an anderen. Die Jungfrau steht für Präzision, praktische Intelligenz und die Fähigkeit, Details zu analysieren und zu organisieren. Als Erdzeichen repräsentiert sie die materielle Welt und den Umgang mit praktischen Aufgaben und Verantwortlichkeiten.

Der Ort der Manifestation der Verschränkung

ZWEITER QUADRANT INNERHALB DES ZWEITEN DRITTELS

BEWUSSTE ERDE

Die Jungfrau symbolisiert den Ort, an dem die Verschränkung von innen und außen manifestiert wird. Es geht darum, wie das innere Selbst durch praktische Handlungen und der Reaktion auf äußere Anforderungen durch alltägliche Aufgaben in der äußeren Welt zum Ausdruck kommt.

Psychologisch steht die Jungfrau für die Fähigkeit, das innere Wissen und die inneren Bedürfnisse in praktische, nützliche Aktivitäten zu übersetzen. Dies funktioniert systematisch, detailorientiert und effizient und fußt auf dem Bedürfnis, die inneren Talente und Fähigkeiten in konkrete, greifbare Ergebnisse umzuwandeln.

Die Information zur Selbstwahrnehmung

DRITTES DRITTEL INNERHALB DES ZWEITEN QUADRANTEN

BEWEGLICHE INNERLICHKEIT

Hier repräsentiert die Jungfrau die Information zur Selbstwahrnehmung, insbesondere in Bezug auf die eigene Effizienz und Nützlichkeit. Der Jungfrauarchetypus ist der letzte Bereich des inneren Quadranten. Es geht darum, sich selbst und die eigenen Fähigkeiten kritisch und genau zu betrachten.

In psychologischer Hinsicht zeigt sich die Jungfrau als analytische Selbstwahrnehmung. Es bildet sich ein ausgeprägtes Bewusstsein für innere Stärken und Schwächen und der Wunsch, sich ständig zu verbessern. Die vielfältigen Informationen über das eigene Selbst ermöglicht Selbstkritik und die Achtsamkeit, die eigenen Fähigkeiten optimal einzusetzen.

Der Ort der Dualität der Selbstkraft

ZWEITE HÄLFTE INNERHALB DES DRITTEN SECHSTELS

PASSIVE SELBSTKRAFT

Nachdem im Löwen die aktive Kraft, die Realität durch den Willen zu beeinflussen, in Erscheinung getreten ist, ist hier der Ort, an dem sie sich niederschlägt. Diese Kraft betont die Bedeutung von Klarheit und Stärke des persönlichen Willens für die Verwirklichung von Zielen. Die Jungfrau ist der Ort, an dem die Willenskraft als Wunsch zur Verbesserung und Perfektion erfahren werden. Es geht um die duale Natur der Selbstkraft, die sowohl den inneren Antrieb als auch die Grenzen bei der äußeren Umsetzung umfasst.

Psychologisch entspricht dies der Fähigkeit der Jungfrau, ihre Willenskraft einzusetzen, um Ordnung zu schaffen und praktische Probleme zu lösen. Es zeigt sich als starker innerer Drang, alles in der Umgebung zu optimieren und zu perfektionieren. Dabei liegt der Focus in einer disziplinierten Zielorientierung mit Effizienz und akribischer Detailgenauigkeit.

Der Kraftfluss des Individuums

SECHSTE SECHSTEL INNERHALB DER ERSTEN HÄLFTE

ENERGIEFLUSS DER INDIVIDUALITÄT

Die Jungfrau steht hier für den Fluss der individuellen Kraft, die sich in praktischen Tätigkeiten und Dienstleistungen manifestiert. Es geht darum, wie die innere Energie genutzt wird, um in der äußeren Welt nützlich und effektiv zu sein.

In psychologischer Hinsicht verkörpert die Jungfrau die Fähigkeit, ihre Energie in nützliche und konstruktive Aktivitäten zu kanalisieren. Das manifestiert sich in Fleiß, Zuverlässigkeit und Gründlichkeit. Außerdem in einer natürlichen Begabung für Organisation, die nicht nach Mittelpunkt und Aufmerksamkeit strebt, sondern im Hintergrund Ordnung und Effizienz im Blick hat.

Die Jungfrau als astrologisches Zeichen und archetypischer Ausdruck repräsentiert die Ordnung, Analyse und praktische

Intelligenz. Die Information zur Selbstwahrnehmung sorgt für Effizienz, Detailgenauigkeit, analytische Fähigkeiten und die Fähigkeit, innere Talente und Fähigkeiten in konkrete, nützliche Ergebnisse umzuwandeln.

Beispielliste des Archetyps Jungfrau:

Notizbuch - Organisation und Detailorientierung.
Ordner - Struktur und Effizienz.
Erste-Hilfe-Kasten - Fürsorge und Hilfsbereitschaft.
Brille - Klare Sicht und Analyse.
Kalender - Planung und Zeitmanagement.
Reinigungsmittel - Sauberkeit und Hygiene.
Schreibtischlampe - Fokus und Arbeitsethik.
Stethoskop - Gesundheitsbewusstsein und Präzision.
Rezeptbuch - Anleitung und Präzision.
Waage - Genauigkeit und Ausgewogenheit.
Werkzeugkasten - Praktikabilität und Handwerk.
Nadel und Faden - Reparatur und Detailarbeit.
Schreibwaren - Ordnung und Methodik.
Regal - Struktur und Ordnung.
Gesundheitsratgeber - Gesundheitsbewusstsein und Prävention.
Yoga-Matte - Körperbewusstsein und Selbstpflege.
Medizinische Kräuter - Naturheilkunde und Selbstversorgung.

Diese Gegenstände und Attribute spiegeln die essenziellen Qualitäten der Jungfrau wider, wie Detailorientierung, Organisation, Praktikabilität, Gesundheitsbewusstsein und eine Vorliebe für Struktur und Effizienz.

Waage

Die Waage ist das siebte Zeichen im astrologischen Tierkreis (7 von 12) und repräsentiert Harmonie, Balance und Partnerschaften. Die Waage steht für Ausgleich, Gerechtigkeit und die Fähigkeit, Beziehungen zu pflegen und soziale Harmonie herzustellen. Als Luftzeichen repräsentiert sie intellektuelle Verbindungen und das Streben nach Fairness und Ausgeglichenheit.

Die Information zur Manifestation der Verschränkung

DRITTER QUADRANT INNERHALB DES ZWEITEN DRITTELS

BEWUSSTE LUFT

Die Waage symbolisiert als dritter Bereich der Verschränkung die Information, die aus der wechselseitigen Kommunikation von innen und außen entsteht. Es geht darum, wie das innere Selbst durch Interaktionen und Beziehungen mit der äußeren Welt in Einklang gebracht wird und welche Informationen davon abgeleitet werden können. Die Wahrnehmungen der Außenwelt werden in der Verschränkung klar und harmonisch zu einer Synthese aus Ideen strukturiert.

Psychologisch steht die Waage damit für die Fähigkeit, Harmonie zwischen dem inneren Selbst und der äußeren Welt herzustellen. Daraus leiten sich die Talente zu Diplomatie, Kooperation und Beziehungsorientierung ab. Gleichgewicht und Harmonie werden zu wichtigen Tools der Interaktionen, mit dem Ziel der sozialen Ausgeglichenheit.

Die Idee zu den Bildern von den Dingen der Außenwelt

ERSTES DRITTEL INNERHALB DES DRITTEN QUADRANTEN

KARDINALE DINGLICHKEIT

Hier repräsentiert die Waage die Idee und den Impuls jenes Quadranten, bei dem es um Bilder und Vorstellungen von den Dingen der Außenwelt geht und wie sie im inneren Selbst repräsentiert werden. Es geht um die ästhetische und intellektuelle Wahrnehmung der Welt und um die Fähigkeit, diese Wahrnehmungen zu integrieren.

In psychologischer Hinsicht zeigt sich die Waage als Fähigkeit, ästhetische und intellektuelle Bilder von den Dingen der Außenwelt zu formen und zu verstehen. Dazu ist ein ästhetisches Empfinden nötig, das schließlich nichts anderes ist, als die ausgeprägte Fähigkeit, muster zu erkennen und automatisch dazu führt Schönheit und Kunst zu schätzen.

Die Idee, der Impuls der Dualität der Gedankenkraft

ERSTE HÄLFTE INNERHALB DES VIERTEN SECHSTELS

AKTIVE GEDANKENKRAFT

Diese Zuordnung verbindet die Waage mit der Idee der Handlungsenergie und der dualen Natur der Gedankenkraft. Hier geht es um den Impuls, Gedanken in Handlungen umzusetzen und dabei die Dualität von Absicht und Aktion zu verstehen. Die Handlungsenergie, mit der gezielt Gedanken und Intentionen in materielle Realitäten verwandelt werden. Es verbindet die Prinzipien der geistigen Vorstellungskraft und der physischen Aktion, um Ergebnisse in physischen, emotionalen oder spirituellen Bereichen zu erzielen.

Psychologisch entspricht dies der Fähigkeit der Waage, ihre Gedanken in konkrete Handlungen umzusetzen. Die Handlungsorientierung sucht aber immer einen ausgewogenen und fairen Ansatz. Es zeigt sich ein grundlegendes Verständnis der Bedeutung von Absicht und Aktion auf allen Seiten und daraus folgt ein Bestreben nach Handlungen in Übereinstimmung mit Überzeugungen und Werten, die einen Ausgleich der Interessen zum Ziel haben.

Die Idee vom Kraftfluss des kollektiven Kontextes

ERSTES SECHSTEL INNERHALB DER ZWEITEN HÄLFTE

IDEE DER KOLLEKTIVITÄT

Die Waage steht hier für die Idee des Kraftflusses im kollektiven Kontext, d.h. wie individuelle Energien in sozialen und gemeinschaftlichen Strukturen zusammenfließen und wirken. Es geht um die Integration der vielfältigen individuellen Willensintentionen der Teile in den kollektiven Rahmen einer übergeordneten Ganzheit.

In psychologischer Hinsicht verkörpert die Waage die Fähigkeit, individuelle Energien harmonisch in den kollektiven Kontext einzubringen. Die zeigt sich in sozialem Engagement und einem Streben nach Gleichgewicht zwischen individuellen Bedürfnissen und den Anforderungen der Gemeinschaft. Es zeigt sich ein Talent, Konflikte zu lösen und kollektive Harmonie zu fördern.

Die Waage als astrologisches Zeichen und archetypischer Ausdruck repräsentiert Harmonie, Balance und soziale Interaktion. Psychologisch gesehen steht die Waage für diplomatische Fähigkeiten, ästhetisches Empfinden, handlungsorientiertes Denken und die Fähigkeit, individuelle Energien in den sozialen und gemeinschaftlichen Rahmen zu integrieren.

Beispielliste des Archetyps Waage:
Kunstgalerie - Liebe zu Ästhetik und Kultur.
Kerzenleuchter - Romantik und stilvolle Atmosphäre.
Spiegel - Selbstreflexion und Schönheit.
Diplomatenkoffer - Verhandlungsgeschick und Ausgewogenheit.
Modemagazin - Stilbewusstsein und Eleganz.
Hochzeitsalbum - Partnerschaft und Bindung.
Klavier - Musikalität und Harmonie.
Feines Porzellan - Geschmack und Ästhetik.
Seidenschal - Eleganz und Raffinesse.
Parfumflakon - Sinnlichkeit und Stil.
Gartenparty - Geselligkeit und Charme.
Diamantohrringe - Luxus und Schönheit.
Vertrag - Fairness und Ausgewogenheit.

Diese Gegenstände und Attribute spiegeln die essenziellen Qualitäten der Waage wider, wie Harmonie, Schönheit, Eleganz, Gerechtigkeitssinn, Diplomatie und ein starkes ästhetisches Empfinden.

Skorpion

Der Skorpion ist das achte Zeichen im astrologischen Tierkreis (8 von 12) und repräsentiert Transformation, Intensität und tiefgehende Emotionen. Der Skorpion steht für tiefe emotionale Prozesse, die Auseinandersetzung mit verborgenen Aspekten des Selbst und die Kraft der Transformation. Als Wasserzeichen repräsentiert er die Tiefen des Unbewussten und die Intensität der inneren Erfahrung.

Die Manifestation der Verschränkung von innen und außen

VIERTER QUADRANT INNERHALB DES ZWEITEN DRITTELS

BEWUSSTES WASSER

Der Skorpion symbolisiert die Manifestation der tiefen Verbindung und Interaktion zwischen dem inneren Selbst und der äußeren Welt. Es geht darum, wie verborgene innere Prozesse durch äußere Handlungen und die Interpretation von Erlebnissen sichtbar und erlebbar werden. In diesem Bereich verfestigen sich die Muster der Interaktion von innen und außen zu konkreten Strukturen, Vorstellungen und Programmen.

Psychologisch steht der Skorpion für die Fähigkeit, das innere Selbst und die tiefen emotionalen Erfahrungen in der äußeren Welt zu manifestieren. Das führt zu Intensität und Leidenschaft. Es gibt eine starke Verbindung von inneren Gefühlen und Handlungen, welche die Beziehungen mit der Außenwelt prägen.

Der Ort der Bilder von den Dingen der Außenwelt

ZWEITES DRITTEL INNERHALB DES DRITTEN QUADRANTEN

FESTE DINGLICHKEIT

Hier repräsentiert der Skorpion den Ort, an dem die tiefen und oft verborgenen Bilder und Vorstellungen von der Außenwelt entstehen. Es geht um die Wahrnehmung der verborgenen Wahrheiten und die Fähigkeit, hinter die Oberflächenerscheinungen zu schauen. Die unverbindlichen Einzelwahrnehmungen der individuellen Begegnungen mit der Welt kristallisieren sich hier zu Abbildern tieferer Metamuster. Schablonen, die die vielen Begegnungen als tiefere Schicht der Ereignisse vorstrukturieren.

In psychologischer Hinsicht zeigt sich der Skorpionarchetyp als Fähigkeit, die tiefere Bedeutung und die verborgenen Aspekte der Außenwelt zu erkennen. Es entwickelt sich ein scharfes Gespür für die unausgesprochenen und verborgenen Dynamiken in der unmittelbaren Umgebung, welches ermöglicht, die tieferen Schichten der Realität zu erfassen und zu durchdringen.

Der Ort der Dualität der Gedankenkraft

ZWEITE HÄLFTE INNERHALB DES VIERTEN SECHSTELS

PASSIVE GEDANKENKRAFT

Bei der Gedankenkraft geht es um die Fähigkeit, tiefgehende und transformative Gedanken in kraftvolle Handlungen umzusetzen. Nachdem diese Kraft in der Waage aufgestiegen ist, ist hier nun der Ort, an dem sie sich manifestiert.

Psychologisch entspricht dies der Fähigkeit des Skorpions, seine intensiven Gedanken und tiefen Einsichten in konkrete Handlungen zu transformieren. Dies ergibt eine tiefe Willensstärke, Entschlossenheit und die Fähigkeit, tiefe Überzeugungen und Einsichten in entschlossene und oft transformative Handlungen umzusetzen.

Der Ort vom Kraftfluss des kollektiven Kontextes

ZWEITES SECHSTEL INNERHALB DER ZWEITEN HÄLFTE

ORT DER KOLLEKTIVITÄT

Der Skorpion steht hier für den Ort, an dem die kollektive Lebensenergie stabilisiert und manifestiert wird. Es ist die Kraft, die durch Systeme und Teile der Gesellschaft fließt und sie aneinanderbindet. Es geht um die Integration der individuellen Energie in den kollektiven Kontext und die Akkumulation der Kräfte des Kollektivs durch tiefe emotionale und psychische Prozesse. Hier finden sich alte Stammes- und Familienmuster, rituale und psychische Bindungen an – das Kollektiv stabilisierende – individuell zwingende Verhaltensmuster.

In psychologischer Hinsicht verkörpert der Skorpion die Fähigkeit, individuelle und kollektive Transformationen zu initiieren und zu erleben. Dadurch wird dieser Archetypus zu einem Katalysator für Veränderungen in sozialen und beruflichen Umfeldern. Aber stets mit dem Ziel, stabile und resiliente Strukturen zu schaffen oder zu erhalten. Wenn es beim Stier um Selbsterhaltung geht, dann geht es hier um Arterhaltung. Die Stabilisierung des Kollektivs.

Der Skorpion als astrologisches Zeichen und archetypischer Ausdruck repräsentiert Transformation, Intensität und die Auseinandersetzung mit den tiefsten Aspekten des Selbst. Dieser Archetyp ist die Manifestation der Verschränkung von innen und außen, der Ort der Bilder von den Dingen der Außenwelt, der Ort, an dem die Gedankenkraft zur konkreten Handlung kristallisiert und der Ort, an dem der Kraftfluss des kollektiven Kontextes entsteht. Psychologisch gesehen steht der Skorpion für tiefe emotionale Einsichten, transformative Handlungsenergie und die Fähigkeit, tiefgreifende und nachhaltige Veränderungen in sich selbst und der Umwelt zu bewirken.

Beispielliste des Archetyps Skorpion:

Phönix - Symbol für Transformation und Wiedergeburt.
Schatzhöhle - Geheimnisse und verborgene Schätze.
Schwarzer Umhang - Mystik und Schutz.
Verborgener Dolch - Intensität und Entschlossenheit.
Schlüssel - Zugang zu Geheimnissen und verschlossenen Türen.
Schwarze Kerzen - Okkultismus und Geheimnis.
Medizinische Instrumente - Heilung und Tiefe.
Tattoo - Dauerhaftigkeit und Ausdruck der Identität.
Labyrinth - Komplexität und Erforschung des Inneren.
Kette - Bindung und Stärke.
Psychologie-Buch - Erforschung der menschlichen Psyche.

Nacht - Dunkelheit und Mysterium.
Magnet - Anziehungskraft und Intensität.
Mikroskop - Tiefgründige Untersuchung.
Schlangenring - Verwandlung und Unsterblichkeit.
Verschlossener Brief - Geheimhaltung und Intimität.
Edelstein - Intensität und Tiefe.
Scharlachrote Blume - Leidenschaft und Geheimnis.
Kristallkugel - Geheimnisvolle Vorahnung und Intuition.

Diese Gegenstände und Attribute spiegeln die essenziellen Qualitäten des Skorpions wider, wie Intensität, Geheimnis, Transformation, Leidenschaft, Bindungsfähigkeit und eine tiefe Erforschung der menschlichen Natur.

Schütze

Der Schütze ist das neunte Zeichen im astrologischen Tierkreis (9 von 12) und repräsentiert Visionen, Entdeckungen und das Streben nach höherem Wissen und Wahrheit. Der Schütze steht für Expansion, Abenteuer und das Streben nach Weisheit und Verständnis. Als Feuerzeichen repräsentiert er die Inspiration, den Drang nach Freiheit und die Suche nach dem Sinn des Lebens.

Die Idee, der Impuls der Manifestation des phänomenologischen Modells der Außenwelt

ERSTER QUADRANT INNERHALB DES DRITTEN DRITTELS
ÜBERBEWUSSTES FEUER

Der Schütze symbolisiert als erster Bereich der Außenwelt, der Synthese und Information des phänomenologischen Modells der Wirklichkeit, die Idee und den Impuls, wie sich dieses phänomenologisches Modell der Außenwelt manifestieren kann. Es geht darum, das innere Verstehen und die inneren Wahrheiten nach außen zu bringen und in die Welt zu tragen.

Psychologisch steht der Schütze für die Fähigkeit, die inneren Visionen und das Verständnis der Welt zu äußern und zu manifestieren. Es geht bei diesem Archetypus um Visionen und Ideologien. Das Individuum verspürt ein starkes Bedürfnis, seine Einsichten und Wahrheiten mit anderen zu teilen und gleichzeitig durch Erfahrungen zu erweitern.

Die Information zu den Bildern von den Dingen der Außenwelt

DRITTES DRITTEL INNERHALB DES DRITTEN QUADRANTEN

BEWEGLICHE DINGLICHKEIT

Hier repräsentiert der Schützearchetyp den dritten und letzten Bereich des Quadranten des materiellen Kontextes. Dies ist der Bereich der Information zu den Bildern und Vorstellungen von der Außenwelt. Es geht um die intellektuelle und philosophische Wahrnehmung der Welt und die Fähigkeit, diese Informationen zu integrieren. Hier werden die festen Überzeugungen der zweiten Phase, des Skorpions, mit den Bildern der ersten Phase, der Waage, synthetisiert, was sie beweglicher werden lässt.

In psychologischer Hinsicht zeigt sich der Schütze als Fähigkeit, Bilder und Konzepte der Außenwelt zu erfassen und zu verstehen. Das zeigt sich in einer intellektuellen Neugier und einer ständigen Suche nach neuen Erkenntnissen und Erfahrungen, um immer größere Zusammenhänge und Bedeutungen der Dinge zu sehen.

Der Impuls der Dualität der Fraktalkraft

ERSTE HÄLFTE INNERHALB DES FÜNFTEN SECHSTELS

AKTIVE FRAKTALKRAFT

Die Fraktalkraft ist die schöpferische Umwandlung des Kraftflusses. Die Kraft, die sich nur auf gekrümmten Bahnen bewegt. Denn geschwungene und mäandernde Energiebahnen beleben alles, womit sie in Berührung kommen. Fixe Vorstellungen von der Außenwelt werden aufgeweicht und in einem lebendigen Prozess neu aufeinander abgestimmt.

Psychologisch entspricht dies der Fähigkeit des Schützen, transformative und expansive Energie zu nutzen, um spirituelles und intellektuelles, philosophisches Wachstum zu fördern. Dies fördert den kreativen Prozess der Inspiration und damit das Bedürfnis, über die normalen Grenzen hinauszuwachsen und höhere Ebenen des Bewusstseins und der Erkenntnis zu erreichen.

Die Information vom Kraftfluss des kollektiven Kontextes

DRITTES SECHSTEL INNERHALB DER ZWEITEN HÄLFTE

INFORMATION DER KOLLEKTIVITÄT

Der Schützearchetyp steht hier für die, dritte Phase des Karftflusses, der Information, die den Fluss im kollektiven Kontext lenkt. Es geht darum, wie individuelle und kollektive Energien zusammenfließen und durch gemeinsame Ziele und Visionen kanalisiert werden.

In psychologischer Hinsicht verkörpert der Schütze die Fähigkeit, kollektive Energien zu erkennen und zu lenken. Dies zeichnet Anführer und Visionäre aus, die in der Lage sind, kollektive Ziele zu formulieren und andere zu inspirieren. Sie haben die Fähigkeit, den Kraftfluss innerhalb einer Gemeinschaft zu verstehen und zu steuern.

Der Schütze als astrologisches Zeichen und archetypischer Ausdruck repräsentiert Vision, Expansion und das Streben nach höherem Wissen und Wahrheit. Seine Bedeutung lässt sich auf verschiedene Ebenen der Ur-Matrix übertragen, wo er jeweils die Idee der Manifestation des phänomenologischen Modells der

Außenwelt, die Information zu den Bildern von den Dingen der Außenwelt, den Impuls der Dualität der Fraktalkraft und die Information vom Kraftfluss des kollektiven Kontextes symbolisiert. Psychologisch gesehen steht der Schütze für intellektuelle Neugier, visionäre Einsichten, transformative Energie und die Fähigkeit, kollektive Energien zu erkennen und zu lenken.

Beispielliste des Archetyps Schütze:
Pfeil und Bogen - Zielstrebigkeit und Abenteuerlust.
Reisepass - Fernweh und Entdeckungsdrang.
Landkarte - Erkundung und Orientierung.
Fernrohr - Weitblick und Wissensdurst.
Philosophiebuch - Suche nach Wahrheit und Weisheit.
Kompass - Richtungsgefühl und Orientierung.
Wanderstiefel - Abenteuerlust und Freiheit.
Tempel - Ideologie und Religion.
Reisebus - Gemeinschaft und Entdeckung.
Fackel - Erleuchtung und Führung.
Gepäck - Mobilität und Vorfreude.
Heißluftballon - Freiheit und Perspektive.
Globus - Internationale Ausrichtung und Neugier.
Bilder von exotischen Orten - Fernweh und Entdeckungsdrang.
Reiseführer - Neugier und Wissbegierde.
Bildungseinrichtung - Lebenslanges Lernen und Wachstum.
Lerntagebuch - Wissenssammlung und Reflexion.

Diese Gegenstände und Attribute spiegeln die essenziellen Qualitäten des Schützen wider, wie Abenteuerlust, Fernweh, Wissensdurst, Freiheit, Optimismus und die Suche nach Weisheit und Wahrheit.

Steinbock

Der Steinbock ist das zehnte Zeichen im astrologischen Tierkreis (10 von 12) und repräsentiert Struktur, Verantwortung und das Streben nach langfristigem Erfolg. Der Steinbock steht für Disziplin, Zielstrebigkeit und die Fähigkeit, stabile Strukturen zu schaffen. Als Erdzeichen repräsentiert er das materielle und praktische Streben, oft verbunden mit der Fähigkeit, Verantwortung zu übernehmen und langfristige Ziele zu verfolgen.

<u>Der Ort der Manifestation des phänomenologischen Modells der Außenwelt</u>

ZWEITER QUADRANT INNERHALB DES DRITTEN DRITTELS

ÜBERBEWUSSTE ERDE

Der Steinbock symbolisiert den Ort, an dem die phänomenologischen Modelle der Außenwelt manifestiert werden. Es geht darum, wie das Verständnis der Welt durch konkrete, greifbare Strukturen und Systeme umgesetzt wird. Hier manifestiert und festigt sich die Vorstellung vom kollektiven Kontext und kristallisiert in Regeln und Gesetzen.

Psychologisch steht der Steinbock für die Fähigkeit, abstrakte Konzepte und Visionen in konkrete Ergebnisse und stabile Strukturen umzuwandeln. Dazu benötigt es eine praktische und organisierte Zielorientierung, die sich für die Realisierung von Visionen harter Arbeit und starker Disziplin unterwirft.

Die Idee der Information vom Innenleben der Außenwelt

ERSTES DRITTEL INNERHALB DES VIERTEN QUADRANTEN

KARDINALE NOOSPHÄRE

Hier repräsentiert der Steinbock die Idee, dass die Außenwelt nicht nur aus physischen Strukturen besteht, sondern auch ein reiches Innenleben hat, das durch Kultur und spirituelle Transzendenz erfasst wird. Es geht darum, die tieferen Bedeutungen und Werte der äußeren Welt zu verstehen. Hier zeigt sich die Idee, dass es einen höheren Sinn, eine kollektive Aufgabe gibt, der sich das Individuum unterordnen muss.

In psychologischer Hinsicht manifestiert sich der Steinbockarchetyp als Fähigkeit, die tieferen kulturellen und spirituellen Aspekte der Welt zu erkennen und zu integrieren. Fokussiert wird ein tiefes Verständnis für kulturelle Traditionen und spirituelle Werte, um diese Einsichten in praktische und konkrete Aktivitäten zu integrieren.

Der Ort der Dualität der Fraktalkraft

ZWEITE HÄLFTE INNERHALB DES FÜNFTEN SECHSTELS

PASSIVE FRAKTALKRAFT

Hier ist der Ort, an dem sich die Kraft, die sich auf gekrümmten Bahnen bewegt, manifestiert und konkretisiert. Es geht um die Fähigkeit, die verschlungene Natur dieser Kraft zu nutzen, um komplexe, stabile und transformative Strukturen zu schaffen, welche allen Lebensoptionen eine konkrete Basis für ihre Entfaltung zu schaffen und die Energien in geordnete Bahnen zu lenken.

Psychologisch entspricht dies der Fähigkeit des Steinbocks, transformative Energie zu nutzen, um langfristige und stabile Veränderungen zu bewirken, indem komplexe und nachhaltige Strukturen entwickelt und dann auch erhalten werden.

Die Manifestation des Kraftflusses des kollektiven Kontextes

VIERTES SECHSTEL INNERHALB DER ZWEITEN HÄLFTE

METHODE DER KOLLEKTIVITÄT

Der Steinbock steht hier für die Manifestation des Kraftflusses im kollektiven Kontext. Es geht darum, wie individuelle Energien in kollektive Strukturen integriert werden, um das gemeinsame Ziel zu erreichen. Dazu sind Regeln und gesetzliche Vorschriften, an die sich alle zu halten haben, die effektivste Methode.

In psychologischer Hinsicht verkörpert der Steinbockarchetyp damit die Fähigkeit, kollektive Energien zu organisieren und zu leiten. Er symbolisiert die Führungskraft, die in der Lage ist, individuelle Beiträge zu einem größeren Ganzen zu bündeln, um kollektive Ziele zu formulieren und die notwendigen Schritte zur Erreichung dieser Ziele zu planen und durchzuführen.

Der Steinbock als astrologisches Zeichen und archetypischer Ausdruck repräsentiert Struktur, Disziplin und das Streben nach langfristigem Erfolg. Psychologisch gesehen steht der Steinbock für die Fähigkeit, abstrakte Visionen in konkrete Strukturen umzusetzen, kulturelle und spirituelle Werte zu integrieren, transformative Energie zu nutzen und kollektive Energien zu organisieren und zu leiten.

Beispielliste des Archetyps Steinbock:

Berggipfel - Zielstrebigkeit und Ehrgeiz.
Uhr - Pünktlichkeit und Disziplin.
Anzug - Professionalität und Seriosität.
Kalender - Planung und Organisation.
Schreibtisch - Arbeitsethik und Struktur.
Gesetzbuch - Regeln und Recht und Ordnung.
Baupläne - Zielsetzung und Strukturierung.
Kletterausrüstung - Entschlossenheit und Durchhaltevermögen.
Buchhaltung - Verantwortung und Sorgfalt.
Trophäe - Erfolg und Anerkennung.
Geschäftsplan - Strategie und langfristiges Denken.
Rucksack - Vorbereitung und Belastbarkeit.
Lebenslauf - Karrierebewusstsein und Ambition.
Safe - Sicherheit und Vorsorge.
Diplom - Bildung und Qualifikation.
Steinmauer - Stabilität und Widerstandsfähigkeit.
Klassischer Roman - Tradition und Weisheit.
Menschliches Skelett - Halt und Struktur.
Schneekristall - Reinheit und Klarheit.
Alte Taschenuhr - Historisches Bewusstsein und Wertschätzung für Tradition.

Diese Gegenstände und Attribute spiegeln die essenziellen Qualitäten des Steinbocks wider, wie Ehrgeiz, Disziplin, Verantwortungsbewusstsein, Struktur, Stabilität und eine starke Arbeitsmoral.

Wassermann

Der Wassermann ist das elfte Zeichen im astrologischen Tierkreis (11 von 12) und repräsentiert Innovation, Freiheit und das Streben nach kollektiven Idealen. Der Wassermann steht für Fortschritt, Originalität und das Streben nach einer besseren Zukunft. Als Luftzeichen repräsentiert er intellektuelle Freiheit, Humanität und die Fähigkeit, visionäre Ideen zu entwickeln.

<u>Die Information zur Manifestation des phänomenologischen Modells der Außenwelt</u>

DRITTER QUADRANT INNERHALB DES DRITTEN DRITTELS

ÜBERBEWUSSTE LUFT

Der Wassermann symbolisiert die Information, die notwendig ist, um phänomenologische Modelle der Außenwelt zu manifestieren. Es geht darum, wie innovative und zukunftsorientierte Ideen in der äußeren Welt umgesetzt werden können.

Psychologisch steht der Wassermann für die Fähigkeit, neue und unkonventionelle Ideen zu entwickeln und zu manifestieren und visionär und progressiv einzigartige Inspirationen und Einsichten in die Welt zu bringen und gesellschaftliche Veränderungen voranzutreiben.

<u>Der Ort der Information vom Innenleben der Außenwelt</u>

ZWEITES DRITTEL INNERHALB DES VIERTEN QUADRANTEN

FESTE NOOSPHÄRE

Hier repräsentiert der Wassermann den Ort, an dem die Information über das Innenleben der Außenwelt gesammelt wird, einschließlich kultureller und spiritueller Dimensionen. Es geht darum, die tieferen Bedeutungen und Werte der äußeren Welt zu verstehen und in innovative Konzepte zu integrieren, um das volle Potenzial der kollektiven Organisation auszuprobieren und auszuschöpfen.

In psychologischer Hinsicht zeigt sich der Wassermannarchetyp als Fähigkeit, kulturelle und spirituelle Informationen zu integrieren und in neuen, transformativen Ideen zu realisieren, und ein tiefes Verständnis für die kulturellen und spirituellen Dynamiken in fortschrittliche Konzepte und Projekte zu umzusetzen.

Die Idee und der Impuls der Dualität der Lebenskraft

ERSTE HÄLFTE INNERHALB DES SECHSTEN SECHSTELS

AKTIVE LEBENSKRAFT

Diese Zuordnung verbindet den Wassermann mit der „Kraft der Matrix“ oder „Energie der Schöpfung“. Es geht um die Realisierung dieser universellen, formgebenden Kraft, die sowohl die physische als auch die metaphysische Welt strukturiert und erhält.

Psychologisch entspricht dies der Fähigkeit des Wassermanns, die essenzielle Lebenskraft zu nutzen, um innovative und transformative Strukturen zu schaffen, um aus einem inspirierten Verständnis für die zugrundeliegenden Kräfte, welche die Welt gestalten, bahnbrechende Ideen zu entwickeln, die die Art und Weise, wie wir die Welt sehen und erleben, verändern können.

Der kreative Prozess des Kraftflusses des kollektiven Kontextes

FÜNFTES SECHSTEL INNERHALB DER ZWEITEN HÄLFTE

KREATIVITÄT DER KOLLEKTIVITÄT

Der Wassermann steht hier für den kreativen Prozess, durch den kollektive Energien fließen und sich manifestieren. Es geht darum, wie individuelle Ideen und Energien in einem kollektiven Kontext kreativ genutzt werden, um gemeinschaftliche Ziele zu erreichen oder zu verändern.

In psychologischer Hinsicht verkörpert der Wassermann die Fähigkeit, kollektive Energien zu kanalisieren und in kreative Projekte umzusetzen, um innovative Lösungen für gesellschaftliche Herausforderungen zu entwickeln, damit kollektive Bedürfnisse befriedigt und große Ziele erreicht werden können.

Der Wassermann als astrologisches Zeichen und archetypischer Ausdruck repräsentiert Innovation, Freiheit und das Streben nach kollektiven Idealen. Psychologisch gesehen steht der Wassermann für die Fähigkeit, neue und transformative Ideen zu entwickeln, kulturelle und spirituelle Informationen zu integrieren, die essenzielle Lebenskraft zu nutzen und kollektive Energien in kreativen Projekten umzusetzen.

Beispielliste des Archetyps Wassermann:
Computer - Technologieaffinität und Innovation.
Glühbirne - Ideenreichtum und Erleuchtung.
Fernglas - Weitblick und Zukunftsorientierung.
Satellitenschüssel - Vernetzung und Globalität.
Futuristisches Kunstwerk - Kreativität und Originalität.
Solarpanel - Umweltbewusstsein und Fortschritt.
Luftballons - Leichtigkeit und Unabhängigkeit.
Wissenschaftliches Journal - Wissbegierde und Forschung.
Aquarium - Wasser- und Luftsymbolik, Einzigartigkeit.
Festivalarmband - Gemeinschaft und Freiheit.
Regenbogen - Vielfalt und Humanität.
3D-Drucker - Innovation und Zukunftstechnologie.
Fantasieroman - Originalität und unkonventionelles Denken.
Drohne - Fortschritt und Erkundung.
Bluetooth-Kopfhörer - Moderne Kommunikation und Freiheit.
Fahrrad - Mobilität und Unabhängigkeit.
Hologramm - Fortschrittliche Technologie und Visionen.
Elektronisches Musikinstrument - Kreativität und Avantgarde.
Protestplakat - Aktivismus und Idealismus.
Labor - Wissenschaft und Erneuerung.

Diese Gegenstände und Attribute spiegeln die essenziellen Qualitäten des Wassermanns wider, wie Innovation, Fortschritt, Unabhängigkeit, Originalität, Gemeinschaftsgeist und ein starkes Interesse an Technologie und Humanität.

Fische

Die Fische sind das zwölfte und letzte Zeichen im astrologischen Tierkreis (12 von 12) und repräsentieren Spiritualität, Mitgefühl und die Auflösung des Individuums in das Kollektive. Die Fische stehen für Sensibilität, Einfühlungsvermögen und die Verbindung mit dem Universellen. Als Wasserzeichen repräsentieren sie die emotionalen Tiefen und die spirituelle Dimension des Lebens.

<u>Die Manifestation des phänomenologischen Modells der Außenwelt</u>

VIERTER QUADRANT INNERHALB DES DRITTEN DRITTELS
ÜBERBEWUSSTES WASSER

Die Fische symbolisieren die Manifestation der phänomenologischen Modelle der Außenwelt. Es geht darum, wie innere spirituelle und emotionale Wahrheiten in der äußeren Welt ausgedrückt und erlebt werden.

Psychologisch stehen die Fische für die Fähigkeit, spirituelle Einsichten und emotionale Tiefen in die Welt zu bringen. Sensibilität und Einfühlsamkeit fokussiert sich auf das Außen, wodurch sich spirituelle und emotionale Erfahrungen im täglichen Leben auszudrücken und manifestieren.

<u>Die Information vom Innenleben der Außenwelt</u>

DRITTES DRITTEL INNERHALB DES VIERTEN QUADRANTEN
BEWEGLICHE NOOSPHÄRE

Hier repräsentieren die Fische die Information über das Innenleben der Außenwelt, einschließlich der kulturellen und spirituellen Dimensionen. Es geht darum, die tieferen Bedeutungen und Werte der äußeren Welt zu erfassen und in die eigene innere Erfahrung zu integrieren.

In psychologischer Hinsicht zeigen sich die Fische als Fähigkeit, die kulturellen und spirituellen Aspekte der Welt tief zu verstehen und zu reflektieren, ein tiefes Verständnis für die verborgenen spirituellen und kulturellen Dimensionen des Lebens zu entwickeln, um sich in der Lage zu versetzen, diese Einsichten mit den eigenen, individuellen, spirituellen und emotionalen Erfahrungen in Einklang zu bringen.

Der Ort und der Impuls der Dualität der Lebenskraft

ZWEITE HÄLFTE INNERHALB DES SECHSTEN SECHSTELS

PASSIVE LEBENSKRAFT

Dies zeigt den Fischearchetypus als Ort des Geschehens für die „Kraft der Matrix“ oder die „Energie der Schöpfung“. Hier ist sowohl die physische als auch die metaphysische Welt strukturiert.

Psychologisch entspricht dies der Fähigkeit der Fische, die essenzielle Lebenskraft zu nutzen, um sowohl in der physischen als auch in der spirituellen Welt schöpferisch tätig zu sein. Ein tiefes Verständnis für die allem zugrunde liegenden Kräfte führt am Ende zur Fähigkeit, diese Energie in kreative und spirituelle Ausdrucksformen zu kanalisieren.

Der Kraftfluss des kollektiven Kontextes

SECHSTES SECHSTEL INNERHALB DER ZWEITEN HÄLFTE

ENERGIEFLUSS DER KOLLEKTIVITÄT

Die Fische stehen hier für den Kraftfluss im kollektiven Kontext. Es geht darum, wie individuelle Energien in kollektiven Strukturen fließen und wie sie zur spirituellen und emotionalen Entwicklung der Gemeinschaft beitragen.

In psychologischer Hinsicht verkörpert der Fischearchetyp die Fähigkeit, kollektive Energien zu erkennen und zu harmonisieren, um empathisch alle kollektive Bedürfnisse und Ziele zu erkennen, um sie durch individuelle Beiträge in einen größeren spirituellen und emotionalen Kontext zu integrieren und so zur Heilung und Transformation der Gemeinschaft beizutragen.

Die Fische als astrologisches Zeichen und archetypischer Ausdruck repräsentieren Spiritualität, Mitgefühl und die Verbindung mit dem Universellen. Ihre Bedeutung lässt sich auf verschiedene Ebenen der Ur-Matrix übertragen, wo sie jeweils die Manifestation des phänomenologischen Modells der Außenwelt, die Information vom Innenleben der Außenwelt, den Ort und den Impuls der Dualität der Lebenskraft und den Kraftfluss des kollektiven Kontextes symbolisieren. Psychologisch gesehen stehen die Fische für die Fähigkeit, spirituelle Einsichten und emotionale Tiefen in die Welt zu bringen, kulturelle und spirituelle Informationen tief zu verstehen, die essenzielle Lebenskraft kreativ und spirituell zu nutzen und kollektive Energien zu harmonisieren und zu transformieren.

Beispielliste des Archetyps Fische:

Traumbuch - Fantasie und Traumwelt.
Ozean - Tiefe Emotionen und Unendlichkeit.
Musik - Sensibilität und Ausdruck.
Märchenbuch - Fantasie und Eskapismus.
Meditationskissen - Innerer Frieden und Reflexion.
Künstlerpalette - Kreativität und Selbstausdruck.
Nebel - Mystik und Geheimnis.
Traumfänger - Schutz und positive Träume.
Kristall - Heilung und Spiritualität.
Obdachlosigkeit - von der Gesellschaft ausgeschlossen.
Badezusätze - Entspannung und Selbstpflege.
Poetry-Sammlung - Emotionale Tiefe und Ausdruck.
Filmprojektor - Fantasie und Eskapismus.
Engelskulptur - Spiritualität und Schutz.
Räucherstäbchen - Mystik und Halluzination.
Sternenhimmel - Unendlichkeit und Träume.

Diese Gegenstände und Attribute spiegeln die essenziellen Qualitäten der Fische wider, wie Sensibilität, Spiritualität, Kreativität, Träumerei, emotionale Tiefe und eine starke Verbindung zur inneren und spirituellen Welt.

Epilog

Bereits in meinem Buch „Die Welt von innen“ aus dem Jahre 2016 schrieb ich: *„Die materielle Welt mag kausal, rational und bottom-up aufgebaut sein, wie es die Naturwissenschaft immer wieder bestätigt. Der sie repräsentierende menschliche Geist ist es hingegen nicht.*

Im neuronalen Netzwerk des Gehirns werden alle Wahrnehmungen als Erregungsmuster gespeichert, die bei ähnlichen Eindrücken in Resonanz treten. Erinnern und Erkennen sind demnach Muster-Resonanz-Phänomene. Das Ergebnis ist eine Welt, die aus Analogien und Metaphern besteht und sich top-down organisiert.“

Ich habe nun versucht zu zeigen, wie sich diese Bedeutungen in der phänomenalen Realität organisieren und differenzieren. Zu diesem Zweck haben wir eine Reise durch die integrierte Informationstheorie, den analytischen Idealismus, zelluläre Automaten, schwarze Löcher und Hologramme, Quantenloopgravitation und schließlich den „evolutionären Idealismus“ unternommen. Wir haben die Komplexität und Vielschichtigkeit der menschlichen Existenz erforscht und die Teleologie des Bewusstseins und die Kausalität des holistischen Cyberspace als zwei Perspektiven verstanden. Als Hauptwerkzeug habe ich die mathematisch-musikalische Struktur des Lambdoma vorgestellt, die sowohl physikalische Resonanzen als auch philosophische Implikationen symbolisiert und uns geholfen hat, die Urmatrix der Bedeutung zu entschlüsseln.

Es wurde deutlich, dass die Vielfalt der individuellen Perspektiven der Teile die Quelle der Realität als kollektiver Traum darstellt und es dem Gesamtsystem/Bewusstsein ermöglicht, einen stabilen, scheinbar durch und durch rationalen, kausalen und logischen Kosmos zu erschaffen. Diese innere teleologische Dynamik ist entscheidend für die Widerstandsfähigkeit und Nachhaltigkeit der Evolution des Universums. Ebenso haben wir gesehen, wie die Projektion sozialer Identität durch verschiedene Kontexte beeinflusst wird und wie dies zu einer erhöhten sozialen Intelligenz und Empathie führen kann. All dies innerhalb einer phänomenologischen Realität im Individuum, die jedoch durch eine kollektive Projektion der Realität durch alle Individuen mit der gemeinsamen Realität in Resonanz tritt.

Aber das ist erst der Anfang. Im zweiten Band mit dem Titel „Sphären der Bedeutung“ werden wir noch tiefer in die Analyse einsteigen. In diesem Folgebuch werden wir uns mit den verschiedenen Bedeutungsebenen und ihren Auswirkungen auf die menschliche Erfahrung beschäftigen. Er wird die hier vorgestellten Themen erweitern und vertiefen und neue Perspektiven aufzeigen, wie wir unsere Wirklichkeit verstehen und gestalten können.

Vorerst aber hoffe ich, dass dieses Buch wertvolle Einsichten und Inspirationen vermittelt hat und damit alle bewussten Teile der Ganzheit und die achtsame Ganzheit der Teile auf dem Weg der bewussten Evolution begleitet und unterstützt. Gesegnet sei das Bewusstsein des einen Zeugen in uns allen.